中译翻译文库

A Translator's Guide to
Information Retrieval

北京外国语大学资助出版教材
中国外文局翻译院智能实验室
翻译技术普及推荐书目

翻译搜索指南

顾问 / 李长栓
主编 / 王华树
副主编 / 刘世界　张成智

中国出版集团
中译出版社

图书在版编目(CIP)数据

翻译搜索指南 / 王华树主编；刘世界，张成智副主编. -- 北京：中译出版社，2022.9（2023.8重印）
（中译翻译文库）
ISBN 978-7-5001-7129-4

Ⅰ. ①翻… Ⅱ. ①王… ②刘… ③张… Ⅲ. ①翻译—指南 Ⅳ. ①H059-62

中国版本图书馆CIP数据核字(2022)第118276号

出版发行	中译出版社
地　　址	北京市西城区新街口外大街28号普天德胜大厦主楼4层
电　　话	(010) 68359827，68359303（发行部）；68359725（编辑部）
邮　　编	100044
传　　真	(010) 68357870
电子邮箱	book@ctph.com.cn
网　　址	http://www.ctph.com.cn
出 版 人	乔卫兵
总 策 划	刘永淳
策划编辑	范祥镇　钱屹芝
责任编辑	钱屹芝
文字编辑	王诗同
营销编辑	吴雪峰　董思嫄
封面设计	潘　峰
排　　版	冯　兴
印　　刷	北京玺诚印务有限公司
经　　销	新华书店
规　　格	710毫米×960毫米　1/16
印　　张	33.5
字　　数	516千字
版　　次	2022年9月第一版
印　　次	2023年8月第二次

ISBN 978-7-5001-7129-4　　定价：98.00元

版权所有　侵权必究
中译出版社

《翻译搜索指南》编委会

顾　问：李长栓
主　编：王华树
副主编：刘世界　张成智

编　委：陈昊珅　顾铭钦　李敏铃　马世臣　宁静致远　邱泠铎
　　　　施淑敏　王静静　杨绍龙　张礼彬　赵芳贤　周霁虹

序

译者掌握的知识是有限的,翻译需要的知识是无限的,因此,译者需要不断通过搜索,快速了解未知的领域,查找地道的表达方法,做出变通取舍的决定。我在《非文学翻译理论与实践》一书中,详细介绍了如何利用互联网和网络词典解决翻译中遇到的问题,但读了王华树博士主编的《翻译搜索指南》,我才发现自己平时所用的方法属于最基本的方法,搜索王国还有无比宽广的领域。

《翻译搜索指南》详细介绍了桌面搜索、文本搜索、词典搜索、术语搜索、语料库检索、网络搜索、学术搜索的具体操作方法,提供了大量搜索工具和网站,可以说是关于搜索技术的一部百科全书,不仅为翻译实践者提供无限量的资源,更为翻译教师、文字编辑工作,甚至一般的文秘工作提供了大幅提高工作效率的手段。

以翻译实践或翻译教育为例,我们经常需要判断一个词的译法是否准确。例如,有人把"思想教育"翻译为"intellectual education",有人翻译为"moral education",两个译法的出处同样权威,哪个正确?还是都正确?通过本书提供的网络资源,我们得知"intellectual"的意思是"connected with or using a person's ability to think in a logical way and understand things"[①],这显然不是"思想教育"当中的"思想"所表达的含义。"思想教育"的目的是提高人的道德水准,"moral education"显然能更好地表达这个意思。读者如果还不放心,可以利用本书提供的各种语料库加以检验。

再以教师的科研工作为例,我正在编写一本翻译教材,需要使用一套书中的例句(该书有中英文版),以便说明某个词在书中的译法。如果不

---

① https://www.oxfordlearnersdictionaries.com. 2022 年 6 月 1 日. 全书下同.

用电子检索，人们要找到含有同一个词的例句如同大海捞针。即使有 PDF 版本，人们要找到某句话对应的译文，也要花费一定时间。但通过创建英汉对照的双语语料库，再利用本书介绍的搜索软件 FileLocator Pro 进行全文检索，读者便可以瞬间把含有某个词语的英汉对照例句呈现在眼前，大大节约了时间。

对于一般的文字处理工作和科研工作来说，本书同样有很高的实用价值。比如，如何用简单的方式，把以正文格式存在的各级标题，提升为相应的标题级别，从而方便制作图书目录？如何在自己保存的大量 PDF 书籍中，迅速找到关于某个问题的论述，而不必一一打开相关的文件搜索？如何快速找到只知道电脑中存在，但忘记在哪个文件中的一个词或一句话？如何不一一打开文件，批量更改众多文件中的一项信息，如错别字、会议日期？这些问题都可以在本书中找到解决方案。

本书是对各种检索技巧和工具的全方位介绍，用于满足文字工作各方面的需求，可能远远超过了个人的需要。因此，读者可以根据工作中需要解决的问题，有针对性地选择阅读书中内容。即使读者能掌握本书技巧的十分之一，也会对工作效率带来极大提高。搜索是一项实践能力，大家只有不断实践，才能熟能生巧。因此，建议大家把本书作为解决问题的工具，在日常工作中多加利用，而不是用它来了解关于搜索的理论知识。

李长栓

北京外国语大学高级翻译学院

2022 年 6 月 1 日

前　言

在大数据时代，不管一个人多么勤奋，一生中通过各种途径获得的信息是非常有限的。目前产生的信息总量已经远远超过人类所能承受的限度，根本来不及完全吸收理解，也根本不可能全部得以应用于实际。随着数据量呈几何级数增长，翻译的需求也在迅速激增，对翻译的时间、速度和质量要求也在不断提高。面对海量的、混沌的、非结构化的数据世界，我们需要从大数据中去伪存真、去粗存精、挖掘其价值和意义，那么如何在单位时间内高效获取专业的信息、提高翻译效率和产能，这对翻译工作者的搜索能力提出了严峻的挑战，搜商的概念应运而生。搜商是人类通过某种手段获取新知识的能力，是知识和时间的商数，其更关注于获取有效知识的效率。搜商的本质特征是搜索，搜索使得搜商明显区别于智商和情商。搜商是一种与智商、情商并列的人类智力因素，是人类在信息时代需要具备的第三种能力。在大数据时代，我们通过科学地分析数据来认识翻译世界，我们找到满意的翻译答案的时候，实际上也找到了数据之间的关联。

由于时代限制，传统意义上的翻译能力主要集中于译者的语言、文化和思维能力上，对搜索能力鲜有深入、系统的探讨。现有信息检索技术教程很少谈及如何辅助译者进行翻译工作，多数集中在利用搜索引擎、数据库辅助翻译的具体实践上，并未站在译者翻译能力的角度，对译者搜索能力的内涵与能力细分进行系统地论述。笔者在对翻译能力系统研究之后，明确提出翻译技术能力概念，并指出搜索能力是翻译能力的重要组成部分。在大数据时代，如何提升译者的搜商，在单位时间内快速获取翻译知识，是当代翻译教育工作者必须面对的问题。

大数据时代，数据和信息更新速度、信息量同步呈现爆炸式增长。翻译水平不再仅仅取决于译者自身知识储备以及语言水平高低，还取决于从海量的信息中获取所需信息和知识的快慢。在语言服务全球化、数字化的背景下，译者通常要在很短的时间中面对自己不熟悉，甚至是完全陌生的任务。这时候查阅纸质字典可能无法解决问题，译者高效地利用信息平台，搜索、提取和总结信息的能力便成为关键。在互联网和本地计算机上快速、准确查找自己所需要的资源已经成为一个译者必备的基本素质。这些是译者进行翻译活动所具备的定向的搜索能力，也就是译者的"搜商"。

在大数据时代，提高译者的搜商，需要培养译者应用搜索工具、使用搜索技巧和掌握搜索资源三个方面的能力。

一、综合应用多种搜索工具

（一）搜索引擎

译者常用的搜索引擎有百度、Google、Bing等。它们都需要通过关键字进行搜索。有一些专业搜索引擎，如百度法律、MBA智库百科、Patentscope等还能提供专业领域内的搜索结果。例如在一篇专利文献翻译中，遇到"圈梁模板"一词，查询Patentscope，可以找到相关专利，打开相关专利，可看到对应英文为"ring beam formwork"。

（二）桌面搜索

桌面搜索工具是一种无需借助互联网、在本地计算机硬盘中执行搜索的工具。常见的桌面搜索工具有Google桌面、百度硬盘搜索、Search and Replace、Everything等。前三者可以进行全文搜索，而Everything则可快速搜索硬盘资料的文件名。译者在自己电脑上积累了许多专业的术语表，使用桌面搜索工具可对术语表进行快速查找。本地术语表一般都是经过译者筛选确认的，专业性强，可信度高，因而和搜索引擎相比更加快捷高效。

二、熟练使用多种搜索技巧

译者除了熟悉常见的搜索引擎之外，还需要掌握高级搜索语法、诱导词查询法等搜索技巧。

（一）搜索语法

以 Google 搜索引擎为例，它提供了许多高级搜索语法。善用搜索语法可以提高搜索的准确性。

（1）逻辑检索运算符号（"AND""OR""-"）。"AND"符号，表示前后两个关键词都要出现在检索结果中，在 Google 检索中可用空格来代替。如需要搜索 bulk carrier 一词，直接在检索框中输入 bulk carrier 即可。"OR"表示前后两个关键词中出现一个即可。如需要了解 panamax bulk carrier 和 capesize bulk carrier 两者中任意一者的信息，只需在检索框中输入 panamax OR capesize bulk carrier 即可。"-"表示检索结果不出现"-"后的结果。如只需了解 panamax bulk carrier 的信息，但直接检索会发现中间夹杂着许多 capesize bulk carrier 的信息，那么只需要在检索框中输入 panamax bulk carrier -capesize 即可。

（2）英文双引号（""）。将检索词包含在英文双引号中，可以保证在检索的结果中目标检索词连续出现。如需搜索 robust standard errors 这个专业词汇，若不加双引号，搜索引擎会把在一个页面上同时出现这三个词的网页也给罗列出来，降低了搜索效率。而将搜索词变成"robust standard errors"效果就会好很多。

（3）site。该检索命令可以限定检索结果的来源网站，被用来检验译文表达是否地道。例如，译者查到足球术语"后腰"的对应英文是"defensive midfielder"。为了验证这一表达是否地道，在谷歌检索栏输入："defensive midfielder" site：us。这个检索式的目的是限制检索结果只出现在美国的网站中，然后查看检索到的结果数，有效结果数量大，则译文相对可靠。但译者必须知道，不能把互联网搜索引擎提供的词频和词频比较作为翻译选词唯一标准。对检索结果的甄别判断，乃至反向验证也是译者搜商的重要体现。

（4）filetype。该检索命令可限制搜索结果的格式类型。例如，译者要翻译静脉注射相关内容，需要熟悉静脉注射的相关背景知识。此时译者可在 Google 检索栏输入"静脉注射"filetype：pdf 以及 "Intravenous Injection" filetype：pdf，便可快速获取关于静脉注射的英文和中文的 PDF 文件，了解静脉注射的相关双语表达。

（二）诱导词查询法

诱导词查询法是最常见的搜索技巧之一。通过诱导词可以缩小搜索引擎的检索范围，利于快速找到需要的内容。例如，在一篇战地救援的英文中有这样一句话：If he has a CamelBak on him, I may not be able to access this. 在这句话的翻译中，难点就在于 CamelBak 这个词如何翻。用谷歌搜索 CamelBak，会发现这是一家生产 Hydration Packs（装水的背包）的公司。其中还有关于 Military / Tactical（即军事）的产品。初步确定该产品应该就是文中所指的设备。将已知信息"水"和"军事"作为诱导词，与 CamelBak 一起进行搜索。搜索结果的最前面几条就为我们展示了一些军事论坛上，关于 CamelBak 的称谓，如驼峰水袋、驼峰水囊等。

（三）通配符和正则表达式

Microsoft Word 定义了一套通配符，对通配符的支持使得 Word 的查找 / 替换功能大大增强。但通配符只是正则表达式体系的一个小的子集。正则表达式是一种语言，也是一种高级搜索方法，可以实现文本的查找、定位和替换功能。在翻译中，利用正则表达式强大的查找 / 替换功能，可以实现对文本内容的批量修改，对非译元素（例如网址、电话以及客户要求的免译内容等）进行标记或隐藏。总之，灵活运用正则表达式，可使某些烦琐的翻译工作变得更加有趣和高效。

三、掌握多元化的搜索资源

译者通常会接触各种专业领域，对于专业知识背景、专有名词、人名、地名等搜索，还需要借助学术数据库（如 Springer、中国知网、万方数据等）、专业数据库（如专利数据库、医学数据库等）、专业门户网站以及单语或双语语料库（COCA 语料库、CCL 汉英双语语料库）等资源。

（一）学术数据库和专业数据库

学术数据库和专业数据库较之互联网搜索引擎的搜索结果而言，更具有权威性和科学性，可信度更高，可以很大程度上提高译者的搜索效率。例如，在一篇与煤化工有关的文章中，出现有"ash content"一词，在中国知网的词典中进行检索可以发现在相应的精细化工等专业词典中被译为灰分、灰分含量、含灰量等。将这些译文再在知网的期刊栏目下作为关键词进行检索，可以发现相关的论文中灰分、灰分含量这两个词汇出现频率极高，而含灰量则很少。所以基本可以确定，在煤化工领域中，"ash content"一般译为"灰分"。

（二）语料库

译者可以利用目标语单语语料库去验证译文表达是否地道，亦或者搭配是否适当。例如，"晚期胃癌"，湘雅医学专业词典将其译为 advanced carcinoma of stomach 和 late gastric cancer，译者在翻译时很难辨别哪一个是准确译法。在 COCA 官网，分别输入这两个译法，都没有找到对应的例句，但查询 advanced gastric cancer，显示出例句"There is less certainty regarding the resection D2 in patient with advanced gastric cancer (recommendation grade C/D)"。为进一步验证该译法，用 Google 或 Bing 检索"advanced gastric cancer"，可以找到多篇本族语作者撰写的相关文献。由此可见，advanced gastric cancer 是晚期胃癌的准确译法。这是利用语料库解决翻译疑难的一个实例。

（三）双语句库

双语句库是利用信息检索技术，在海量的双语例句对中提供双语的互译信息。比较出色的中英双语句库有 Bing（必应）词典、百度词典、有道句库、爱词霸句库、句酷等。由于这些双语例句对主要是人工翻译而成，且涉及各行各业，对于翻译从业人员与学生，是一种重要的辅助翻译手段。当译员碰到一些词组、搭配需要查询时，利用双语句库是一个不错的选择。需要注意的是，由于双语句库的语料直接来源于互联网，其语料质量并不能得到很好的保证。在利用双语句库辅助翻译的基础上，还应该配合其他的手段来验证翻译的正确性。

此外，译者可以利用的搜索资源还有很多，例如在线词典、在线百科、社交媒体、融媒体等。译者可充分调动网络资源高质高效地完成翻译项目。网络资源无所不包，提高搜商，是译者提升自身翻译能力的重要方法之一。然而，因网络资源质量参差不齐，译者还必须具备相应的甄别能力，对网络搜索得来的结果去伪存真，这也是译者搜索能力的体现。搜索能力是翻译能力的重要组成部分，译者的搜索能力是对传统翻译能力的拓展。本书围绕译者搜索素养展开，以真实案例剖析翻译与搜索技术的交融，旨在通过多元化的搜索技术提升翻译工作者的翻译能力，促进译者高阶检索思维逻辑的形成。同时，本书也是对人工智能时代翻译教育课程体系的进一步完善，对于翻译教育体系革新及语言服务人才能力结构调整具有重要意义。

全书选材新颖，内容丰富，图解详尽，深入浅出，兼顾理论与实践，由搜索基础作为导入，涵盖桌面搜索、文本搜索、词典搜索、术语搜索、语料库检索、网络搜索及学术搜索等七个专题的内容，可满足读者多层次、多维度、多场景的信息搜索需求，同时也为翻译技术这一应用翻译学的分支学科的研究注入最新的研究成果。本书既适用于外语专业的师生，也适用于广大语言服务从业者、翻译爱好者及相关研究人员。

全书共计八章，其中王华树、宁静致远负责编写第一章，刘世界、顾铭钦负责编写第二章，马世臣负责编写第三章，杨绍龙、王静静、陈昊珅负责编写第四章，邱泠铎负责编写第五章，施淑敏负责编写第六章，赵芳贤负责编写第七章，周霁虹负责编写第八章。王华树、刘世界、张成智负责编纂过程中的统稿工作。李长栓教授作为本书的顾问，为本书的顺利编纂与成稿提供了诸多建设性的意见及宝贵的实践经验。我们在编纂过程中得到了多方面的支持和帮助，每一章的撰写都离不开师生的集体讨论，其中来自于广东外语外贸大学、西安外国语大学、北京外国语大学、上海海事大学、对外经济贸易大学、中山大学、海南大学、江西理工大学等多所高校的硕士研究生为本书的编纂提供了诸多应用案例和支持，他们是刘笑笑、朱贝、何婷、张雪、李思慧、徐琳琳、谢音、方毓锦、孙雨月、江宇楠、康思敏、李敏铃、王玥、张晓旭、张礼彬、姜淑珍、彭魁伟、季裕超、徐凡、林铭茜、牛启凡、黄彦婷、刘冬云、荀珍珍、刘倩、郎朗、杨端玉、汪卷、赵梓彤、万翊林、李斯然、左桐，在此一并致谢。

前言

本书在写作过程中，得到了译界和学界同仁的大力支持。在此特别要感谢：北京外国语大学任文教授和张威教授、北京师范大学张政教授、广东外语外贸大学蓝红军教授、北京第二外国语学院司显柱教授、北京语言大学王立非教授等，没有他们的指导、鼓励和帮助，本书不可能顺利完成。还要感谢 2018 年以来我指导过的翻译研究生，本书付梓，离不开他们的贡献。当然我必须要感谢本书编辑钱屹芝女士，感谢她为本书的编辑及出版付出的辛勤努力。

随着人工智能技术和数字技术的迅猛发展，音频、视频、图像、日志等多模态数据正在以指数级增长，检索技术和工具的功能也愈加丰富与完善。我们身处数字化时代，更应该谙熟与海量数字资源、各类信息检索技术和平台的交往之道，让其成为服务于我们实践的"利器"。本书的编写先后经历了团队组建与培训、教材框架设计、实践案例筛选、专家座谈指导、全书统筹与质量保障等诸多环节，但由于编者水平有限，以及技术变革较快，书中难免有瑕疵遗漏之处，恳请广大读者朋友提出宝贵意见。

王华树
2022 年 6 月 1 日

目 录

第一章 搜索基础　　1
第一节 搜索概念　　2
一、搜索与知识管理　　2
二、搜索与搜商　　3
三、搜索的原理　　4
四、搜索的作用　　5
第二节 搜索资源　　6
一、按用途分类　　7
二、按对象分类　　8
三、按专业性分类　　8
四、按资源存放类型分类　　9
第三节 搜索工具　　9
一、网络搜索工具　　9
二、本地搜索工具　　11
第四节 搜索方法　　13
一、基本搜索逻辑　　13
二、简单搜索方法　　14
三、高级搜索方法　　16

第二章　桌面搜索　　　　　　　　　　　28

第一节　Everything　　　　　　　　　　29
　　一、系统介绍　　　　　　　　　　　　29
　　二、案例演示　　　　　　　　　　　　29

第二节　FileLocator Pro　　　　　　　 34
　　一、系统介绍　　　　　　　　　　　　34
　　二、案例演示　　　　　　　　　　　　35

第三节　Search and Replace　　　　　 39
　　一、系统介绍　　　　　　　　　　　　39
　　二、案例演示　　　　　　　　　　　　40

第四节　CAT 工具中的搜索　　　　　　 44
　　一、系统介绍　　　　　　　　　　　　44
　　二、案例演示　　　　　　　　　　　　45

第三章　文本搜索　　　　　　　　　　　54

第一节　Microsoft Word　　　　　　　 55
　　一、内部搜索　　　　　　　　　　　　55
　　二、外部搜索　　　　　　　　　　　　70
　　三、网络搜索　　　　　　　　　　　　73

第二节　Microsoft PowerPoint　　　　　75
　　一、内部搜索　　　　　　　　　　　　76
　　二、外部搜索　　　　　　　　　　　　79
　　三、网络搜索　　　　　　　　　　　　81

第三节　Microsoft Excel　　　　　　　 87
　　一、内部搜索　　　　　　　　　　　　87
　　二、外部搜索　　　　　　　　　　　　93
　　三、网络搜索　　　　　　　　　　　　95

第四节　PDF　　　　　　　　　　　　 98
　　一、内部搜索　　　　　　　　　　　　98

二、外部搜索　　104
　　三、网络搜索　　107

第四章　词典搜索　　110
第一节　桌面版词典　　111
　　一、GoldenDict　　111
　　二、MDict　　117
　　三、欧路词典　　123
第二节　在线版词典　　131
　　一、Dictionary　　131
　　二、The Free Dictionary　　138
　　三、Glosbe　　146
　　四、Collins　　151
　　五、Visuwords　　157
　　六、海词词典　　161
第三节　手机版词典　　165
　　一、剑桥高级英语学习词典　　165
　　二、朗文当代高级英语辞典　　173

第五章　术语搜索　　178
第一节　UNTERM　　180
　　一、系统介绍　　180
　　二、案例演示　　181
第二节　TermWiki　　186
　　一、系统介绍　　186
　　二、案例演示　　187
第三节　WIPO IP PORTAL　　195
　　一、系统介绍　　195
　　二、案例演示　　196

第四节　中华思想文化术语库　　　　　　　　212
　　一、系统介绍　　　　　　　　　　　　　212
　　二、案例演示　　　　　　　　　　　　　213
第五节　术语在线　　　　　　　　　　　　　216
　　一、系统介绍　　　　　　　　　　　　　216
　　二、案例演示　　　　　　　　　　　　　217
第六节　术语库的创建与搜索　　　　　　　　222
　　一、如何创建术语库？　　　　　　　　　223
　　二、如何转换术语数据？　　　　　　　　230
　　三、如何提取术语？　　　　　　　　　　241
　　四、如何进行术语搜索？　　　　　　　　255

第六章　语料库检索　　　　　　　　　　　267

第一节　单语语料库　　　　　　　　　　　　268
　　一、COCA　　　　　　　　　　　　　　 268
　　二、Linggle　　　　　　　　　　　　　　279
　　三、WebCorp　　　　　　　　　　　　　284
　　四、Sketch Engine　　　　　　　　　　　290
　　五、北京语言大学语料库中心　　　　　　298
　　六、现代汉语平衡语料库　　　　　　　　306
第二节　双语语料库　　　　　　　　　　　　310
　　一、北大法律英文网　　　　　　　　　　310
　　二、知网翻译助手　　　　　　　　　　　315
第三节　常用句库　　　　　　　　　　　　　319
　　一、句酷　　　　　　　　　　　　　　　319
　　二、通译典　　　　　　　　　　　　　　322
第四节　语料库的创建与检索　　　　　　　　328
　　一、如何进行语料清洗？　　　　　　　　328
　　二、如何进行语料对齐？　　　　　　　　337

三、如何进行格式转换?　　345
　　四、如何进行语料库检索?　　350

第七章　网络搜索　　365
第一节　百度搜索　　366
　　一、系统介绍　　366
　　二、案例演示　　366
第二节　Google 搜索　　374
　　一、系统介绍　　374
　　二、案例演示　　375
第三节　Bing 搜索　　386
　　一、系统介绍　　386
　　二、案例演示　　386
第四节　Yandex 搜索　　391
　　一、系统介绍　　391
　　二、案例演示　　392
第五节　特色搜索引擎　　398
　　一、秘迹搜索　　398
　　二、WolframAlpha　　402
　　三、YouGlish　　406
　　四、搜狗搜索　　409
　　五、Internet Archive　　411

第八章　学术搜索　　414
第一节　中国知网　　416
　　一、系统介绍　　416
　　二、案例演示　　417
第二节　Web of Science　　430
　　一、系统介绍　　430

二、案例演示　　433
第三节　EBSCO　　451
　　一、系统介绍　　451
　　二、案例演示　　454
第四节　Google Scholar　　463
　　一、系统介绍　　463
　　二、案例演示　　465
第五节　百度学术　　476
　　一、系统介绍　　476
　　二、案例演示　　477
第六节　国家图书馆　　488
　　一、系统介绍　　488
　　二、案例演示　　489

附　录　　496
　　一、常用桌面搜索工具　　496
　　二、常用词典资源　　496
　　三、常用术语库　　498
　　四、常用语料库　　500
　　五、常用句库　　504
　　六、常用搜索引擎　　505
　　七、学术资源搜索平台　　506
　　八、综合搜索平台　　507
　　九、常用快捷操作代码　　509

参考文献　　513

第一章　搜索基础

在当今这个属于互联网的时代，搜索几乎是每个人都会做的事情，是人们获取信息、学习知识最有效的手段。人类的知识正在以几何级数增长，新的翻译领域和专业术语层出不穷，再勤奋的大脑也难以存储海量的专业知识。因此，译者需要综合应用搜索工具、掌握多种搜索资源、熟练使用搜索技巧、有效提高搜商。对于大数据时代的译者而言，其搜商的高低直接影响其翻译能力，对其翻译工作具有十分重要的作用。只有充分学习搜索技术，提升搜索能力与搜商，才能提升自身的综合能力，强化在现代翻译行业的核心竞争力。本章首先论述搜索与知识管理之间的关系，简述搜商的概念，并指出搜索在翻译中的重要作用，然后简要介绍各类搜索资源以及搜索工具，最后介绍搜索的基本逻辑和几种简单搜索方法，并结合实例演示了几种常见的高级搜索方法。

第一节　搜索概念

一、搜索与知识管理

在当今大数据时代下，各种数据与信息呈爆炸式增长，信息的多样性、新颖性、分散性、无序性等使得人们无法准确快速获取想要的信息。如何快速获取有用信息，将有用信息转化为知识进而提炼为智慧，成为很多人迫切的需求。因此，提升搜索技术和加强知识管理变得尤为重要。DIKW（Data-to-Information-to-Knowledge-to-Wisdom）模型是知识管理领域的经典金字塔理论，是关于数据、信息、知识及智慧的体系。其中数据层是最基本的，通常包括数字、文字、图像、符号等。通过对数据进行加工处理，使庞杂且离散的数据变成有意义的信息。将信息与个人经验与能力结合，用于解决实际问题，信息就转化为了知识。当人们真正掌握了某个知识，并懂得如何去运用，知识就变成了智慧。DIKW模型展现了数据是如何一步步转化为信息、知识乃至智慧的，如图1-1所示。

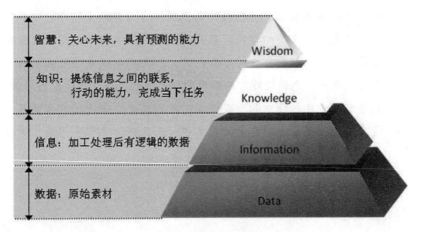

图1-1　DIKW模型

翻译知识观认为，翻译的本质属性并非语言转换，而是知识迁移。如果从知识管理视角看待翻译过程，翻译是一种知识管理与转化活动。因此，引入知识管理领域的 DIKW 模型可以帮助我们更好地理解翻译过程中数据、信息、知识与智慧之间的关系。如果用 DIKW 模型来看待"翻译"的内涵，译者在翻译实践中通过搜索得到的原始素材，如文字、图像、音视频等就是一大堆零散的、待处理的数据。译者的首要任务就是去存储、整理和分析这些数据，使之成为能为译者所用的有用信息。这些信息被用于解决翻译工作中遇到的问题，逐渐转化为译者的知识。当译者懂得如何灵活运用知识去解决对应的问题后，知识也就内化为个人智慧。要想有效进行知识管理，建立起自己的知识体系，搜索是第一步，也是最重要的一步。

二、搜索与搜商

信息搜索是人们日常生活和译者工作流程中必不可少的环节。一般来说，搜索是指依托于特定应用程序，按照一定策略、原则从互联网海量数据中筛选出用户所需信息的过程。在翻译工作中，搜索技术是指利用信息技术和技巧，借助网络等资源，查找和筛选信息的技术。而提到搜索，就必然绕不开一个概念——搜商。

（一）搜商的定义

搜商（Search Quotient，缩写为 SQ），即一种通过工具有效获取资源和解决问题的能力——搜索能力，是一种与智商（IQ）、情商（EQ）并列的人类智力因素。在信息爆炸的 21 世纪，知道知识在哪里，远比知道知识是什么更重要，掌握获取知识的能力远比掌握知识本身更重要。在当今时代，搜商已经成为衡量一个人能力的指标，更有甚者，将搜商定义为"人类的第三种能力"。提高搜商能够帮助人们提高工作效率，帮助人们在浩瀚的互联网中快速找到想要的信息。译者的搜商直接关系译者在翻译中通过搜索获取有效信息的效率，是决定译者在现代翻译行业中是否具有核心竞争力的关键。对于大数据时代的译者而言，其搜商的高低直接影响其翻译能力。

(二)提高搜商的途径

1. 建立搜索意识

搜索意识是指人们能够意识到搜索对学习、生活、工作的重要作用，会把搜索作为获取信息的首要渠道。在这个万物互联的时代，只要我们清楚地知道我们想搜索什么，我们总有途径能够搜索到。每当我们遇到问题，要先尝试着自己去搜索答案，而不是第一时间去请教他人，只有切身的实践才能锻炼搜索能力，提高搜商。

2. 善用搜索渠道

善用搜索渠道，就是要善用各种搜索资源和搜索工具。搜索渠道绝不止 Google 和百度这么简单，除了 Google、百度等网络搜索引擎，微博、知乎、小红书甚至淘宝等都是现代人的主要信息来源。而译者在翻译实践过程中通常会接触各种专业领域，还需要用到各种各样的搜索资源与搜索工具，如学术数据库、术语库、在线语料库、垂直搜索引擎和桌面搜索工具等。

3. 掌握搜索方法

搜索方法是搜商的核心要素，高搜商的学习者往往是通过高效的搜索技能突显出来的。搜商强调所获得的知识与花费时间的比值，搜索强调效率。面对海量的信息资源，要懂得如何筛选出有用的信息为自己所用。而这就需要我们掌握一定的搜索方法，例如常用高级搜索语法、诱导词查询法等。

三、搜索的原理

从输入关键词到搜索引擎给出搜索结果，整个过程只需几毫秒，搜索引擎会根据输入的关键词提供相关的关键词搜索，输入两个差别很小的关键词得到的搜索结果却千差万别。想知道搜索引擎为何如此"神奇"，我们需要明白其工作原理。现代大规模、高质量的搜索引擎的工作原理一般包含以下几个模块：页面抓取与存储、页面分析与收录、页面排序、关键词查询。

（一）页面抓取与存储

搜索引擎会通过蜘蛛爬行程序在互联网上抓取页面并进行存储，为搜索引擎提供数据支持，这是搜索引擎最基础，也是最重要的工作。页面抓取方式主要有广度优先、深度优先、高权重优先等。不同搜索引擎抓取页面的策略与方式不同，其呈现的搜索结果也各不相同。

（二）页面分析与收录

互联网中有些网页具有欺骗性或者是空白内容页面等，这些网页对于搜索引擎和用户来说没有意义。因此在对网页进行抓取后，搜索引擎会对收录到的页面进行分析与筛选，并保留对用户有用的内容。

（三）页面排序

用户向搜索引擎提交关键词查询后，搜索引擎返回与该关键词相关的页面列表到搜索结果页面，这些页面按照搜索结果的质量高低进行排列。在搜索过程中，人们搜索的字词、搜索目标网页的相关性、可用性、来源专业程度等都会影响到页面的最终排名。

（四）关键词查询

完成页面排序后，搜索引擎会建立索引数据库，当接收到来自用户的关键词查询请求后，搜索引擎会对查询的信息进行切词，匹配信息，向用户返回相应的页面列表。

四、搜索的作用

搜索不仅是现代人获取信息和知识的首选方法，在某种意义上也是网络信息时代人们必备的能力，是学习能力的重要表现。在大数据时代，人与人之间的差别除了情商、智商，还有搜商，也就是搜索能力。无论是对于大众，还是翻译从业者而言，搜索都能为人们的生活和工作带来极大便利，甚至创造价值与财富。

对于大众来说，网络信息技术的发展消除了信息壁垒，为人们日常生活、学习和工作带来了巨大的便利。通过搜索打开信息渠道，人们可以快速接触到海量的信息和优质的资源。搜索可以帮助我们快速找到问题的解决方案、学习课程资源以及宝贵的经验知识，可以说人们生活的方方面面都离不开搜索。例如，在日常的生活和学习过程中，我们经常会遇到一些问题，例如"电脑启动后黑屏怎么解决？""去哪里找免费的 PPT 模板或者简历模板？""去哪里找学习 Python 的课程视频？"等等。当我们掌握一定的搜索技术，提高个人搜商后，这些问题都能够迎刃而解。

在 21 世纪，翻译技术已经成为新时代译者所必须要学习和掌握的东西，翻译技术能力包括计算机基本应用能力、信息搜索能力和计算机辅助翻译技能，而信息搜索能力是翻译技术能力的重要组成部分，也是翻译能力的应有之意。对于不同翻译从业者而言，搜索在翻译实践、翻译教学、翻译教研甚至整个翻译行业都有着重要作用。对于笔译和口译人员而言，可以通过搜索快速查询翻译背景知识、陌生的人名地名、验证译文表达是否准确地道、某个专业术语如何翻译等，有助于译者改善译文的质量。搜索技术还能辅助翻译教学，大数据时代的教学方式不同于以往的传统教学那样局限于书本上的知识。互联网上的教学资源极其丰富，教师可以引导学生通过搜索去学习丰富的网络资源，扩大知识面，提升自主学习能力。而对于翻译学界的科研人员而言，可以通过搜索获取国内外优质的学术资源和权威数据，把握学界最新发展动态，助力翻译学科发展。

第二节　搜索资源

提起搜索，很多人首先会想到百度或 Google 等搜索引擎，但对于职业译者而言，搜索资源绝不仅是通过百度或 Google 简单搜索得到的网络资源，还包括在线词典、在线语料库、术语库、学术数据库、专业数据库等。译者在翻译实践中，通常会接触各种专业领域，对于专有名词、人名、地名等术语以及专业知识等的搜索，译者需要参考各种各样的搜索资源。根据不同的标准，可以按用途、对象、专业性、资源存放类型等对搜索资源进行分类。

一、按用途分类

（一）一般用途

一般用途主要指人们日常工作、生活中的各种用途，包括通过搜索获取各类资源、获取他人的知识经验，获取问题解决方法等。例如，搜索学习课程资源可以去中国大学 MOOC、可汗学院网站、哔哩哔哩等。搜索他人知识经验可以去简书、知乎、微信公众号等。许多找不到的资源都可以在淘宝上搜索代找。还可以在猎手导航、Lacker 垂直导航等导航网站上搜索各种类型的垂直领域资源和网址。

（二）专业用途

专业用途主要指翻译实践、翻译教学、翻译研究等与翻译有关的用途。专业用途下的搜索资源主要包括在线词典、术语库、语料库、专业数据库、学术数据库、CAT 工具中的语料搜索等。

1. 在线词典

Dictionary、Glosbe、Collins、Bing Dictionary（必应词典）、Webster's Dictionary（韦氏词典）、海词词典、有道词典、欧路词典、金山词霸等。

2. 术语库

联合国术语库（UNTERM）、TermWiki、加拿大 Termium 术语库、TAUS 数据联盟、中国思想文化术语库、术语在线、中国特色话语对外翻译标准化术语库等。

3. 语料库

COCA、BNC、Linggle、WebCorp、Sketch Engine、LIVAC 汉语共时语料库、北京语言大学 BCC 汉语语料库、绍兴文理学院语料库等。

4. 专业数据库

PATENTSCOPE 专利数据库、欧洲专利局、美国专利局、北大法宝法律数据库等。

5. 学术数据库

Web of Science、EBSCO、ResearchGate、ScienceDirect、中国知网（CNKI）、

万方数据知识服务平台、维普网、中国国家图书馆等。

6. CAT 工具中的语料搜索

SDL Trados Studio 的"相关搜索"功能、memoQ 中的 LiveDocs 功能、Déjà Vu 中的自动检索功能、ApSIC Xbench 中的搜索功能等。

二、按对象分类

根据网络信息资源的定义与分类，按照搜索的对象来分，网络信息资源可以分为文本、图片、音视频等。

1. 常用文本搜索资源

ManyBooks、Project Gutenberg、ePUBee 电子书库、鸠摩搜书、百度文库以及一般电子图书馆的电子资源等。

2. 常用图片搜索资源

Google Images、Unsplash、Stocksnap、Pexels、百度图片、视觉中国、搜图神器等。

3. 常用音视频搜索资源

YouTube、哔哩哔哩、优酷、百度视频等。

三、按专业性分类

译者在翻译实践中通常会接触不同的专业领域，如医药、法律、机械、建筑、金融等领域。由于不具备一些领域的专业知识，不熟悉一些专业表达，这时译者往往就要去搜索相关领域的信息资源。

1. 常用医药领域搜索资源

Pubmed、丁香园、生物谷、国家药品监督管理局、中国医药网、生物医药大词典等。

2. 常用法律领域搜索资源

Westlaw、度小法、秘塔检索、北大法律英文网、中国法律数字图书馆、法律英语翻译网等。

3. 常用金融领域搜索资源

CEIC、Tushare 大数据社区、金融界、中国经济学教育科研网等。

四、按资源存放类型分类

搜索资源按照资源存放类型可以分为局域网资源和互联网资源。局域网（Local Area Network, LAN）指局部地区的区域网络，是一种私有网络，其具备安装便捷、成本节约、扩展方便等特点，可以实现文件管理、应用软件共享等功能。局域网资源主要指个人电脑资源，包括本地的文件和软硬件资源。而互联网不是一个单一的网络，其泛指多个计算机网络按照一定通信协议相互连接而成的一个大型计算机网络。任何组织和个人都可以使用各种不同的方式，通过各类不同的基础设施连接到这个网络中，接受和提供不同的网络服务。互联网资源则指通过互联网搜索引擎搜索得到的信息和资源，与局域网资源相比内容更加广泛，访问更加便捷。

第三节 搜索工具

"工欲善其事，必先利其器"，人类社会生产力的发展与工具的发明和使用密不可分。在日常生活工作和翻译实践中，译者往往会遇到各种各样的问题，需要用到各种搜索工具，搜索各类专业资源。译者如果能选择合适的搜索工具，巧妙利用搜索工具，必定会事半功倍，极大提高翻译质量和效率。根据搜索工具的使用场景，搜索工具大致可以分为两类：网络搜索工具和本地搜索工具。

一、网络搜索工具

网络搜索工具是指在因特网上提供信息搜索服务的计算机系统，其搜索的对象是存在于因特网信息空间中各种类型的网络信息资源。除了大众最为熟知和最常使用的 Google 和百度等互联网搜索引擎外，网络搜索工具还包括垂直搜索引擎等。

（一）互联网搜索

互联网搜索通常指利用搜索引擎（如百度）对互联网上的信息进行搜索。用户输入关键词进行搜索后，搜索引擎会通过计算机程序自动到各个网站收集、存储信息，并建立索引数据库供用户查询。网络搜索因其简单快捷的特点成为用户最常使用的搜索方式，如果用户能再借助一些高级的搜索语法，就可以在短时间内找到大量想要的搜索结果。

1. 互联网搜索的作用

互联网所容纳的信息种类繁多，且数量庞大，如何在庞杂的信息中找寻我们想要的信息，就需要用到搜索引擎。互联网是最大的知识宝库，是人类的第二大脑，互联网搜索是人类感官获取信息的延伸。通过使用互联网搜索，我们能够零门槛获取日常所需的各种资源，如简历模板、计算机辅助翻译课程等，能够解决日常生活、学习和工作中的绝大多数问题，高效地存储和吸收知识，有效进行知识管理。

2. 常用互联网搜索引擎

目前主流的互联网搜索引擎包括 Google、Bing、Yandex、百度、搜狗等，而这些搜索引擎各有其独特的优点。Google 是全球使用人数最多的英文搜索引擎，被认为是效率最高、内容最准确、排序最科学的搜索引擎，所以英文搜索首选 Google。Bing 是一款非常贴近中国用户的全球搜索引擎，能够提供美观、高质量、国际化的中英文搜索服务。Yandex 是俄罗斯第一大搜索引擎，是俄语搜索的最佳选择。百度则是全球最大的中文搜索引擎与中文网站，拥有简单强大的搜索功能。搜狗搜索通过整合微信和知乎，聚合了诸多优质内容，提供了一些特色的搜索服务。译者可根据实际需求综合应用一些互联网搜索引擎。

（二）垂直搜索

垂直领域是在大领域下垂直细分的小领域，垂直领域搜索是针对某一特定领域、某一特定人群或某一特定需求提供的信息和相关服务，其特点是专、精、深。

1. 垂直搜索的作用

大多数人搜索的时候都会选择 Google、百度等常用搜索引擎，尽管搜索到的信息比较全面，但同时也会带来信息量过大、查询不准确、深度不够等问题。相比之下，垂直搜索引擎能够提供更加精准和细化的搜索服务，提高搜索效率。熟练运用垂直搜索往往能帮助我们更快、更准确、更深入地搜索到某个领域的信息。

2. 常用垂直搜索工具

各个行业与领域都有其对应的垂直搜索工具，下面列举部分常用的垂直搜索工具。

（1）书籍搜索：Google 图书、鸠摩搜书、读秀、超星图书、书格等；

（2）学术搜索：Google Scholar（谷歌学术）、百度学术、Bing 学术、搜狗学术等；

（3）求职招聘：LinkedIn（领英）、智联招聘、BOSS 直聘、前程无忧、58 同城等；

（4）社区论坛搜索：GitHub、CSDN、豆瓣、简书、知乎等；

（5）社交网络搜索：Twitter、Facebook、新浪微博、百度贴吧、人和网等。

二、本地搜索工具

本地搜索是指对存储在本地的文件和资源进行快速的调用和搜索。本地搜索工具能够帮助译者迅速定位译者需要的信息和资源，极大提高工作效率。本地搜索工具主要分为桌面搜索工具和文本搜索工具。

（一）桌面搜索

桌面搜索通常指用户对其个人计算机硬盘中存储的各种文档资料进行搜索，其特点在于无需借助互联网、不需要通过搜索引擎进行搜索，允许用户根据自己的风格控制搜索习惯。

1. 桌面搜索的作用

个人电脑往往会存储大量的资料和文献，即使用户有科学良好的文件分类和整理方法，查找本地文档也是一件十分耗时的事情。通过桌面搜索，用户可以在极短的时间内从硬盘中找到所需的内容，节省查找文件的时间，提高工作效率。

2. 常用桌面搜索工具

目前主流的桌面搜索工具有 Everything、FileLocator Pro、Search and Replace、Listary Pro、dtSearch 和火柴（原"火萤酱"）等。不同工具有其各自的优点和特色功能。其中，Everything 和 Listary Pro 是基于文件、文件夹名称的桌面搜索工具。FileLocator Pro 除支持文件名搜索外，还支持文本内容的搜索，可使用关键字对文件进行内容搜索。而 Search and Replace 是一款功能强大的搜索与替换工具，能够对文件执行搜索与替换。译者可根据实际需要选择最合适的桌面搜索工具。

（二）文本搜索

文本搜索通常指对各种不同类型格式的文本进行搜索，主要指在文本内部的搜索。常见文本类型主要包括 Microsoft Word、Microsoft PowerPoint、Microsoft Excel 以及 PDF 文件，对应的文本格式分别为 .doc(x)、.xls(x)、.ppt(x) 以及 .pdf 格式。

1. 文本搜索的作用

译者在翻译实践工作中面对的文件数量和类型众多，经常需要对文档内容进行批量的查找、修改替换、删除等操作。如果文档内容较多，肉眼查看费时费力，能够运用文本搜索工具快速处理不同文本类型中的目标文本将极大地提升译者的工作效率，文本搜索能力对于译者来说是非常重要的一项技能。

2. 常用文本搜索工具

.doc(x)、.xls(x)、.ppt(x) 格式的文件通常可以使用 Microsoft 软件内部的"Ctrl+F""Ctrl+H"等快捷键、通配符及正则表达式进行文本的搜索与替换操作，.pdf 格式文件则因其特殊性而不能直接编辑。同时，.doc(x) 格式的文件还可通过 WordPipe、DocSearcher、Word 文档搜索器等工具进行文本内的搜索；.ppt(x) 格式文件可通过 PPT Search Engine、SlideShare 等平台对其进行搜索；.xls(x) 格式的文件可以通过内部的通配符和公式等进行搜索；.pdf 格式文件内部的搜索则需要使用 PDF 阅读器或编辑器，如 ABBYY FineReader、PDF-Xchange Viewer、Nitro Pro、福昕阅读器等工具。

第四节　搜索方法

在翻译工作中，绝大多数译者都要借助网络搜索引擎，通过搜索浩瀚的互联网找到自己需要的信息。而面对互联网上纷繁复杂、良莠不齐的海量信息，如何快速获取我们想要的信息显得尤为重要。掌握搜索方法和搜索技巧的译员往往能够事半功倍，快速找到自己所需的信息，提高翻译效率。搜索方法可以大致分为基本搜索逻辑、简单搜索方法和高级搜索方法。

一、基本搜索逻辑

简单来说，信息搜索就是找什么、哪里找和怎么找的问题，也可以用"2W1H"来表示，也就是 What（找什么）、Where（哪里找）、How（怎么找）。如图 1-2 所示，"找什么"需要搜索者准确描述自己想要搜索的目标；"哪里找"需要搜索者找到垂直搜索的网站或渠道；"怎么找"需要搜索者掌握高级搜索指令及其他搜索方法。

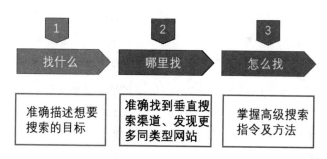

图 1-2　基本搜索逻辑

（一）分析搜索问题

分析要搜索的问题是搜索过程的第一步，也是最关键的一步。搜索诉求是否明确会直接影响最终的搜索结果，搜索引擎是机器，不是人类，我们要明确表达搜索诉求，精简搜索内容，避免口语化搜索。例如，译者在翻译实践中遇到"中间件上云"这个陌生的短语，想知道如何去翻译它。

首先，译者需要弄清这个短语的中文释义，并判断其是否为一个专业的术语，如果其不是专业的术语，就要去英文中寻找对等的表达。

（二）明确搜索过程

搜索者的搜索需求和对象往往是多样化的，针对不同的搜索需求和对象，要选择合适的搜索渠道，制定明确且合理的搜索过程。以上面的问题为例，译者想弄清"中间件上云"的中文释义，应该在百度中搜索"中间件上云"（搜索时应包含双引号），得到包含完整短语的搜索结果。要判断其是否为一个专业的术语，译者可以在术语在线[①]等在线术语库中搜索"中间件上云"。要在英文中寻找对等的表达，应选用相关的英文关键词在 Google、Bing 等英文网站中进行搜索。

（三）优化搜索结果

搜索引擎往往会为我们呈现纷繁复杂且良莠不齐的搜索结果，因此我们需要学会过滤无用信息，快速定位我们真正准确有用的搜索结果。以上面的问题为例，根据在百度中搜索"中间件上云"得到的结果，得知此短语大致意为"将中间件放上云端"。根据在术语在线等在线术语库中搜索得到的结果，得知其不是一个专业的术语，但可以确定"中间件"是"middleware""云"是"cloud"。根据在 Google 中搜索"middleware cloud"得到的结果，得知英文中存在"cloud middleware"的固定表达，且其英文释义与"中间件上云"的中文释义十分接近，因此译者可以选用"cloud middleware"作为"中间件上云"的翻译。

二、简单搜索方法

简单搜索方法通常是指译者最常使用的一些搜索方法，这些方法虽然简单，但是掌握和熟练使用之后，能够在诸多场景下帮助译者快速搜索信息和资源，提高搜索效率。

---

① https://www.termonline.cn/index.

第一章·搜索基础

（一）利用快捷键搜索桌面应用或文件

快捷键，又叫快速键或热键，指通过某些特定的按键、按键顺序或按键组合来完成一个操作。在电脑桌面和常用 Microsoft 办公软件中都有搜索功能的快捷键组合。善于使用快捷键搜索能够使我们事半功倍。

常用搜索快捷键包括：（1）"Win+S"快捷键快速调出 Win10 搜索框，在搜索框输入关键词，搜索电脑应用和文件。（2）"Ctrl+F"快捷键在网页搜索结果中搜索关键词，在 Word、Excel、PPT 文件中查找目标内容。

（二）利用 Google 验证英文表达是否地道

译者在翻译实践中经常遇到的一个问题就是无法确定英文译文中的某个表达是否正确或地道，这种情况下有时候无法通过查询词典解决，但译者可以在 Google 和 Bing 等英文网站中去验证表达的准确性。如译者想知道用"badge pickup"表示"签到处"是否地道，可以在 Google 中输入"badge pickup"进行搜索，利用"Ctrl+F"快捷键在搜索结果中查找关键词"badge pickup"，如图 1-3 所示，可以看到其出现的频率较高，在英文中是一个常用的表达。然后以"badge pickup"为关键词，点击 Google 搜索下方的"图片"搜索，得到许多国外签到处的图片，可以看到很多图片中签到处都是用"badge pickup"来表示，如图 1-4 所示，因此"badge pickup"可以表示"签到处"。

图 1-3 在 Google 中搜索"badge pickup"得到的结果

图 1-4　在 Google Images 中搜索"badge pickup"得到的结果

（三）利用 Linggle 判断两种英文表达哪种更地道

译者在翻译实践中对于同一个词组或表达通常会有不同的译法，因此也会为选取哪一种译法更合适和更地道而头疼，此时译者可以利用 COCA 或 Linggle 等语料库搜索工具来解决此问题。此处以 Linggle 为例，如译者想用英文表达"在家办公"，却不知道"work at home"和"work from home"哪个表达更好，这时译者可以在 Linggle 网站上搜索"work at/from home"，即可得到两种表达在网站内提供的英文结果中的使用次数及频率，如图 1-5 所示。根据搜索结果得知"work at home"在英文中出现的频率更高，更地道，因此译者选用这个表达。

图 1-5　在 Linggle 中搜索"work at/from home"得到的结果

三、高级搜索方法

《大西洋月刊》的一项调查统计曾显示，有大约 90% 的人不知道电脑上的组合键"Ctrl+F"具有"查找"的功能，这个方法并不高级，但是此现象足以说明大多数人都没能充分利用网络搜索，更不用说掌握高级搜索方法。译者要想提升自身信息搜索能力，提高翻译工作效率，必须掌握一些高级的搜索方法。常用高级搜索方法包括网络搜索引擎搜索语法、专业数据库中的高级搜索方法等。

（一）常用网络搜索引擎的搜索语法

在翻译工作中，每一位译者都离不开网络，离不开搜索引擎，都必须在浩瀚的互联网找到自己需要的信息。网络资源的高级搜索技巧类型较多，在翻译工作过程中应用时往往需要灵活运用，适当搭配搜索语法，提高自己的信息搜索技能，这样才能在短时间内定位最准确的信息来源。常用网络搜索引擎的搜索语法包括以下几种（搜索注意事项：冒号和双引号均为英文模式下的，搜索时请去掉搜索语法中的"+"），如表1-1所示。

表1-1 常用网络搜索引擎的搜索语法

搜索语法	用途
关键词 + 空格 +site:(目标网址或网址类型)	在某个指定网站内搜索
关键词 + 空格 +filetype:(文件格式)	搜索结果为指定文件格式
关键词 + 空格 +intitle: 需要限定的关键词	限定搜索标题中包含关键词
关键词 + 空格 + 半角模式下的减号 + 想要排除的关键词	限定搜索结果中不包含某些关键词
allintext: 关键词	限定搜索结果的描述里包含关键词
inurl: 关键词	限定搜索结果的网址中包含的字段
关键词 + 空格 +20xx..20xx/ 时间 1.. 时间 2	限定搜索结果的时间范围

（二）利用中国知网（CNKI）进行高级搜索

1. 案例引入

译者想通过中国知网了解国内人文社科领域中各个学术期刊发表"翻译技术"相关文章的情况，以此来大致判断国内人文社科领域中哪些期刊比较重视翻译技术的发展，了解国内人文社科领域翻译技术研究的大致情况。如何运用中国知网中的"高级检索"来实现呢？

2. 技术实操

（1）百度搜索"中国知网"，点击中国知网官网，进入官网首页，点击右侧"高级检索"按钮。点击后，进入知网"高级检索"界面，如图1-6 所示。

图 1-6　知网"高级检索"界面

（2）点击界面下方的"中文"和"学术期刊"两个选项，学术期刊来源默认为"全部期刊"，如图 1-7 所示。

图 1-7　在知网"高级检索"中点击"中文"、"学术期刊"选项

(3)点击"主题",并在下拉选项中选择"篇名"选项,如图1-8所示。接下来在输入框中输入"翻译技术",如图1-9所示。

图1-8 在知网"高级检索"中选择"篇名"选项

图1-9 在知网"高级检索"中输入关键词"翻译技术"

(4)点击"检索"后,得到检索结果。截止至搜索日期,按照发文日期的先后排序,共有216条检索结果,均为篇名中包含关键词"翻译技术"的中文学术期刊,如图1-10所示。

图1-10 在知网"高级检索"中点击"检索"得到检索结果

(5)在检索结果页面中点击左侧学科一栏,勾选下方"中国语言文字"和"外国语言文字"两个选项,然后点击"确定",如图1-11所示。

图1-11 在知网的学科检索页面勾选目标学科

（6）在检索结果页面中点击左侧学术期刊一栏的可视化图标，如图 1-12 所示。

图 1-12　在知网的学术期刊检索页面点击"可视化"图标

（7）点击后得到篇名中包含"翻译技术"的中文学术期刊可视化图表，如图 1-13 所示。从图中可知，截至目前，国内人文社科领域中"翻译技术"相关的文章主要发表在《上海翻译》《中国科技翻译》《外语电化教学》《中国翻译》四家中文学术期刊上，这四家期刊较为重视翻译技术发展。

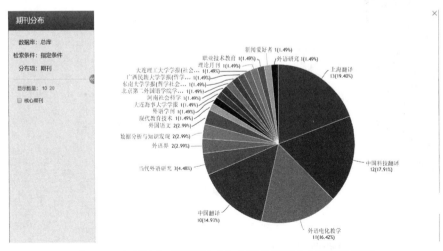

图 1-13　知网中与"翻译技术"相关的期刊分布可视化图表

（三）利用八爪鱼采集器进行数据采集

八爪鱼采集器是一款功能强大、操作简单的网页数据采集软件，可以在短时间内从不同的网站或者网页获取大量的规范化数据，帮助用户实现数据自动化采集、编辑以及规范化，摆脱对人工搜索及收集数据的依赖，从而降低获取信息的成本，提高效率。

1. 案例引入

译者想批量获取某个招聘网站上与翻译有关的招聘信息，如果去网站上进行文本的复制粘贴将会十分耗时，那如何使用八爪鱼采集器快速对招聘信息数据进行批量抓取呢？此处以深圳智联招聘网站[①]为例进行实操介绍。

2. 技术实操

（1）下载并安装八爪鱼采集器[②]，注册完成后，打开软件，其主界面如图 1-14 所示。

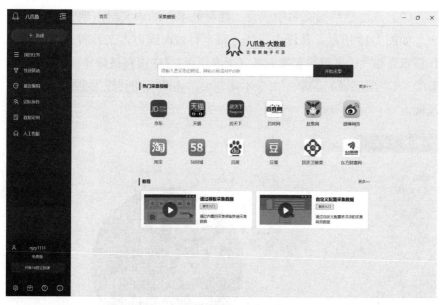

图 1-14　八爪鱼采集器主界面

---

① https://sou.zhaopin.com/?jl=765.
② https://www.BAZHUAYU.com/.

（2）打开八爪鱼采集器，输入要爬取的网站。此处以深圳智联招聘的网站为例，点击开始采集，如图 1-15 所示。此处由于网站防采集，需要登录才能显示数据，故需在八爪鱼采集器中进行登录。

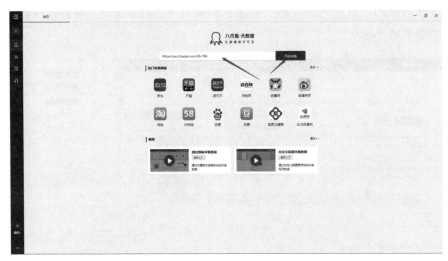

图 1-15　在八爪鱼采集器主界面输入目标网站进行采集

（3）输入关键词并搜索。选中搜索框，在操作提示框中点击"输入文本"，在输入框输入要搜索的关键词，此处输入"翻译"。选中"搜索"按钮，在黄色操作提示框中点击"点击该元素"，出现搜索结果列表页，如图 1-16 所示。

图 1-16　在八爪鱼采集器中输入关键词并搜索

（4）设置滚动以加载出新的职位列表。进入"点击元素"设置页面，点击"高级设置"，勾选"页面滚动"，设置"滚动方式"为"滚动到底部"，滚动"4"次，每隔"2秒"滚动一次（此处的滚动次数和时间间隔并非固定的，请根据采集需求和网页加载情况进行设置），设置后保存，如图1-17所示。

图1-17　在八爪鱼采集器中设置"页面滚动"

（5）接下来通过以下几步建立"循环-点击元素"。首先，进入职位详情页，选中页面上第1个职位链接。然后在黄色操作提示框中点击"选中全部"，以选中全部职位链接。最后点击"循环点击每个元素"，进入第1个职位的详情页，如图1-18所示。

图1-18　在八爪鱼采集器中建立"循环-点击元素"

（6）进入详情页后，手动提取需要采集的字段。此处选中页面中的文本，然后在操作提示框中点击"采集该元素的文本"，如图 1-19 所示。职位名称、职位薪资、职位描述等文本类型的字段，均可这样提取。

图 1-19　在八爪鱼采集器中采集元素文本

（7）采集页面网址。进入"提取数据"设置页面，点击"+"按钮，选择"添加当前网页信息">"网址"，然后保存，如图 1-20 所示。

图 1-20　在八爪鱼采集器中采集页面网址

（8）创建"循环翻页"，采集多页数据（如果只是采集一页数据，可跳过此步骤）。由于默认的"循环翻页"XPath 会在最后一页重复翻页，导致其他关键词无法输入并采集，需修改"循环翻页"XPath。进入"循环翻页"设置页面，修改 XPath 为：//button[text()="下一页"and not(@

disabled)]，如图 1-21 所示。

图 1-21　在八爪鱼采集器中创建"循环翻页"

（9）编辑字段。点击流程图里的"提取数据"，让页面返回到职位详情页页面。在"当前数据预览"页面对字段进行操作，包括删除多余字段、修改字段名称、移动字段顺序等，如图 1-22 所示。

图 1-22　在八爪鱼采集器中编辑字段

（10）启动采集。点击"采集"并选择"启动本地采集"选项，如图 1-23 所示，启动后八爪鱼采集器将开始自动采集数据。

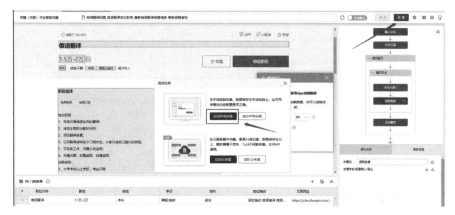

图 1-23 在八爪鱼采集器中点击启动本地采集

（11）导出数据。数据采集完成后，点击“导出数据”选项。选择导出数据的方式，支持导出为 Excel、CSV、HTML 等格式，或直接导入至数据库中。此处选择“Excel（.xlsx）”格式，最终得到的数据结果如图 1-24 所示。

	A	B	C	D	E	F	G
1	职位名称	薪资	经验	学历	城市	岗位描述	页面网址
2			经验不限	本科	深圳	职位描述CET6英语笔译	https://jobs.zhaopin.com/CC595153020J40048704701.htm?s
3	审校/英语	8千-1.2万	5-10年	本科	深圳	职位描述TEM8英语笔译	https://jobs.zhaopin.com/CC539072321J90250033000.htm?s
4	法语翻译	8千-1.5万	大专	全职	深圳	职位描述法语口译法语	https://jobs.zhaopin.com/CC798369100J40091311901.htm?s
5	财经英语	6千-1.2万	3-5年	本科	深圳	职位描述英语笔译SOH	https://jobs.zhaopin.com/CCL1305201230J40094876801.htm
6	英语翻译	1.5万-2万	本科	兼职/临时	深圳	职位描述英语笔译英语	https://jobs.zhaopin.com/CC268884520J40046506104.htm?s
7	产品运营	6千-8千	经验不限	本科	深圳	职位描述英语笔译英语	https://jobs.zhaopin.com/CC255799110J40095959907.htm?s
8	英语翻译	5.5千-6.5	经验不限	本科	深圳	职位描述英语笔译岗位	https://jobs.zhaopin.com/CC133036540J40096598212.htm?s
9	英语翻译	6千-8千	经验不限	本科	深圳	职位描述英语笔译英语	https://jobs.zhaopin.com/CZ740501140J00016823601.htm?s
10	翻译质量	1万-1.8万	3-5年	本科	深圳	职位描述英语笔译英语	https://jobs.zhaopin.com/CC255799110J40101634807.htm?s
11	国际婚恋	8千-1.6万	1-3年	大专	深圳	职位描述英语笔译英语	https://jobs.zhaopin.com/CC573048420J40059453608.htm?s
12	改善推进	6千-8千	1-3年	大专	深圳	职位描述1.专科以上学	https://jobs.zhaopin.com/CC135529937J00317381402.htm?s
13	日语翻译	6千-8千	1-3年	大专	深圳	职位描述N11.大专以上	https://jobs.zhaopin.com/CC135529930J40081719709.htm?s
14	经营企划	6千-8千	1-3年	本科	深圳	职位描述N1日语一级	https://jobs.zhaopin.com/CC135529937J00522843502.htm?s
15	日语翻译	4千-6千	经验不限	大专	深圳	职位描述岗位描述：1	https://jobs.zhaopin.com/CZ545990120J00073301805.htm?s
16	亚马逊法	6千-8千	经验不限	大专	深圳	职位描述亚马逊岗位职	https://jobs.zhaopin.com/CC269409784J90250006000.htm?s
17	手语翻译	8千-1.2万	1-3年	大专	深圳	职位描述自然手语翻译	https://jobs.zhaopin.com/CC673049380J40064310209.htm?s
18	行政兼翻	6千-8千	1-3年	本科	深圳	职位描述office英语翻	https://jobs.zhaopin.com/CC120366241J00234896501.htm?s
19	亚马逊德	6千-8千	经验不限	大专	深圳	职位描述亚马逊岗位职	https://jobs.zhaopin.com/CC269409784J90250000000.htm?s
20	韩语翻译	6千-8千	经验不限	大专	深圳	职位描述韩语口译韩语	https://jobs.zhaopin.com/CC844525290J40064428613.htm?s

图 1-24 在八爪鱼采集器中导出数据结果

（12）此处的智联招聘职位信息采集案例主要包含以下几步：输入目标网址、输入关键词并搜索、设置页面滚动，建立“循环 - 点击元素”、采集字段与页面网址、创建“循环翻页”，采集多页数据、编辑字段、启动采集并导出数据。具体的操作步骤和更多采集场景可以参考八爪鱼采集器官网中的教程[①]。

---

① https://www.bazhuayu.com/tutorialIndex8.

第二章　桌面搜索

　　桌面搜索将业务由网络深入用户的个人计算机，除了可以找到用户需要的网络信息之外，还可从个人电脑海量无序的资料中快速地找到文件、电子邮件、即时通信信息和网页浏览历史记录，是网络搜索的有力补充。它不仅能挖掘深藏在个人计算机硬盘上的信息，最终还将突破网络与个人电脑的界限。

　　桌面搜索工具是一种在用户的本地计算机硬盘中执行搜索的工具，不需要像搜索引擎那样借助互联网来实现搜索。目前，主流桌面搜索软件有光速搜索[1]、Everything、Filelocator Pro、Listary Pro[2]、Search and Replace 和 Desktop Search[3] 等。本章将介绍 Everything、Filelocator Pro、Search and Replace 等桌面搜索工具及 SDL Trados Studio、memoQ、Memsource、Déjà Vu、ApSIC Xbench、HeartSome TMX Editor 等计算机辅助翻译工具中的搜索。

---

[1] http://finder.shzhanmeng.com/.
[2] https://www.listary.com/pro.
[3] https://www.copernic.com/en/products/desktop-search/.

第一节　Everything

一、系统介绍

Everything 是 voidtools[①] 开发的一个运行于 Windows 系统，基于文件、文件夹名称的快速搜索引擎。作为一款免费软件，它体积小巧，界面简洁，可以快速建立索引，同时占用系统资源低，实时跟踪文件变化，还可以通过 HTTP 或 FTP 形式分享搜索。在搜索框输入文字，它就会只显示过滤后的文件和目录。需要注意的是：Everything 搜索只基于文件和文件夹的名称，不能搜索文件内容；只适用于 NTFS 文件系统，不支持 FAT32 和 FAT16；支持的最长汉字文件名是 256/3 ≈85 个汉字。

二、案例演示

下载和安装 Everything，并将移动硬盘和电脑连接。如图 2-1 所示，初次运行时，Everything 软件会建立索引数据库，速度快，且生成文件体积小。索引后，程序界面简洁，左下角的状态栏处还会显示出文件数量。

图 2-1　Everything 初次运行界面

---

① https://www.voidtools.com.

（一）如何搜索文件名中含有特定关键词的文件？

如译者想要寻找以前的一个 PDF 文件，内容是关于天演论译例言，但不记得是在电脑里还是在移动硬盘里。如何才能快速找到译者所需内容呢？

打开 Everything，在搜索框里输入：天演论译例言 .pdf（注：文件名和文件类型之间有空格），搜索结果立即呈现，如图 2-2 所示。

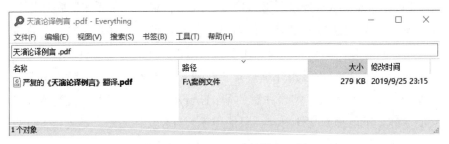

图 2-2　Everything 中的搜索示例

（二）如何指定搜索范围？

默认情况下，Everything 索引、搜索本地 NTFS 磁盘的所有目录。但也可在设置中限定搜索范围，得到易用的结果列表。以下提供给四种设置模式：

1. 如要 Everything 永不索引某个磁盘，请在菜单处"工具">"选项">"索引">"NTFS"中，选定相应盘符，取消"搜索本卷"或"包含到数据库"，如图 2-3 所示。

图 2-3　Everything 基本设置（一）

2. 如要 Everything 永远排除某些目录，可以在"工具">"选项">"索引">"排除列表"中进行设定，确认后 Everything 会重新生成索引，如图 2-4 所示。

图 2-4　Everything 基本设置（二）

3. 如要 Everything 在指定查找位置中进行搜索，可以使用 \。例如，在 F 磁盘中寻找所有 mp4 文件：F:\ .mp4（注：无论是盘符名称还是文件名称，都与文件类型之间有一个空格），如图 2-5 所示。

也可以点击"搜索">"高级搜索">"搜索文件夹"选项，这样可以直接把路径包含在搜索条件中。譬如，F:\ 案例文件 \.mp4。

图 2-5　Everything 基本设置（三）

4. 如要 Everything 只搜索某个目录，可以在资源管理器或 Total Commander 中，右击该目录，在弹出菜单上选择 "Search Everything"。此时，Everything 搜索框中就出现了带引号的目录名，便可进行搜索。

（三）如何使用 "且" "或" 进行高效搜索？

在 Everything 的搜索框中输入多个关键词，以空格分开，表示搜索结果中包含全部关键词。例如："记忆库 语料库 .mp4"（注：记忆库、语料库和 .mp4 三者之间均有空格），如图 2-6 所示。

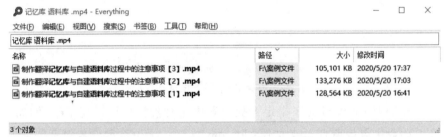

图 2-6　在 Everything 中利用布尔表达式 "且" 进行搜索

如果要搜索的文件含有 "记忆库" "语料库" 两个关键词中的任意一个，则用 "或" 运算，表示为半角模式下的竖线 "|"，即：记忆库 | 语料库 .mp4 或记忆库 .mp4 | 语料库 .mp4（注：在 | 两侧有空格，且需要确保已经打开正则表达式选项），可以快速找出含有 "记忆库" 或 "语料库" 以及同时含有这两个关键词的 MP4 文件，如图 2-7 所示。

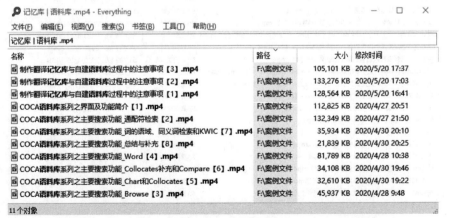

图 2-7　在 Everything 中利用布尔表达式 "或" 进行搜索

（四）如何使用正则表达式进行搜索？

Everything 支持简单的正则表达式搜索，譬如，| ( ) ? * + . [^] ^ $ {m,n}[①]，在搜索过程中，可随时查看 Everything 所提供的正则表达式语法，路径："帮助" > "正则表达式语法（R）"，如图 2-8 所示。

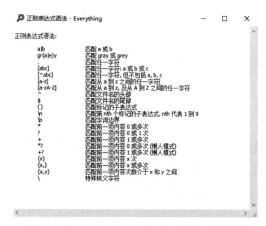

图 2-8　在 Everything 中查看正则表达式语法

（五）如何进行网络分享？

Everything 内置了 HTTP、ETP/FTP 服务器，可以将其当作简单的服务器来使用。

点击菜单 "工具" > "HTTP 服务器" > "启用 HTTP 服务器" 后，在浏览器中输入 http://localhost 或本机 IP 地址即可访问，如图 2-9 所示。

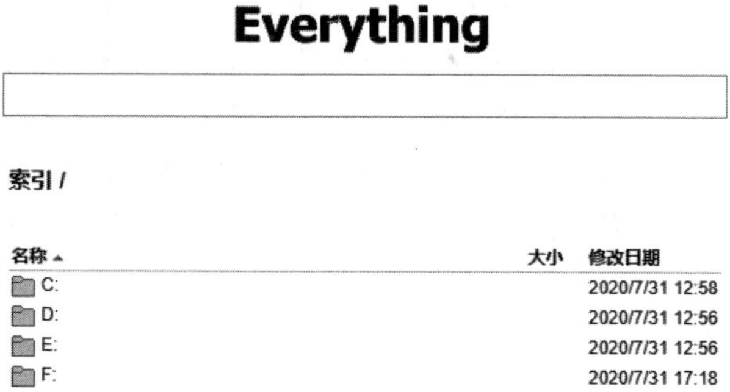

图 2-9　在浏览器中访问 Everything

---

① http://xbeta.info/everything/faq.htm#What_is_Everything.

通过使用比对，使用 HTTP 的分享方式更为常用，且同时支持搜索，其默认的 UTF-8 编码识别率更高，ETP/FTP 的功能类似，但不具备搜索功能。无论 HTTP 还是 ETP/FTP，其端口、用户名及密码都是可以进行设定的，通过这些方式，便可在局域网中安全分享文件。

第二节　FileLocator Pro

一、系统介绍

提起文件搜索我们并不陌生。在文件名搜索方面，Everything 以及 Listary Pro 这两款软件深受用户青睐。但是，文件名所包含的信息有限，仅通过文件名的搜索并不能快速找到我们所需的内容。所以，支持文本内容搜索的软件成为重视知识管理和搜索的用户的必备工具。本节为大家介绍一款由 Mythicsoft[①] 公司制作的无索引全文检索工具——FileLocator Pro。该软件支持多种格式的文件及压缩包类型，可使用关键字对文件进行内容搜索，同时支持多种搜索规则及日期、属性等细节设定，能够快速定位文件，提高搜索效率。

FileLocator Pro 主界面如图 2-10 所示，分为三个主要部分：一是条件视图，用于输入搜索条件。根据条件的类型，可以看到专家界面（默认）、基本界面和索引界面；二是文件视图，所有满足关键条件的文件都会在这里显示，包括每个文件的名称和存储位置，此区域支持上下文菜单，能列出对选中的一个文件或一系列的文件可进行的有效操作，比如直接拖放文件至新位置、重命名等；三是内容视图，包含摘要、文本、Preview 和检索报告，同时可定位、高亮显示文件中的关键词，但不可修改原内容。

---

① https://www.mythicsoft.com/.

图 2-10　FileLocator Pro 主界面

二、案例演示

（一）如何搜索文件名或文本内容中含有特定关键词的文件？

译者下载了很多关于译后编辑的文献，只记得电脑上有这样一个文件，但具体存储位置记不清了。那么，如何利用 FileLocator Pro 检索其所需文件呢？

1. 首先在条件视图中选择基本视图，然后在"文件名称"框内输入关键词"译后编辑"，点击"开始"，检索结果如图 2-11 所示，所有满足搜索条件的文件都会在文件视图区域显示。

2. 在"包含文本"框中输入待检索的关键词"译后编辑"，点击"开始"即可，检索结果如图 2-12 所示。

翻译搜索指南

图 2-11　FileLocator Pro 中的"文件名称"功能演示

图 2-12　FileLocator Pro 中的"包含文本"功能演示

（二）压缩包内的文件是否也在搜索范围内？

FileLocator Pro 可以在 .rar/ .zip/ .7z 等 23 种主流压缩格式下轻松执行全文搜索，快速找到隐匿于某个压缩包内的重要文件。

首先在条件视图中选择"专家"界面，在"压缩文件"菜单中选中想要搜索的压缩格式，如果不记得，可以将全部压缩格式选中。

然后在文件名称中搜索关键词"译后编辑"，在右侧的"表达式的类型"多选框中选中"全字匹配"。

最后，点击"开始"，检索结果如图 2-13 所示，所有满足搜索条件的文件都会在文件视图区域显示。

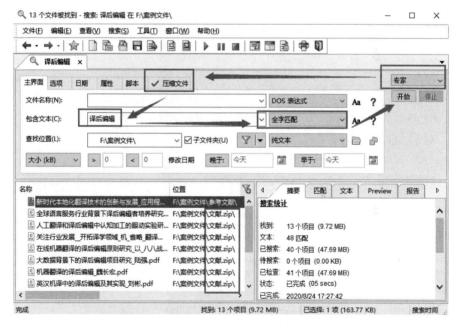

图 2-13　FileLocator Pro 中的"专家"界面检索演示

（三）是否支持布尔/正则/DOS 表达式检索？

FileLocator Pro 不仅支持最常见的纯文本输入关键词检索，还提供了布尔/正则/DOS 表达式的高级检索功能。如要使用高级检索功能，需要在条件视图中选择"专家"界面，然后对"表达式的类型"进行选择。FileLocator Pro 的布尔表达式引擎可通过使用 AND、OR、NOT、NEAR、

REGEX 及 LIKE 操作符进行高级检索。

现以布尔表达式举例说明，如果要检索包含了"机器翻译"或"译后编辑"的行。

首先在"包含文本"框中输入：机器翻译 AND 译后编辑（由于 FileLocator Pro 隐含带有 AND 功能，故此表达式还可以写为：机器翻译 译后编辑）；

然后，"查找位置"和"包含文本"框右侧的"表达式的类型"一栏均选择为"布尔表达式"，具体设置如图 2-14 所示。

图 2-14　在 FileLocator Pro 中使用布尔表达式进行高级检索

最后，点击"开始"即可。（注：操作符 AND、OR 和 NOT 必须是大写字母，否则将被作为搜索词。）

（四）如何保存搜索条件及导出搜索结果？

如果经常使用某几个搜索条件，可以将其保存起来以便随时调用。点击"保存条件"或"另存为条件"选项均可把当前条件保存为 .srf 格式的文件并自动关联。在我们需要时，双击该格式文件就会自动启动 FileLocator Pro 并载入检索条件。同时，检索的结果也可以保存为 TXT、CSV、XML 及 HTML 的格式，导出路径和编码格式均可选择，具体设置界面如图 2-15 所示。

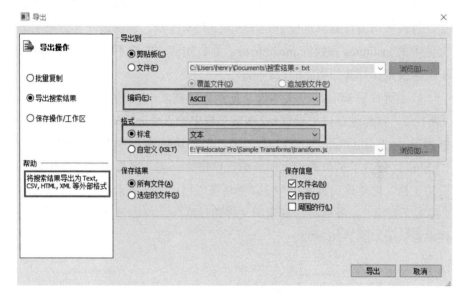

图 2-15　FileLocator Pro 中的检索结果导出设置界面

第三节　Search and Replace

一、系统介绍

Search and Replace 是 Funduc[①] 公司推出的一款功能强大的搜索与替换工具，支持以脚本文件（Script）或二进制的表示方式对同一硬盘中的所有文件执行搜索与替换。此外，该款软件还可以搜索 ZIP 中的文件，并支持正则表达式。对于已搜索到的文件，可以针对其内容、属性及日期进行修改或启动关联应用程序，另外还支持文件管理器的右键快捷功能菜单。

---

① http://www.funduc.com/search_replace.htm.

二、案例演示

（一）如何进行搜索与替换？

某译者在翻译法律文件时，发现自己将 institute 和 institution 弄混淆了，且在多个文件翻译过程中处理的方式均有区别。现在该译者想把多个文件中的 institutes 替换为 institutions。那么如何才能在不打开文档的前提下快速搜索并替换掉相应的内容呢？

1. 主界面窗口有四个文本框，依次为"搜索""替换为""过滤"和"路径"。首先进行以下设置："搜索"框中输入"institutes"，"替换为"框内输入"institutions"。"过滤"这一栏默认的文件类型是"*.txt"和"*.hlp"，但为了尽可能包含所有的文件格式、文件名称和文件内相同字段的文档，这里建议输入"*.*"。然后在"标记"选项卡的下拉框里选上"搜索子目录"。最后将待搜索的文件路径选好，点击替换按钮即可，具体设置效果如图 2-16 所示。

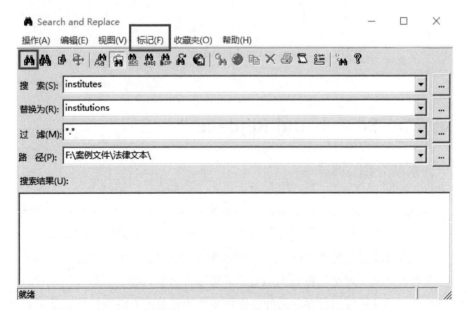

图 2-16　在 Search and Replace 中设置搜索与替换条件

2. 开始替换操作后，为避免错误替换，建议一处一处操作。如果不需要替换，那么点击"跳过此处"这个按钮。如果需要替换，那么点击"替换此处"按钮，如图 2-17 所示。如此操作，直至完成所有替换。

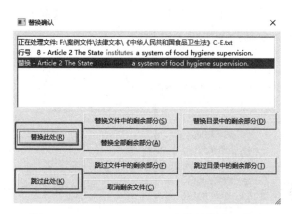

图 2-17　Search and Replace 中的替换选项界面

（二）如何设置搜索条件及呈现效果？

选择主界面下拉菜单"视图">"选项"。弹出"Search and Replace 选项"对话框，有"常规""显示""搜索""替换""输出"和"过滤"六个选项卡。可在此设置所要查找文档的呈现形式（如前景色、背景色及上下文字体）、默认打开程序、查询结果存储路径及文件属性描述（所要查找的文件大小、文件生成日期）等，如图 2-18 所示。

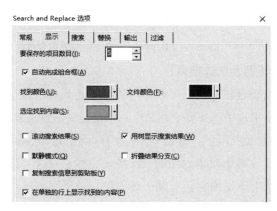

图 2-18　在 Search and Replace 中设置搜索限制条件及呈现效果

（三）如何设置搜索对象及属性？

为扩大搜索范围，可在主菜单选择"标记"菜单，对"区分大小写""搜索子目录""全字匹配""搜索 ZIP 文件"等项目进行选择。在进行搜索时，建议将前 5 个选项一起选中，尽可能不遗漏多层子目录中或压缩包内的文件，具体细节如图 2-19 所示。

图 2-19　Search and Replace 中的标记菜单设置界面

（四）如何使用正则表达式搜索？

为了有效精确查找，我们可以使用正则表达式进行搜索，操作之前需要在"标记"菜单选中"正则表达式"。以下提供三种搜索方式：

1. 如要搜索含有任一关键词的内容，使用"(关键词 1| 关键词 2|……)"表达式。对于双语对照的 .txt 格式文本，双击"搜索结果"框中的内容可以查看上下文内容，有助于译者把握关键词的译法和用法，如图 2-20 所示。

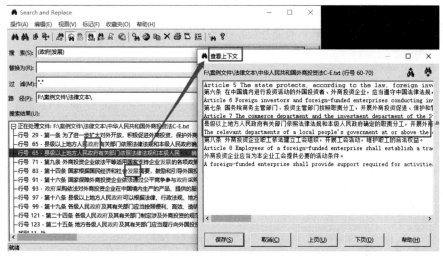

图 2-20　Search and Replace 中的正则表达式搜索演示（一）

2. 如要搜索以关键词开头的内容，使用"^(关键词 1| 关键词 2|……)"表达式，如图 2-21 所示。

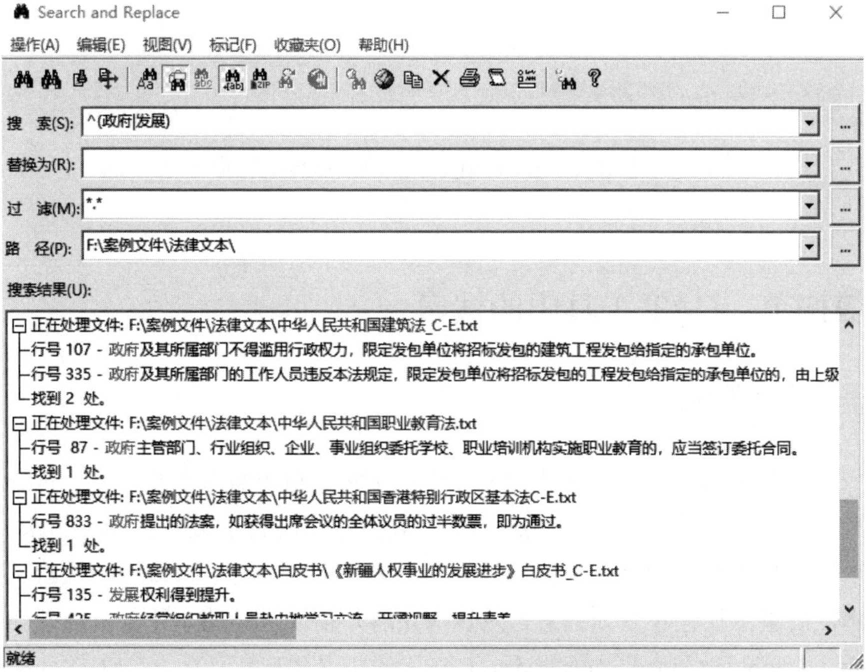

图 2-21　Search and Replace 中的正则表达式搜索演示（二）

3. 如要搜索同时含有"关键词 1"和"关键词 2"的内容或组成的词组，输入"关键词 1* 关键词 2"表达式，如图 2-22 所示。

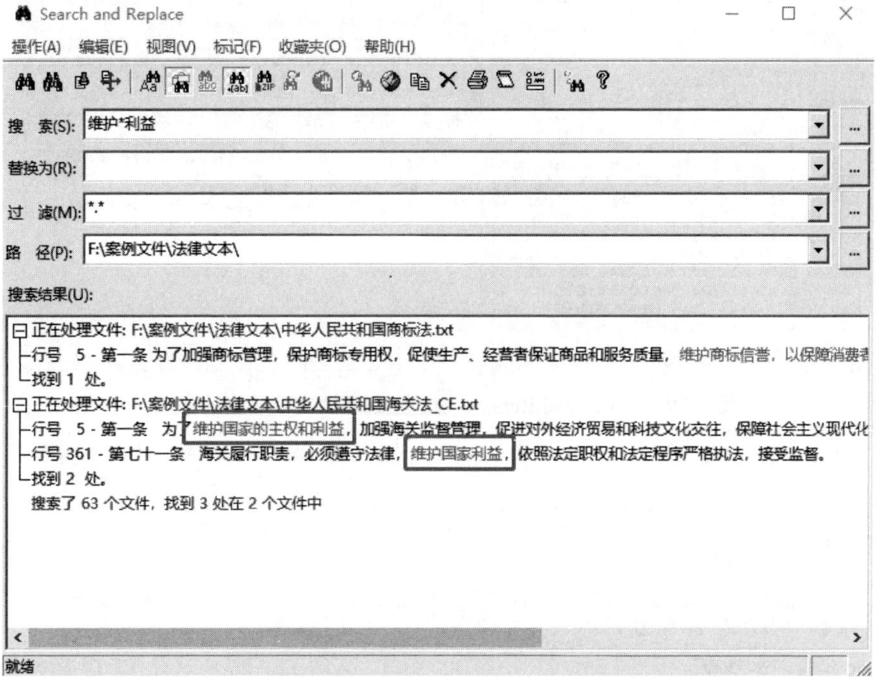

图 2-22 Search and Replace 中的正则表达式搜索演示（三）

第四节 CAT 工具中的搜索

一、系统介绍

随着全球化和本地化的发展，应用文本的翻译需求不断增加，传统意义上的"闭门造车"式的文学翻译早已无法满足日益增长的市场需求，单纯地借用机器翻译，虽然能提升翻译的速度，但对于许多专业性的文本，质量上往往不尽如人意，难以满足客户需求。因此，计算机辅助翻译（Computer-Aided Translation，CAT）的工具便应运而生。CAT 软件主要借助于译者本人长期积累的大量语料库（即术语库和记忆库）从而提升翻译速度和质量。如果译者需要再次使用时，即可通过翻译记忆库进行搜索，将术语和语料激活。本节将介绍 SDL Trados Studio、memoQ、Memsource、Déjà Vu 的翻译记忆库搜索及 ApSIC Xbench 和 HeartSome TMX Editor 搜索。

二、案例演示

（一）在 SDL Trados Studio 中搜索

1. 进入 SDL Trados Studio[①] 的翻译记忆库界面，打开准备搜索的翻译记忆库（TM），如图 2-23 所示。

图 2-23　在 SDL Trados Studio 打开待搜索的 TM

---

① https://www.trados.com/products/trados-studio/.

2. 搜索内容可以是翻译记忆库中原文句段和译文句段中的文本，符合搜索标准的翻译单元将显示在 TM 并排编辑器窗口中。例如，图 2-24 是 SDL Trados Studio 记忆库中对界定文本范围的搜索，搜索关键词：海上搜救。

图 2-24　在 SDL Trados Studio 的 TM 中输入待搜索内容

3. 同时 SDL Trados Studio 还支持在 TM 中对搜索文件的使用时间进行设置，如图 2-25 所示。

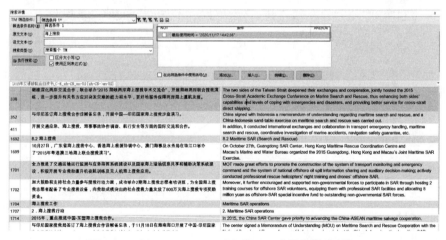

图 2-25　在 SDL Trados Studio 的 TM 中设置搜索时间

4. 搜索前还可以在筛选条件菜单下选择要执行的搜索类型，指定搜索选项，如果希望搜索区分大小写，需选择区分大小写选项，然后单击执行搜索，如图 2-26 所示。TM 并排编辑器窗口精选搜索结果后，可以为译者提供最直观的翻译单元参考。

图 2-26　在 SDL Trados Studio 的 TM 中设置区分大小写

（二）在 memoQ 中搜索

1. 在 memoQ[①] 中，可以通过语词搜索进行语料库以及翻译记忆库搜索。点击"语词搜索"或通过快捷键"Crtl+K"唤起，输入"救援"进行搜索，如图 2-27 所示。

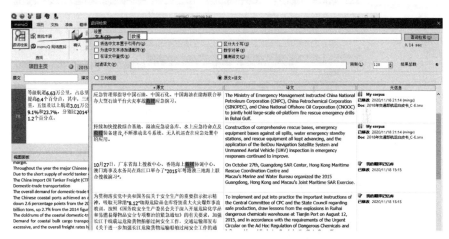

图 2-27　memoQ 中的语词搜索界面

2. memoQ 软件提供软件内部的网页搜索，译者无需进行软件间的切换便可即时搜索，大大减少了译者在处理陌生词汇时所需的时间。首先点击软件左上角的设置图标，进入选项界面，如图 2-28 所示。

---

① https://www.memoq.com/.

翻译搜索指南

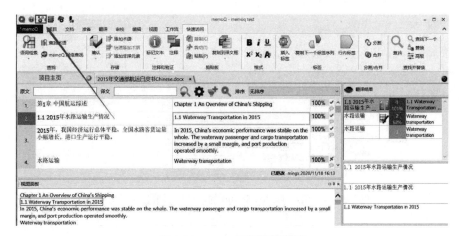

图 2-28　memoQ 的设置界面

3. 在"选项"界面中，点击网络搜索图标，依次点击新建，输入名称与描述，如图 2-29 所示。

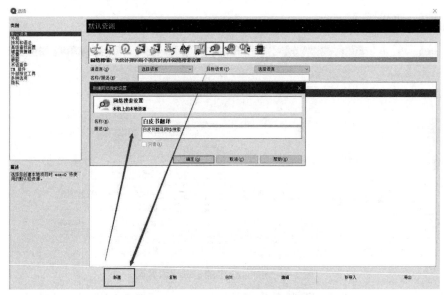

图 2-29　在 memoQ 中新建网络搜索

4. 选中图 2-29 中新建的"白皮书翻译"，依次点击"编辑">"新增"，并输入自己所需要的搜索引擎，本次案例选择的是维基百科搜索，即输入 URL"https://zh.wikipedia.org/{}"，使用 {} 作为查找文本的占位符，如图 2-30 所示。

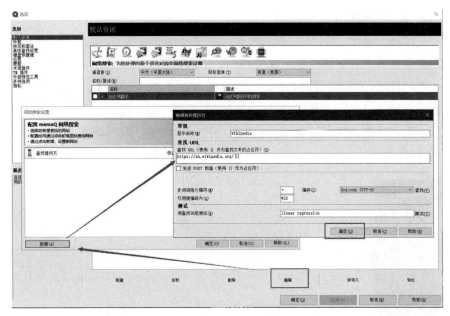

图 2-30　在 memoQ 中新增提供方的 URL 地址

5. 回到项目中，选择自己需要搜索的内容，如"基础设施"，点击"memoQ 网络搜索"，即可在 memoQ 软件内部直接打开维基百科，搜索"基础设施"的词条，供译者参考，如图 2-31 所示。

图 2-31　在 memoQ 中网络查找"基础设施"的结果界面

（三）在 Memsource 中搜索

Memsource[①] 的 Cloud 版虽然是一款 Web 端的 CAT 工具，但所提供的功能也十分丰富。翻译记忆库（TM）、术语管理、机器翻译、翻译项目管理等功能一应俱全，同时还支持超过 50 种以上的文件格式。如果译者需要使用翻译记忆库的搜索功能，直接在主界面中选中翻译记忆库，在搜索栏中输入待查询的词汇如"协议"，点击搜索按钮，即可查看结果，如图 2-32 所示。

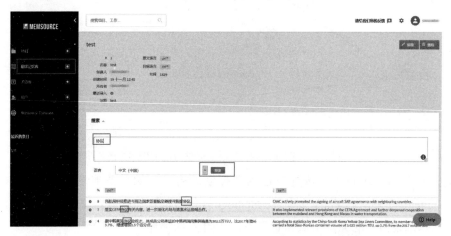

图 2-32　在 Memsource 的 TM 中搜索关键词"协议"

（四）在 Déjà Vu 中搜索

自 1993 年，ATRIL 开发了 Déjà Vu[②] 软件，创建和提供翻译记忆库成为可能。翻译记忆库是客户端数据库，所有译员和校对员均可访问。最重要的是，它们能帮助提高翻译效率、提高所翻译文档的一致性。Déjà Vu 中也提供翻译记忆库搜索。图 2-33 为在 Déjà Vu 中搜索关键词"仲裁"。

---

① https://www.memsource.com/.
② https://atril.com/.

第二章 · 桌面搜索

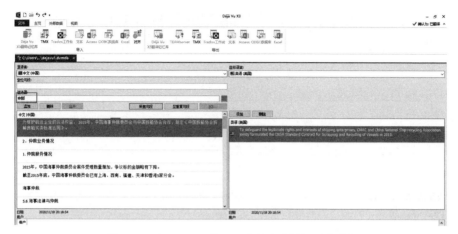

图 2-33　在 Déjà Vu 的 TM 中搜索关键词"仲裁"

(五) 在 ApSIC Xbench 中搜索

利用 ApSIC Xbench[①] 进行 CAT 翻译记忆库、术语库搜索，不但可以按照原文和（或）译文搜索，而且可以采用简单、正则表达式和 Word 通配符三种搜索模式及标准和强力两种搜索方式。ApSIC Xbench 可以搜索 29 种格式的术语、翻译记忆库和双语文件，支持多种双语对照文件，可以按源语言术语或者目标语言术语搜索，或者按源语言和目标语言一起搜索，或使用" POWERSEARCH"后台搜索方式进行搜索。图 2-34 为通过 ApSIC Xbench 进行 TMX 文档的搜索界面。图 2-35 为在 ApSIC Xbench 中通过正则表达式[②]进行搜索。

---

① https://www.xbench.net/.
② https://download.xbench.net/ApSIC.Xbench.3.0.UserGuide.ZH-CN.pdf.

翻译搜索指南

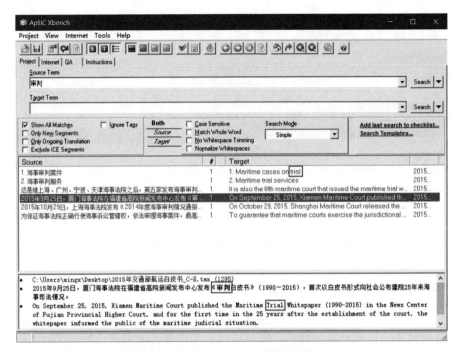

图 2-34　ApSIC Xbench 中的普通搜索演示

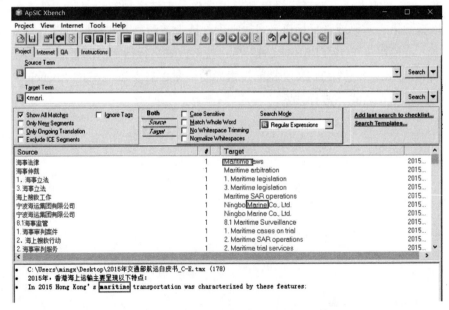

图 2-35　ApSIC Xbench 中的正则表达式搜索演示

（六）在 HeartSome TMX Editor 中搜索

HeartSome TMX Editor 作为一款 TMX 文件编辑器，可以有效地加快译者的翻译速度，而且还可以对现有的文件进行直接编辑操作，支持在当前的文件下添加全新的单元，对内容进行过滤或者进行文档内搜索等，同时还拥有批处理功能。

使用 HeartSome TMX Editor 打开 TMX 文件之后，在搜索框中输入译者所需的内容，如"灭失"，点击搜索，即可查看当前 TMX 中，"灭失"一词出现的位置及其所对应的英文，如图 2-36 所示。

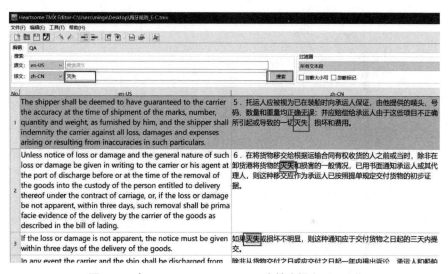

图 2-36　在 HeartSome TMX Editor 中搜索译文"灭失"

第三章　文本搜索

　　翻译的过程不仅仅是文字的转换，有时还涉及文件管理和信息的网络检索。译者如何在电脑众多的文件中快速找到自己所需的文件，如何在网络上快速查找到自己所需要的资料，这些因素都会影响译者的翻译。译者在翻译过程中会遇到各种不同的文本，有时也会需要下载和处理各种不同格式的文本，文本搜索能力对于一位译者来说是非常重要的一项技能。文本搜索可以分为内部搜索、外部搜索以及网络下载，本章主要围绕如何在 Microsoft Word、Microsoft PowerPoint、Microsoft Excel 以 PDF 文件中进行搜索，并且会讲解一些相关的网络搜索技巧，以期为译者在翻译和搜索过程中提供一些思路和帮助。

第一节　Microsoft Word

Microsoft Word（以下简称为"Word"）是文字处理软件，它被认为是 Office 的主要程序，也是我们工作学习中最常用的软件之一。Word 的文件扩展名为 .doc(x)，也是翻译文本最常见的呈现形式，掌握这一软件的使用，将大大提高翻译工作的效率。本节我们将探讨如何利用软件自带的"查找"和"替换"功能提高文本处理的效率，介绍 BBdoc 和 WordPipe 两款 Word 文件检索工具，以及演示通过网络资源搜索下载 .doc(x) 格式文档。

一、内部搜索

（一）如何去除文档中多余的段落标记？

现有一本 .mobi 格式的英文小说，利用 OCR 技术识别原文之后保存为 .docx 格式的文档进行翻译，但是文内有大量的空行。如图 3-1 所示，如何快速去除呢？

> expired of apoplexy and impotence; how he ran the roan bull-calf, and aroused the bitter wrath of a portly sow, mother of many, is of no account.
> At last, in the midst of his merry mischief-making, a stern voice arrested him.
> "Bob, lad, I see 'tis time we larned you yo' letters."
> So the business of life began for that dog of whom the simple farmer-folk of the Daleland still love to talk,—Bob, son of Battle, last of the Gray Dogs of Kenmuir.
>
>
>
> 02. A SON OF HAGAR
> It is a lonely country, that about the Wastrel-dale.
> Parson Leggy Hornbut will tell you that his is the smallest church in the biggest parish north of the Derwent, and that his cure numbers more square miles than parishioners. Of fells and ghylls it consists, of becks and lakes; with here a scattered hamlet and there a solitary hill

图 3-1　Word 中带有多余段落符号的文本格式

1. 按 Ctrl+H 打开"查找替换框"，光标放在"查找内容"框中，下拉"特殊格式菜单"，选中"段落标记"，连续操作两次，如图 3-2 所示。

图 3-2 Word 中的特殊格式菜单

2. 在"替换为"中输入"段落标记"一次，如图 3-3 所示，点击之后输入框的显示如图 3-3 所示。点击"全部替换"，即可去除多余的空行。

图 3-3 在 Word 中去除多余段落标记

（二）如何去除文档中的特殊标记？

某同学利用 SDL Trados Studio 做完翻译之后导出了一份双语审校文档，但是文中存在大量的标记，如图 3-4 所示，如何快速去掉这些标记呢？

Segment ID	Segment status	Source segment	Target segment
1	Translated (0%)	Simple Sentences	简单句子
2	Translated (0%)	This is an example of a new sentence.	这是一个简单句子的例子。
3	Translated (92%)	This is another example of a new sentence.	这是一个简单句子的另一个新例子。
4	Translated (0%)	You still owe me 200 dollars.	你还欠我 20 美元。
5	Translated (89%)	You still owe me 1,000 dollars.	你还欠我 1000 美元。
6	Translated (100%)	This is an example of a new sentence.	这是一个简单句子的例子。
7	Translated (0%)	Segments with Formatting	带格式的句段
8	Translated (0%)	For many menus and menu items access keys have been defined.	对于许多菜单和菜单项，已经定义了访问键。
9	Draft (99%)	For <29>many</29> menus and menu items access keys have been defined.	对于许多菜单和菜单项，已经定义了访问键。
10	Translated (0%)	An <38>application icon</38> represents an <44>application</44> that was <50>minimized</50> and is still running.	对于许多菜单和菜单项，已经定义了访问键。
11	Translated (0%)	Special Elements	特殊元素
12	Translated (98%)	For <62>many</62> menus <76/> and menu items access keys have been defined.	对于许多菜单 <76/> 和菜单项，已经定义了访问键。
13	Translated	<72/> A menu listing the access keys drops down from the application	<72/> 从应用程序窗口下拉出一个列出访

图 3-4　带标签的表格文档样式

1. 先将表格转换为文本。选中表格，点击"表格工具">"布局">"转换为文本"，如图 3-5 所示，转化之后背景颜色会自动消失，转换后的效果如图 3-6 所示。

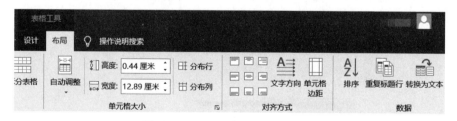

图 3-5　Word 中的表格转文本设置

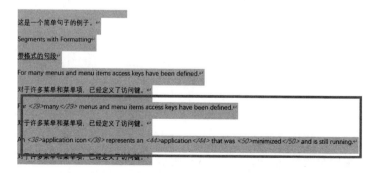

图 3-6　在 Word 中将表格转换为文本格式

2. 按 Ctrl+H 打开"查找替换框",光标放在"查找内容"框中,下拉"格式"菜单,选中"样式",如图 3-7 所示。

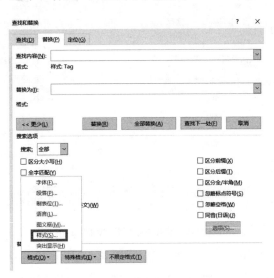

图 3-7　Word 中"格式"选项下的菜单列表

3. 单击"样式"之后弹出"查找样式"对话框,对话框中显示的都是当前文档内存在的样式内容,选中"Tag",单击"确定",如图 3-8 所示。

图 3-8　Word 中"查找样式"的对话框

4. 在"替换为"框中不输入任何内容,进行零替换,最后单击"全部替换"即可去掉所有的特殊标记,如图 3-9 所示。

第三章·文本搜索

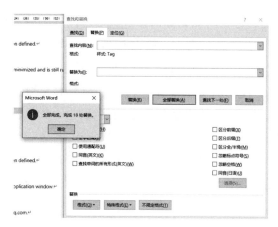

图 3-9　在 Word 中成功去除 tag 的对话框

（三）如何批量添加制表符？

现有一份中英对照的 .docx 格式的机械专业术语，汉英之间有空格，如图 3-10 所示。现因项目需要，要把该文档中的汉英词条之间加入制表符，直接复制粘贴到 Excel 表格，方便制作术语库，但是该文本容量巨大，该如何快速处理呢？

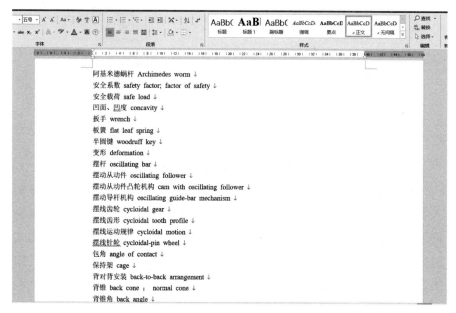

图 3-10　在 Word 中插入制表符之前的文本

59

1.通过查找和替换功能去除汉语和英语之间的空格,按 Ctrl+H 打开"查找替换框",在"查找内容"框输入"([一-颥])(\s)([a-z])",在"替换为"框输入"\1\3",同时勾选"使用通配符",点击"全部替换"。其中,"[一-颥]"代表所有的汉字,"\s"代表空格;"[a-zA-Z]"代表所有大小写字母;"()"及其中所包含的内容组成一个子表达式。"\1"代表第一个子表达式,即"([一-颥])","\3"代表第三个子表达式,即"[a-zA-Z]","\1\3"则代表保留第 1 个子表达式和第 3 个子表达式,所以执行替换操作后,汉语和英语之间的空格就消失了,如图 3-11 所示。

图 3-11　在 Word 中批量去除汉英之间的空格

2.继续在"查找内容"框输入"([一-颥])([a-zA-Z])",找到插入制表符的位置;在"替换为"框输入"\1^t\2",其中"^t"代表制表符,"\1^t\2"代表在第 1 个子表达式"([一-颥])"和第二个子表达式"([a-zA-Z])"之间加入制表符,这个过程中也要勾选"使用通配符",如图 3-12 所示,添加制表符之后的文本如图 3-13 所示。

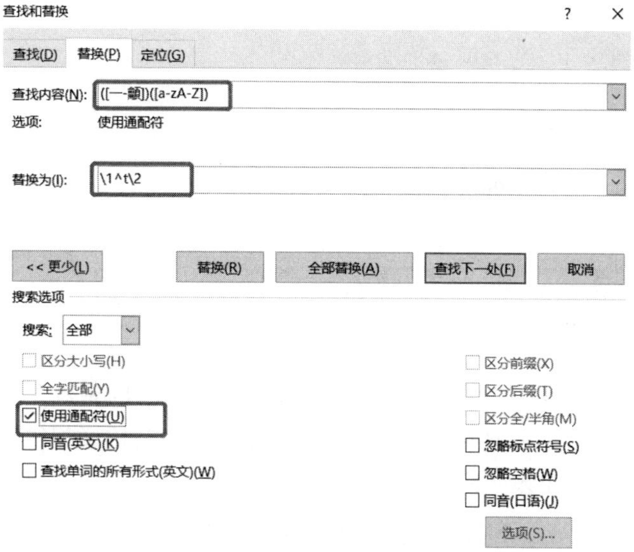

图 3-12 在 Word 中对原文本批量添加制表符

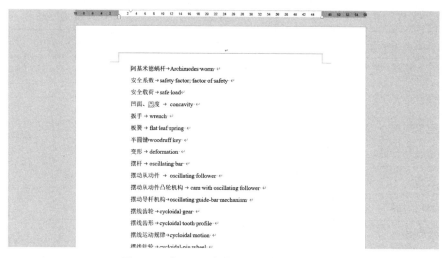

图 3-13 在 Word 中添加制表符后的文本

注意：勾选"使用通配符"后，可以在"查找内容"或"替换为"框内使用某些代码；而其他代码则只有清除勾选后才可用。例如，勾选"使用通配符"后，段落标记"^p"在"查找内容"框中无效，如图 3-14 所示。

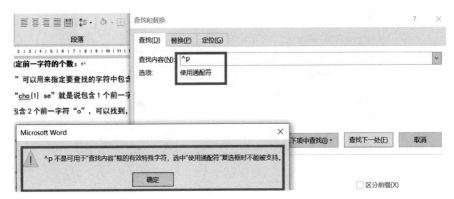

图 3-14 在 Word 中勾选"使用通配符"不当的情况

具体哪些代码和通配符只能在勾选／不勾选"使用通配符"复选框时使用，见表 3-1 和表 3-2[①]。

表 3-1 Word 查找栏代码・通配一览表

清除使用通配符复选框		勾选使用通配符复选框	
特殊字符	代码	特殊字符	代码 or 通配符
任意单个字符	^?	任意单个字符	?
任意数字	^#	任意数字（单个）	[0-9]
任意英文字母	^$	任意英文字母	[a-zA-Z]
段落标记	^p	段落标记	^13
手动换行符	^l	手动换行符	^l or ^11
图形	^g or ^1	图形	^g
1/4 长划线	^+	1/4 长划线	^q
长划线	^j	长划线	^+
短划线	^q	短划线	^=
制表符	^t	制表符	^t
脱字号	^	脱字号	^^
分栏符	^v	分栏符	^n or ^14

[①] 王华树，李莹. 翻译技术简明教程 [M]. 北京：世界图书出版公司，2019: 69-71.

（续表）

清除使用通配符复选框		勾选使用通配符复选框	
特殊字符	代码	特殊字符	代码 or 通配符
分节符	^b	分节符/分页符	^m
省略号	^n	省略号	^i
全角省略号	^i	全角省略号	^j
无宽非分隔符	^z	无宽非分隔符	^z
无宽可选分隔符	^x	无宽可选分隔符	^x
不间断空格	^s	不间断空格	^s
不间断连字符	^~	不间断连字符	^~
¶ 段落符号	^%	表达式	( )
§ 分节符	^	单词结尾	<
脚注标记	^f or ^2	单词开头	>
可选连字符	^-	任意字符串	*
空白区域	^w	指定范围外任意单个字符	[!x-z]
手动分页符	^m	指定范围内任意单个字符	[-]
尾注标记	^e	1 个以上前一字符或表达式	@
域	^d	n 个前一字符或表达式	{n}
Unicode 字符	^Unnnn	n 个以上前一字符或表达式	{n,}
全角空格	^u8195	n 到 m 个前一字符或表达式	{n,m}
半角空格	^32 or ^u8194	所有小写英文字母	[a-z]
批注	^a or ^5	所有大写英文字母	[A-Z]
百分数	[0-9.]{1,}%	所有西文字符	[^1-^127]

63

(续表)

清除使用通配符复选框		勾选使用通配符复选框	
特殊字符	代码	特殊字符	代码 or 通配符
		所有中文汉字和中文标点	[!^1-^127]
		所有中文汉字（CJK 统一字符）	[一-顗] or [一-鶲]
		所有中文标点	[!一-顗^1-^127]
		所有非数字字符	[!0-9]

注：要查找已被定义为通配符的字符，该字符前键入反斜杠 \。查找 ?、*、(、)、[、] 等的代码分别是 \?、*、\(、\)、\[、\]。

表 3-2 Word 查找栏代码·通配一览表

清除使用通配符复选框		勾选使用通配符复选框	
特殊字符	代码	特殊字符	代码 or 通配符
		要查找的表达式 \n	\
段落标记 ↵	^p	段落标记 ↵	^p
手动换行符 ↓	^l	手动换行符 ↓	^l
查找的内容	^&	查找的内容	^&
剪贴板内容	^c	剪贴板内容	^c
省略号	^i	省略号	^i
全角省略号	^j	全角省略号	^j
制表符	^t	制表符	^t
长划线	^+	长划线	^+
1/4 长划线 (—)	^q	1/4 长划线 (—)	^q
短划线 (-)	^=	短划线 (-)	^=
脱字号	^^	脱字号	^^
手动分页符	^m or ^12	手动分页符/分节符	^m

(续表)

清除使用通配符复选框		勾选使用通配符复选框	
特殊字符	代码	特殊字符	代码 or 通配符
可选连字符（_）	^-	可选连字符（_）	^-
不间断连字符（-）	^~	不间断连字符（-）	^~
不间断空格	^s	不间断空格	^s
无宽非分隔符	^z	无宽非分隔符	^z
无宽可选分隔符	^x	无宽可选分隔符	^x
分栏符	^n	分栏符	^n
§ 分节符	^%	§ 分节符	^%
¶ 段落符号	^v	¶ 段落符号	^v

（四）如何利用通配符进行模糊查找？

上述案例中使用了通配符进行搜索替换对象，在 Word 中，也能使用通配符扩展搜索功能。通配符是特殊的语句，由一个或多个字符的键盘字符组成，可以用来模糊搜索。例如，星号"*"通常代表单个或多个字符，问号"?"代表单个字符。在 Word 中，使用通配符可以查找和替换文字、格式、段落标记、回车符、分页符等，具体功能如表 3-3 所示。

表 3-3 Word 查找栏常用通配符示例

特殊字符	通配符	示例
任意单个字符（只用于查找框）	?	"蓝？公司"可找到"蓝天公司"和"蓝翔公司"；"s?t"可查找"sat"和"set"
表达式	()	"(pre)*(ed)"可查找"presorted"和"prevented"
单词开头	<	"<(inter)"可找到"interesting"和"intercept"，而不会找到"splintered"
单词结尾	>	"(in)>"可找到"in"和"within"，而不会找到"interesting"

（续表）

特殊字符	通配符	示例
任意字符串（单个或多个字符）	*	"蓝*公司"可找到"蓝天公司"和"蓝羚花木公司""s*d"可查找"sad"和"started"
指定字符之一	[]	"[记纪]录"可找到"记录"和"纪录""w[io]n"查找"win"和"won"
指定范围内任意单个字符（必须用升序表示范围）	[-]	"[r-t]ight"可找到"right""sight""tight"
方括号内字符以外的任意单个字符	[!]	"m[!a]st"可找到"mist""most""must"等，而不会找"mast"
指定范围外任意单个字符	[!x-z]	"t[!a-m]ck"可找到"tock"和"tuck"，而不会找到a-m字母范围内的"tack"或"tick"
1个以上前一字符或表达式	@	"lo@t"可找到"lot"和"loot"
N个重复的前一字符或表达式	{n}	"fe{2}d"可找到"feed"而不会找到"fed"
至少n个以上前一字符或表达式	{n,}	"fe{1,}d"可找到"fed"和"feed"
N到m个前一字符或表达式	{n,m}	"10{1,3}"可找到"10""100""1000"

注：1. 用括号给通配符和文字分组，指明处理次序，例如键入"<(pre)*(ed)>"来查找"prestored"和"prevented"。

2. 用"\n"通配符搜索表达式，将其替换为重新排列的表达式。如，在"查找内容"框键入"(Newton)(Christie)"，在"替换为"框键入"\2\1"，Microsoft Word将找到"Newton Christie"并将其替换为"Christie Newton"。

（五）如何统一设置标题格式？

某同学完成了翻译实践报告的撰写，但是没有设置大纲级别，如何利用查找和替换功能快速便捷地设置大纲级别呢？

1. 按 Ctrl+H，打开如下图所示的对话框，然后设置"查找内容"为"^13Chapter[0-9]"，查找所有个位数的章节，"^13"代表段落标记，因为除了章节标题，在正文中我们也可能提到某个章节，使用"Chapter*"的内容，为了避免查找到标题以外的内容，所以这里用"段落标记＋章节"进行查找；"Chapter[0-9]"代表所有"Chapter+任意数字"的内容，所以我们查找到的是；"替换为"处的格式为"样式：标题 1"，点击"全部替换"按钮，如图 3-15 所示。替换后的效果如图 3-16 所示。

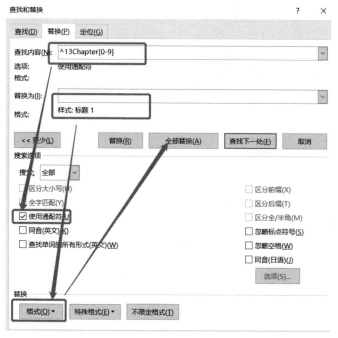

图 3-15　在 Word 中设置一级标题的查找与替换内容

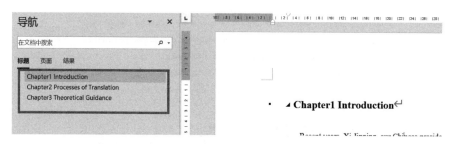

图 3-16　在 Word 中格式查找与替换后一级标题的效果

2. 继续进行查找替换，按 Ctrl+H，然后切换到"查找"选项卡，在"查找内容"框中输入"^13[0-9]{1,}.[0-9]{1,}[!.]"。其中 {1,} 表示至少出现一个前一表达式，[!.] 代表"除'.'以外的任意单个字符"，这样就可以避免同时查找到三级标题，最后查找出来的格式应该是"数字＋圆点＋数字"。设置内容如图 3-17 所示，显示效果如图 3-18 所示。

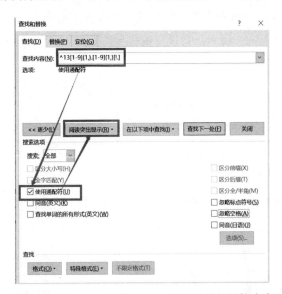

图 3-17　在 Word 中设置二级标题的查找与替换内容

1.2 Objectives of the Translation

　　Through translating the source text, the translator intends to achieve the following tasks:

　　Firstly, the translator would like to show an understandable text to the target reader, conveying the complete spirit and emotion of the source text and telling a complete story.

　　Secondly, the translator expects to improve her translation competence, including using suitable translation strategies and skills, researching related information and references, proofreading and correcting the translated work.

　　Finally, the translator plans to accomplish a report on the application of thick translation in the social and scientific text by translating this text, offering advices and suggestion to other translators.

1.3 An overview of the source text

图 3-18　在 Word 中进行格式查找后二级标题的效果

3. 修改查找内容里的通配符，如图 3-19，去掉最前面的 ^13（^13 是使用通配符后段落标记的代码）。然后点击"在以下项中查找"选择"当前所选内容"。

注：在上一步中我们查找出来的标题号前面还有段落标记，如果我们不在这一步去掉它的话，替换过后标题前面一段话也会被相应替换成二级标题的格式，这个操作相当于是在前次查找得到的范围内再次缩小查找范围。

图 3-19　在 Word 中对查找结果进行精确筛选设置

4. 再次切换到"替换"选项卡，设置参数如图 3-20 所示，点击"全部替换"按钮后，替换后效果如图 3-21 所示。

图 3-20　在 Word 中对二级标题进行参数设置

图 3-21　在 Word 中精确设置二级标题后的显示效果

二、外部搜索

（一）如何搜索文件名中含有特定关键词的文件？

译者电脑中有一份银行双语文档，但是不记得文件名称，只记得文件内容中含有"储蓄存款"这一关键词，如何快速检索到该文件呢？

通过文件名称和文件类型搜索我们需要的文档固然很方便，但是有时仅仅通过文件名称是达不到我们想要的结果的。BBdoc[①]是一款非常方便实用的电脑文档搜索软件。这款软件不但支持多种文件格式的搜索，而且还支持多种方式对文件进行搜索，能帮我们在学习和翻译过程中提高效率。

1. 打开 BBdoc，在"类型"框输入"DOC"，在"文本内容"框输入"储蓄存款"，搜索结果如图 3-22 所示。

图 3-22　在 BBdoc 中按内容搜索的结果显示界面

2. 点击"打开文档"，可快速打开文件。

---

① http://www.bbdoc.cn.

（二）如何批量搜索并替换文档中的内容？

译者在某国际大会组委会翻译一批文件，其中包括会议邀请函、网站公告、外方邮件等多个 .docx 格式的文档，但由于疫情原因，该大会时间推后，现在译者需要按照组委会要求把中英文的时间等改为推迟后的时间，邮件落款时间也需要相应改动，逐个打开文档查找替换固然可以，但是如果有相应工具辅助，那会进一步提高工作的效率。

WordPipe[①] 是针对 Word 文件 (.doc) 所设计的文字搜寻替换工具，该工具的优点无需打开文件即可完成查找替换文件内容，无论是在翻译过程中还是在平时的学习积累过程中都能为译者节省时间，提高效率。

1. 打开 WordPipe，在"要处理的文件"中根据提示选择所属文件夹、文件类型，如图 3-23 所示。

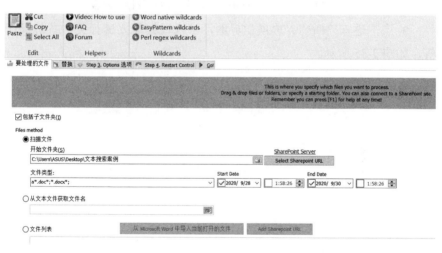

图 3-23　在 WordPipe 中进行检索设置

2. 选择"替换"，根据需要添加查找和替换的内容，如图 3-24 所示。

---

① https://www.datamystic.com/wordpipe。

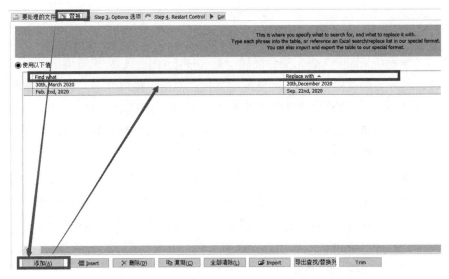

图 3-24　在 WordPipe 中输入需要搜索和替换的内容

3. 点击进入"Option 选项"界面，可以根据需要进行文件备份操作等，如图 3-25 所示。

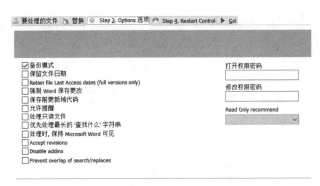

图 3-25　WordPipe 中的"Options 选项"界面

4. 最后点击进入"GO!"即可选择"只进行查找"或者"替换"，如图 3-26 所示。

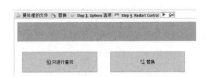

图 3-26　WordPipe 的最终操作界面

三、网络搜索

（一）如何在站内搜索和下载 .doc(x) 格式的文件？

译者要将一份中文聘用合同翻译为英文，想找一些英文合同来做参考，了解英文合同的写作风格，可以在 Docracy[①] 进行站内搜索，Docracy 是一个提供法律相关文件的开放性网站，可以在站内搜索和下载包括 .doc 以及 .pdf 格式的法律文件。

1. 进入 Docracy 首页，在右侧 search 栏输入所需内容 "employment contract"，如图 3-27 所示，搜索结果如图 3-28 所示。

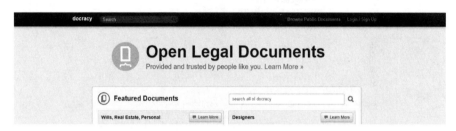

图 3-27　Docracy 网站主界面

图 3-28　在 Docracy 站内的搜索结果

---

① https://www.docracy.com/.

2. 点击链接进入，选择下载文件格式，随即下载即可，如图 3-29 所示。

图 3-29　在 Docracy 中下载文档

（二）如何通过站点语法搜索和下载 .doc(x) 格式的文档？

译者需要将一份中文版的巴基斯坦国情介绍译成英文，想通过网络搜索一些权威的相关介绍作为参考，该如何搜索呢？

1. 打开 Bing[①] 搜索，在搜索框中键入 "Pakistan" filetype:doc site:org，搜索结果如图 3-30 所示。其中用双引号限定查找到的内容中必须包含该词，"filetype" 用以限定文件类型，"site" 用以限定内容来源的网站，加上域名 "org" 可以将搜索结果限定在各大国际组织的官网之内。

---

① https://bing.com.

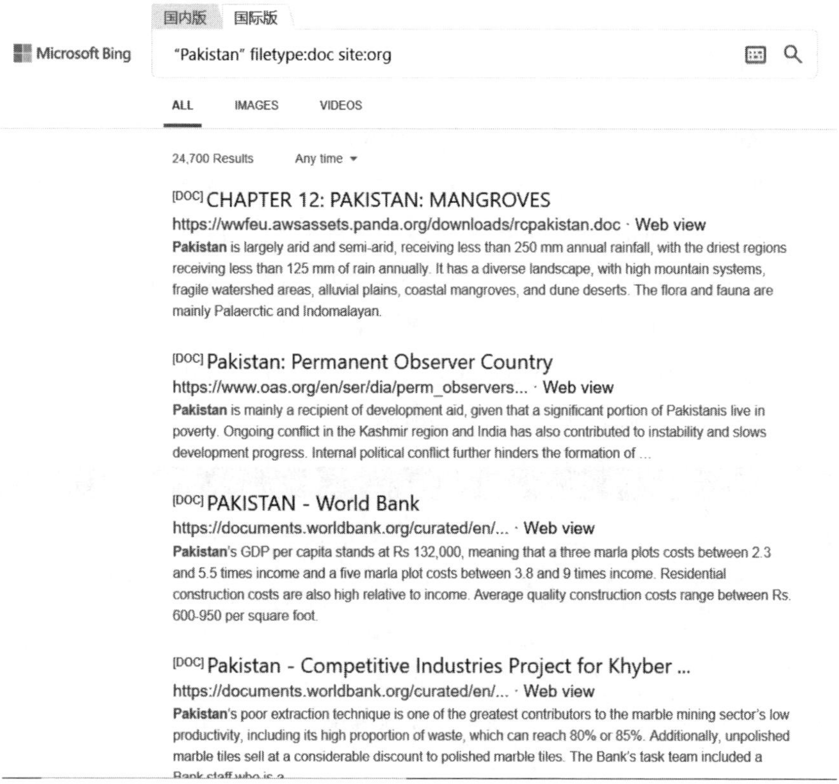

图 3-30　在 Bing 中搜索有关"Pakistan"参考文件的结果

2. 点击相应链接进入下载即可。

第二节　Microsoft PowerPoint

Microsoft PowerPoint（以下简称为"PowerPoint"），是 Microsoft 旗下一款用于幻灯文稿的办公软件，其文件扩展名为 .ppt(x)。PowerPoint 排版灵活，表现直观，可以展示多媒体信息，成为翻译相关从业人员展示理论和实践成果的重要工具。本节将从内部搜索、外部搜索、网络搜索三个部分展开，除介绍 PowerPoint 内部功能外，也将介绍 Wox、AnyTXT Searcher 等搜索工具及 SlideShare 等 PowerPoint 搜索网站。

一、内部搜索

(一) 如何在 PowerPoint 中批量修改文本?

在 PowerPoint 中对文本进行批量修改可以采用"查找""替换"功能。此外,若要在 PowerPoint 中导入其他形式的文档,并想实现 PowerPoint 文档与导入文档内容的同步,可采用下述方式,以 Excel 文档为例。

1. 复制 Excel 中需要的部分,切换到 PowerPoint 中,在"开始"选项卡最左侧点击"粘贴"的下拉箭头,并选择"选择性粘贴"中的"粘贴链接",最后点击"确定",如图 3-31 所示。

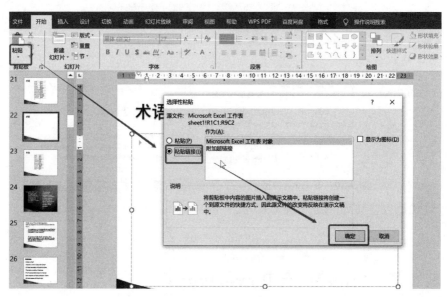

图 3-31 在 PowerPoint 中选择"粘贴链接"

2. 复制粘贴完成后,若在原有的 Excel 文档中修改了部分内容,重新打开该 PowerPoint 文档会有图 3-32 所示对话框,点击更新链接即可完成文档更新。

图 3-32　PowerPoint 中原文档被重新打开后的"更新链接"提示

（二）如何在 PowerPoint 中统一修改字体？

在 PowerPoint 中比较常用的英文字体是"Arial"，中文字体是"微软雅黑"。若译者在文档制作时出现使用字体不适合当前场景的问题，需将英文字体改为"Arial"，可以采用如下几种方法。

1. 在"开始"选项卡下点击编辑栏中的"替换"旁边的下拉箭头，选择"替换字体"，在如图 3-33 所示文本框中选择需要进行替换的字体，最后点击"替换"即可。

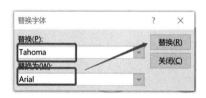

图 3-33　在 PowerPoint 中一对一替换字体

2. 译者也可通过设置主题字体的方式实现统一。在"设计"选项卡下点击"变体"栏右下角的下拉箭头，选择"字体"里的"自定义字体"，如图 3-34 所示；点击"自定义字体"后进入如图 3-35 所示界面，选择所需字体，最后点击保存即可。

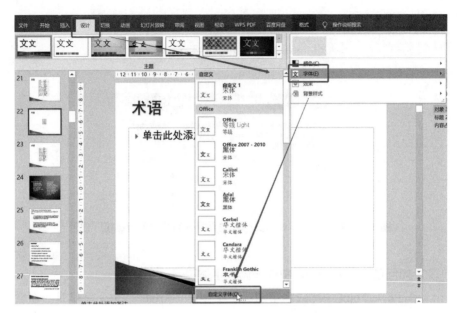

图 3-34　在 PowerPoint 中自定义主题字体

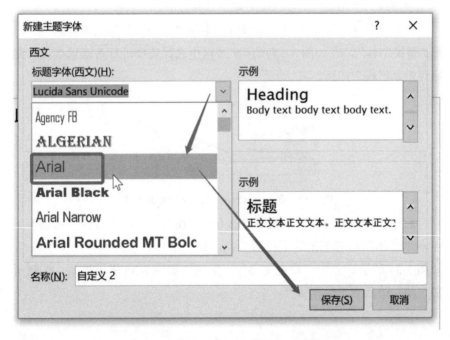

图 3-35　在 PowerPoint 中新建主题字体

3. 还可以通过像 iSlide[①] 这样的插件来完成统一字体的工作。下载安装好 iSlide 插件后打开 PowerPoint，操作步骤是：点击"iSlide">"一键优化">"统一字体">选择需要字体>"应用"，如图 3-36 所示。

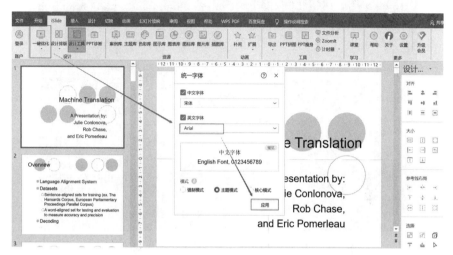

图 3-36　在 PowerPoint 中应用 iSlide 插件统一修改字体

二、外部搜索

（一）如何搜索文件名中含有特定关键词的文件？

在电脑上文件比较多的情况下，译者如何找到存储在硬盘中含有特定关键词的 .ppt(x) 格式的文件呢？这时可以借助 Wox[②] 工具。Wox 是一款快速启动工具软件，可以搜索到电脑上的程序和文件，利用插件实现多种功能，Everything 插件是其中之一，Wox1.2.0 自带了 Everything 插件，能快速搜索硬盘文件。打开 Wox 之前需要先运行 Everything。

若译者想打开曾经做过的一个翻译项目的 PPT，只记得文件名含有"项目"，操作方法如下。

1. 在 Wox 搜索栏输入"项目 ppt"，注意名称和文件名之间要键入空格；

---

① https://www.islide.cc/.
② http://www.wox.one/.

2. 收到指令 Wox 会迅速进行模糊检索搜索，结果即刻显示在该页面，如图 3-37 所示。

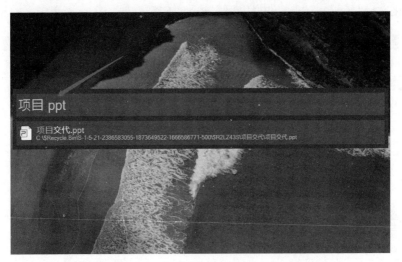

图 3-37　在 Wox 中利用关键词检索 .ppt 格式的文件

（二）如何搜索硬盘中某一时间段的 .ppt(x) 格式文件？

译者如果忘记了文件名，但是记得文件保存的时间段，可通过以下方式查找。

1. 若大致时间段为 2020 年 10 月，则在 Wox 搜索栏输入"pptx dm:2020/10"（注意：文件名和 dm 指令之间要键入空格；"2020/10"可根据需要更换成其他时间）。

2. Wox 自动进行检索，检索结果如图 3-38 所示。

图 3-38　在 Wox 中利用文件日期范围检索 .pptx 格式的文件

（三）如何搜索文本内容中含有特定关键词的文件？

如果译者不记得文件名及日期，只记得文档中含有某关键词，可以使用 AnyTXT Searcher[①] 进行搜索。AnyTXT Searcher 是一款本地数据全文搜索引擎，可提取 PPT/PPTX 格式文件的文本。若译者只记得文档中含有"decoding"，可以直接在搜索框中输入"decoding"，在如图 3-39 的菜单栏选择文件所在位置及文件类型，最后点击右方"开始"即可进行检索。如果不记得文件位置和文件类型可以不进行选择，则系统默认从计算机所有硬盘里检索所有能检索到的文件。点击检索结果可以在右方看到该词在文档中的详细位置。如需精确查找可在上方"工具"栏选择"全字匹配"。

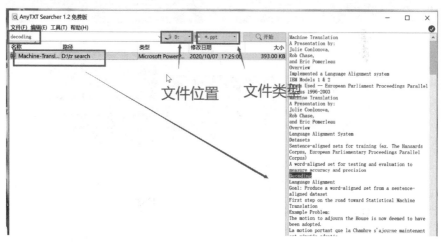

图 3-39　在 AnyTXT Searcher 中搜索"decoding"的界面

三、网络搜索

（一）如何在站内搜索和下载 .ppt(x) 格式的文件？

如果译者想要查找需要的 .ppt(x) 格式的文件，可以在一些专门提供该格式资源的网站找到。现提供以下两个网站参考。

---

① https://sourceforge.net/projects/anytxt/.

1. 使用 SlideShare[①] 查找 .ppt(x) 格式的文件

（1）若译者想搜索"legal translation"相关的 .ppt(x) 格式的文件，可按如下方式操作。首先进入 SlideShare，在搜索栏输入关键词"legal translation"，可在下方条件选项栏里选择时间、文件格式和语言，搜索界面如图 3-40 所示。

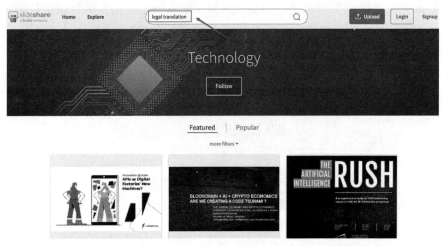

图 3-40　在 SlideShare 中搜索"legal translation"的界面

（2）点击搜索图标或按回车键进行检索后会出现如图 3-41 所示搜索结果。中间区域可进行高级筛选，选择文档发布时间、文档格式和语言。

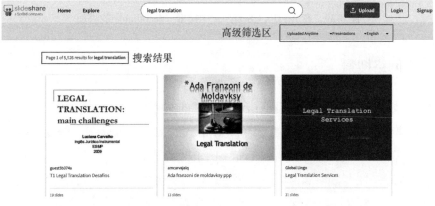

图 3-41　在 SlideShare 中搜索"legal translation"相关的文件结果

---

① https://www.slideshare.net/.

（3）点击需要的文件，进入该文件详情界面，如图 3-42 所示。这时点击下方"download"即可下载。

图 3-42　在 SlideShare 中下载文件

2. 使用 SlideServe[①] 查找 .ppt(x) 格式的文件

（1）若译者想搜索"machine translation"相关 .ppt(x) 格式的文件，可按如下方式操作。首先进入 SlideServe，在搜索栏输入关键词"machine translation"，搜索界面如图 3-43 所示。

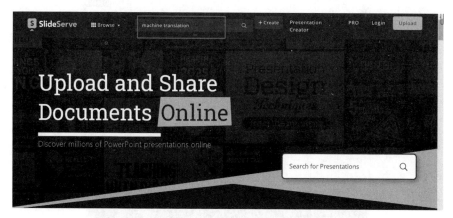

图 3-43　在 SlideServe 中搜索"machine translation"

---

① https://www.slideserve.com/.

（2）点击搜索图标或按回车键进行检索后会出现如图 3-44 所示搜索结果。左边区域可进行高级检索，选择文档发布时间、文档格式、语言等。

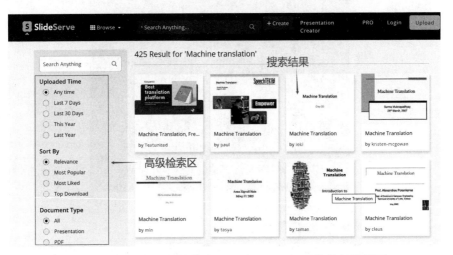

图 3-44　在 SlideServe 中搜索 "machine translation" 的结果界面

（3）选择所需文档，单击进入文档详情页面，如图 3-45 所示，然后点击 "Download Presentation" 进行下载。

图 3-45　SlideServe 中 PowerPoint 的初始下载界面

（4）点击"Download Presentation"后，会跳转至如图 3-46 所示页面，这时点击"Download Presentation by click this link"字样链接。

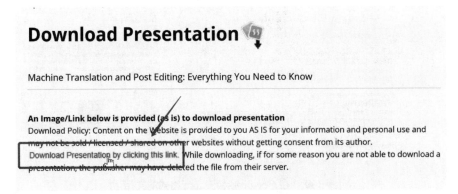

图 3-46　SlideServe 中文档的中转下载界面

（5）随后按页面提示进行人机检验，最后出现如图 3-47 所示对话框，点击对话框中的"Download"完成下载。

图 3-47　SlideServe 中文档的最终下载界面

（二）如何通过站点语法搜索和下载 .ppt(x) 格式的文件？

除了站内搜索的方式，译者还可通过站点语法搜索和下载 .ppt(x) 格式的文件。例如，译者想要查找"机器翻译"相关的文档，可以通过如下方式进行检索。

1. 用 Google 搜索引擎查找 .ppt(x) 格式的文件

Google 语法中搜索文件后缀或扩展名的表达用 filetype 语法。比如想搜索机器翻译相关的演示文稿，可以打开浏览器，输入"机器翻译 filetype:ppt"，如图 3-48 所示。

图 3-48　在 Google 中检索 .ppt 格式的文档

2. 利用 Wox 直接访问网站

Wox 可以快速访问网站进行查找。若想使用 Google 搜索引擎进行上述操作，可直接在 Wox 搜索栏输入"g 机器翻译 filetype:ppt[①]"，即可出现如图 3-49 所示结果。

图 3-49　利用 Wox 在 Google 中搜索"机器翻译"相关 .ppt 格式的文档

若想使用百度搜索引擎进行上述操作，在 Wox 搜索栏输入"bd 机器翻译 filetype: ppt[②]"，即可出现如图 3-50 所示结果。

---

① g 表示直接在 Wox 中用 Google 搜索。
② bd 表示直接在 Wox 中用百度搜索。

图 3-50 利用 Wox 在百度中搜索"机器翻译"相关 .ppt 格式的文档

第三节　Microsoft Excel

Microsoft Excel（以下简称为"Excel"）是 Microsoft 为使用 Windows 和 Apple Macintosh 操作系统的电脑编写的一款电子表格软件，其扩展名为 .xls(x)。该软件界面直观，计算功能和图表工具强大，成为一款重要的个人计算机数据处理软件。本节将探讨如何利用 Excel 自带的"查找"与"替换"功能提高文本处理效率，并演示如何通过全文检索软件 FileLocator Pro 进行外部搜索，以及介绍网络搜索 .xls(x) 格式文件的三种途径。

一、内部搜索

（一）如何在 Excel 中查找特定格式的字体？

译者在清洗术语库时，将其存疑的术语的字体颜色修改为红色。之后复查时想要找到字体为等线、字体颜色为红色的文本内容，应该如何快速检索呢？

首先，点击"开始选项卡" > "编辑" > "查找和选择" > "查找"；

然后，点击"选项" > "格式"，即会弹出"查找格式"窗口，如图

3-51 所示。

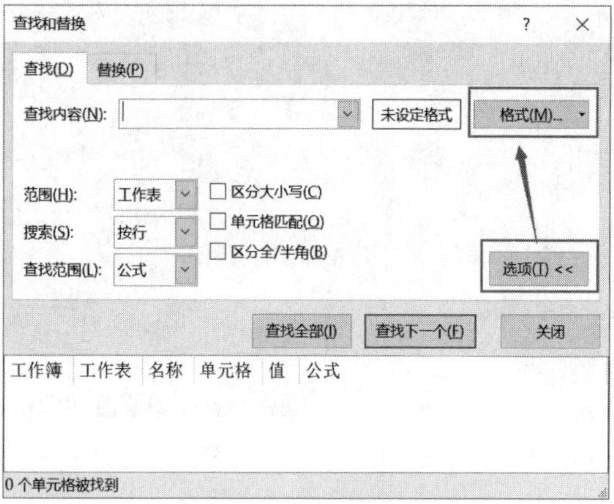

图 3-51　在 Excel 中设置查找与替换内容

接下来，点击"字体"页面，选择字体为等线，颜色为红色，点击"确定"。也可点击左下角"从单元格选择格式"，选中符合标准的单元格，即可应用该单元格的样式，如图 3-52 所示。

图 3-52　在 Excel 中设置查找格式

设置完毕后，在"查找与替换"页面中，点击"查找全部"按钮，即可在下方展示出所有字体为等线、颜色为红色的值，如图 3-53 所示。

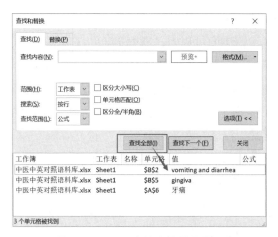

图 3-53　Excel 中的查找结果界面

（二）如何快速选中工作表中所有的空值？

译者使用 Excel 制作术语库时，在检查环节想要快速查看语料库中是否有语料遗漏或误删等问题（即查找空白单元格），应该如何迅速实现呢？

首先，打开查找页面（快捷键：Ctrl+F），查找栏中不输入内容，直接点击“查找全部”；

然后，按住 Ctrl+A，即可选定表内的所有空白单元格，如图 3-54 所示。

	A	B
1	General Secretary, the CPC Central Committee	中共中央总书记
2	Member of Standing Committee of Political Bureau, the CPC Central Committee	政治局常委
3	Member of Political Bureau of the CPC Central Committee	政治局委员
4	Member of secretariat of the CPC Central Committee	书记处书记
5	Member of Central Committee	中央委员
6	Alternate Member	候补委员
7	Secretary,Provincial/Municipal Committee of the CPC	
8	secretary, Party Leadership Group	党组书记
9	President/Vice President, the People's Republic of China	中华人民共和国主席/副主席
10		全国人大委员长/副委员长
11	Secretary-General	秘书长
12	Chairman	主任委员
13	Member	
14	Chairman, Local People's Congress	（地方人大）主任
15	Deputy to the People's Congress	人大代表
16	Premier, State Council	国务院总理
17	State Councilor	国务委员

图 3-54　在 Excel 工作表中查找空白单元格

（三）如何利用通配符统一去除特殊字符？

译者在清洗术语表的过程中，需要去除位于术语前有一定规律的字符（如图 3-55 所示），应该如何批量操作以减轻工作量呢？

Excel 的查找与替换功能是支持通配符的，因此我们可以利用通配符来简化我们的工作量。常用的通配符主要有：* 代表任意字符串；? 代表任意单一字符（英文、汉字、数字都算一个字符）。

	A	B
1	english	chinese
2	[1]abort	中断,停止
3	[2]abnormal	异常
4	[3]abrader	研磨,磨石,研磨工具
5	[4]absence	失去
6	[5]Absence of brush	无(碳)刷
7	[6]Absolute	绝对的
8	[7]Absolute atmosphere	绝对大气压
9	[8]AC Lub oil pump	交流润滑油泵
10	[9]absorptance	吸收比,吸收率
11	[1*]acceleration	加速

图 3-55　在 Excel 中利用通配符的案例展示

首先，选中待替换的 A 列；

然后，点击"查找和选择" > "替换"（快捷键：Ctrl+H）；

最后，在查找内容处键入：[*]（表示查找含有任意字符的方括号），可点击"查找全部"进行验证，确认检索无误后点击"全部替换"即可，如图 3-56 所示。替换后的效果如图 3-57 所示。

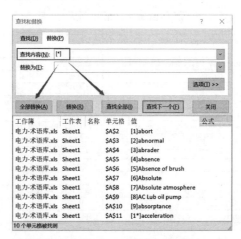

图 3-56　在 Excel 中利用通配符替换文本

	A	B
1	english	chinese
2	abort	中断,停止
3	abnormal	异常
4	abrader	研磨,磨石,研磨工具
5	absence	失去
6	Absence of brush	无(碳)刷
7	Absolute	绝对的
8	Absolute atmosphere	绝对大气压
9	AC Lub oil pump	交流润滑油泵
10	absorptance	吸收比,吸收率
11	acceleration	加速

图 3-57　在 Excel 中利用通配符替换文本的效果展示

（四）如何快速处理术语表格式？

我们经常会在网络上或者公众号中见到一些已汇总好的权威术语，但由于文档排版问题（中英文上下排列），常常不能直接将其做成术语表，如图 3-58 所示。此时我们应该如何快速处理这些术语，将其制作成术语表？

	A	B	C
1		汉语术语	英语术语
2	胸腔		
3	chest		
4	肝脏		
5	liver		
6	肺		
7	lungs		
8	胃		
9	stomach		
10	牙		
11	tooth		
12	智齿		
13	wisdom tooth		
14	肾		
15	kidney		
16	大肠		
17	large		

图 3-58　在 Excel 中利用公式处理普通术语表

1. 可通过将普通文本转为公式来快速完成。在需要填充的单元格内写入原始列的单元格坐标，如第一个为 A2，依次为 A3、A4、A5…（为了避免后续操作使表内其他内容的字母 A 被替换，也可写作"testA"等有区分性的文本。）之后的坐标使用 Excel 的自动填充功能完成，如图 3-59 所示。

	A	B	C
1		汉语术语	英语术语
2	胸腔	testA2	testA3
3	chest	testA4	testA5
4	肝脏	testA6	testA7
5	liver	testA8	testA9
6	肺	testA10	testA11
7	lungs	testA12	testA13
8	胃	testA14	testA15
9	stomach	testA16	testA17
10	牙		

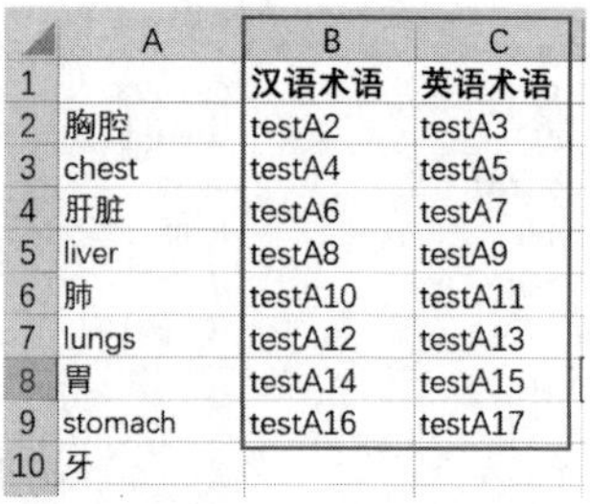

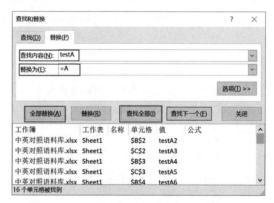

图 3-59　在 Excel 中自动填充单元格

2. 点击“查找和选择”>“替换”（快捷键：Ctrl+H）；

3. 将所有“testA”替换成“=A”，即将普通文本替换为公式。点击“查找全部”即可检索出符合要求的所有项，再点击“全部替换”即可将A列文本成功按要求替换过来，如图 3-60 所示。

图 3-60　Excel 中普通文本替换为公式的设置界面

4. 替换完成后的最终结果如图 3-61 所示。

	A	B	C
1		汉语术语	英语术语
2	胸腔	胸腔	chest
3	chest	肝脏	liver
4	肝脏	肺	lungs
5	liver	胃	stomach
6	肺	牙	tooth
7	lungs	智齿	wisdom tooth
8	胃	肾	kidney
9	stomach	大肠	large intestine

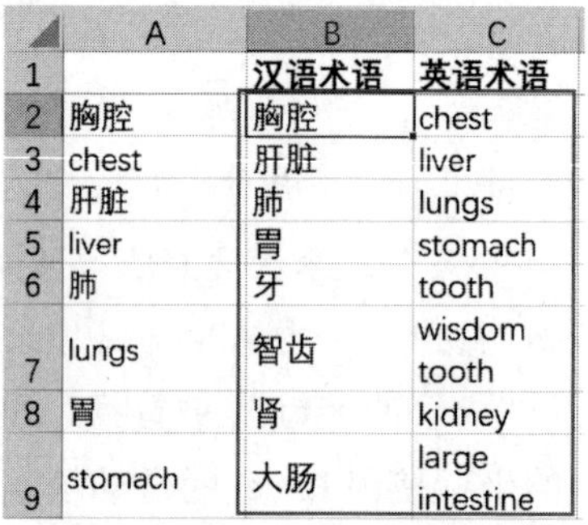

图 3-61　在 Excel 中利用公式批量处理后的术语表

二、外部搜索

（一）如何搜索文件名中含有特定关键词的文件？

译者想要查找电脑中所有文件名中含有"语料库"一词的术语表，应该如何快速检索到这些文件呢？

为了快速检索，我们将利用全文检索软件 FileLocator Pro 来进行文件搜索。FileLocator Pro 提供了三种不同用户界面：首先是为经验丰富用户提供的专家界面，其次是为新手用户（不需要用到高级搜索功能）提供的基本界面，还有一个是基于索引的搜索界面。由于我们需要查找指定文件格式的文件，因此需要切换为专家界面，使用 DOS 表达式。切换方法如图 3-62 所示。

图 3-62　在 FileLocator Pro 中切换至"专家"界面

1. 在文件名称处输入：*.xls: 语料库；DOS 表达式使用通配符来指定某一组文件。字符 * 用于匹配零个或多个字符，字符 ? 用于匹配任何单个字符，如：*.xls 指定了一组具有 .xls 文件扩展名的文件。字符":"（英文半角冒号）则表示将搜索范围限定为仅具有指定名称 / 名称组的文件，如 *.pdf;*.doc:Translation 表示文件名称中包含 Translation 的 .pdf 或 .doc 格式的文件；

2. 若记得文件的大概位置，则可在"查找位置"处点击"浏览"，选择相应的盘或文件夹。如果不记得，则可点击"浏览"左侧的向下的小箭头，选择第一个选项，即为电脑中的所有硬盘分区。也可根据需要勾选查找子文件夹；

3. 点击"开始"，结果如图 3-63 所示，搜索到文件名中含"语料库"的 Excel 文件。

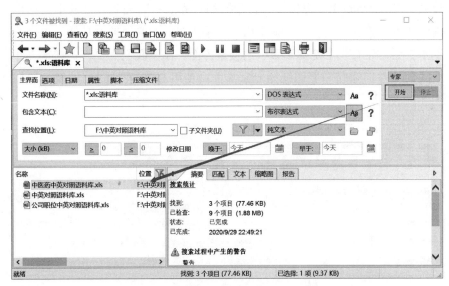

图 3-63　在 FileLocator Pro 中的"文件名称"处搜索"语料库"

（二）如何搜索文本内容中含有特定关键词的文件？

译者在翻译文件的过程中，想要参考本地文件中包含"Project"或"work"关键词的 .xls 格式的语料库文件，应该如何利用 FileLocator Pro 实现快速检索？

1. 切换为专家界面；

2. 由于我们只需在 .xls(x) 格式的文件中查找，因此需要在文件名称处输入表达式：*.xls（可检索出 .xls 格式及 .xlsx 格式的文件）；

3. 利用布尔表达式指定在文件中查找的内容。在包含文本处输入表达式："work OR Project，表示会搜索包含"Project"或"work"的行；

4. 由于我们需要查找出首字母大写的"Project"，因此要使内容搜索匹配大小写，点击 Aa 按键 (打开后会有一个勾出现)；

5. 设置查找位置；

6. 点击开始，查找结果如图 3-64 所示。

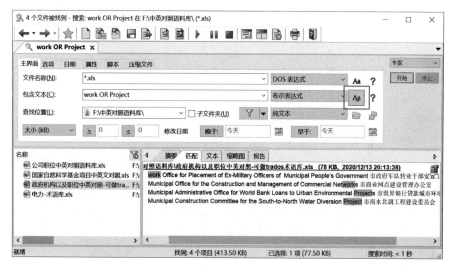

图 3-64　在 FileLocator Pro 中检索文件内容包含"Project"或"work"的文件

三、网络搜索

（一）如何在站内搜索和下载 .xls(x) 格式的文档？

1. 在道客巴巴[①] 站内搜索下载

译者需要将一份关于螺丝生产加工的中文文件翻译成英文。在译前准备阶段，译者想要寻找一些有关螺丝种类的中英对照的 .xls 格式文件，应该如何利用道客巴巴快速检索？

（1）搜索框中输入关键词："螺丝 中英对照"，并在下方选择 .xls 格式的文件，点击"搜文档"按钮即可，搜索结果如图 3-65 所示。

---

① https://www.doc88.com/.

图 3-65　在道客巴巴中搜索 .xls 格式的文件

（2）点击文件链接进行文件预览。如需下载文件，点击页面左上角下载即可。

2. 在新浪爱问共享资料[①]站内搜索下载

译者在翻译家具广告文案的过程中，需要搜集一些 .xls 格式的家具行业相关的中英对照术语库文件作为参考，应该如何利用爱问共享资料快速检索？

（1）在主页搜索框中输入关键词，如"家具中英文对照术语库"，点击搜索。在搜索结果页面中选择格式为 Excel，即可得到相关的结果，如图 3-66 所示。

图 3-66　在爱问共享资料平台中搜索 .xls 格式的文件

---

① https://ishare.iask.sina.com.cn/.

（2）点击任一文件进行浏览，如需下载点击页面右下角立即下载按钮即可。

（二）如何通过站点语法搜索和下载 .xls(x) 格式的文档？

译者在翻译某一金融公司的年度财报时，想要寻找一些金融相关的 .xls 格式中英双语对照表作为语料参考，应该如何利用 Bing 搜索引擎快速检索呢？

1. 由于需要的是金融领域的文件，我们可将在该类文件中经常出现的信息作为关键词进行检索，如使用"账户 account"，同时，我们使用搜索语法 filetype 来进行检索。故键入"账户 account filetype:xls"，如图 3-67 所示。

图 3-67　在 Bing 中检索 .xls 格式的文件

2. 点击文件的链接即可下载该文件到本地。

第四节 PDF

PDF（Portable Document Format），即便携式文档格式，扩展名为 .pdf，该类型文件可以不受操作系统和硬件设施限制，可以在不同的操作系统或者应用程序中，最大程度地展现原稿件的每一个细节。由于 PDF 文件是不可修改的，因此其具有很高的安全性和集成性。PDF 文件是译者在翻译过程中会经常会遇到的一类文件；有时译者所得到的 PDF 文件是不可搜索的，这便对译者的工作造成了一定的困难，因此需要借助一些软件来对其进行处理。在本节将会介绍 ABBYY FineReader、Adobe Acrobat Pro DC 等 PDF 处理工具以及一些搜索工具。

一、内部搜索

（一）如何处理不可搜索的 PDF 文件？

某同学在网上找到了一个不可编辑的 .pdf 格式的英汉对照词汇表，该同学想将其转换成可编辑的 PDF 文档，之后进行术语提取做成术语库，用于计算机辅助翻译软件中，应该如何转换呢？

1. 使用 ABBYY FineReader[①] 进行转换

ABBYY FineReader 是一款 OCR(Optical Character Recognition) 光学字符识别软件，利用此软件可以将不可搜索的 PDF 文件转换为可搜索的 PDF 文件，还可以将图片以及其他文档转换为可编辑的模式，并且识别后的文件会自动保留原文件的格式和排版。

（1）下载和安装 ABBYY FineReader 15，下载完成打开后的界面如图 3-68 所示。

---

① https://www.abbyy.cn/finereader/.

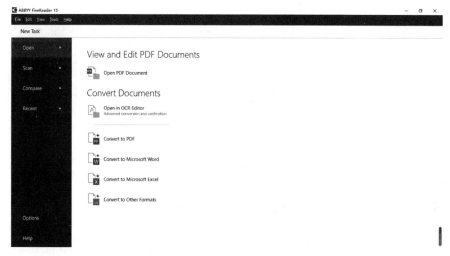

图 3-68　ABBYY FineReader 15 的打开界面

（2）打开 ABBYY FineReader，点击"File">"Open PDF Document"，选择需要转换的 PDF 文件>"打开"，如图 3-69 所示。

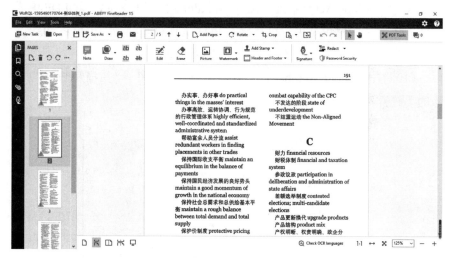

图 3-69　在 ABBYY FineReader 15 中导入文件后的界面

（3）点击"File">"Save As">"Searchable PDF Document"；然后选择文件存放位置以及 OCR 语言，最后点击"保存"即可，如图 3-70 所示。这样文件就转换成了可搜索的 PDF 文件了，可以直接进行复制粘贴，制作术语表。

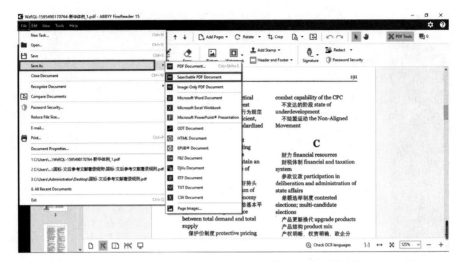

图 3-70 在 ABBYY FineReader 15 中将把文件另存为可搜索的 PDF 文件

2. 使用 Adobe Acrobat Pro DC[①] 进行转换

除了 ABBYY FineReader，Adobe Acrobat Pro DC 也可以用来转换 PDF 文件。Adobe Acrobat Pro DC 是由 Adobe 公司开发的一款 PDF 编辑软件，该软件的特色是用户可直接对 PDF 文件进行编辑，也可将 PDF 文件转换为 Word 及 Excel 文件，同时支持 OCR 识别。

（1）打开 Adobe Acrobat Pro DC，选择"工具">"扫描和 OCR"下方的"打开"，如图 3-71 所示。

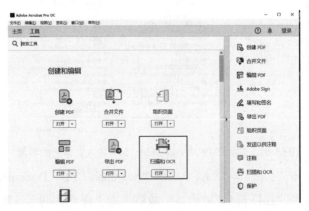

图 3-71 Adobe Acrobat Pro DC "工具"界面

---

① https://acrobat.adobe.com/cn/zh-Hans/acrobat.html.

（2）点击"选择一个文件">"打开">"开始"，如图3-72所示。

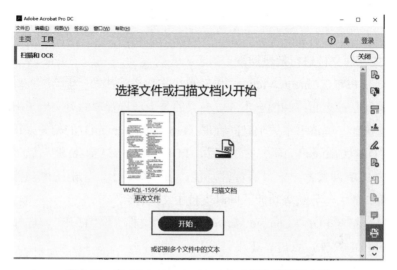

图3-72 在Adobe Acrobat Pro DC中添加待扫描文件

（3）点击"识别文本">"在文件中">"识别文本"，如图3-73所示。

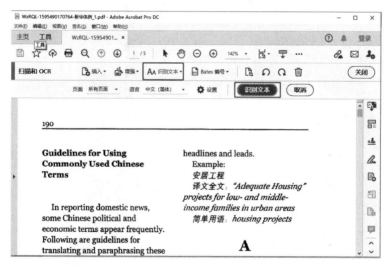

图3-73 在Adobe Acrobat Pro DC中进行文本识别

（4）等待识别完成后就成功转换成为了可搜索的PDF文件了。

除了以上介绍的ABBYY FineReader以及Adobe Acrobat Pro DC，

Nitro Pro[①] 也是一款功能强大的 PDF 文件编辑工具，可创建、编辑、签名、保护和处理相关类型的数字文档和 PDF 文件。

（二）如何对文件进行批量搜索？

1. 在 PDF-XChange Viewer[②] 中对单个文件进行搜索

某同学最近正在阅读一本 400 多页的关于项目管理的英文电子书，该同学想快速了解该书中关于时间管理（time management）的相关知识，如何用 PDF-XChange Viewer 来实现呢？PDF-XChange Viewer 是一款多功能的免费 PDF 阅读器，它具有标注功能、多页签显示、导出图像功能、批量搜索、放大与导航等功能，同时支持中文注释。

（1）打开 PDF-XChange Viewer，点击"文件"＞"打开"，选择需要打开的 PDF 文件，点击"打开"；

（2）点击上方"搜索"按钮（望远镜的图标），在弹出的对话框中输入需要批量搜索的内容，这里输入"time management"＞"立即搜索"；文件中所有与"time management"有关的内容在搜索框下方都会以蓝色高亮显示，任意点击一条便可跳转到文件中相应位置，如图 3-74 所示。

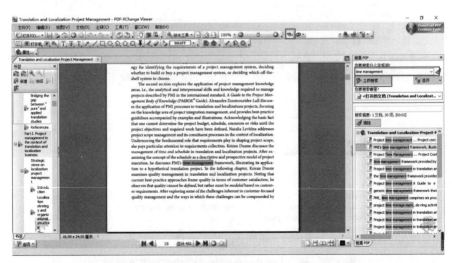

图 3-74 在 PDF-XChange Viewer 中对单个文件进行搜索

---

① https://www.gonitro.com/download.

② https://pdf-xchange-viewer.en.softonic.com/.

2. 在 PDF-XChange Viewer 中对多个文件进行批量搜索

某同学电脑里有很多 .pdf 格式的论文，想要了解计算机辅助翻译的研究现状，那么，如何快速找出所有与"计算机辅助翻译"相关的论文呢？

（1）打开 PDF-XChange Viewer，点击上方"搜索"按钮（望远镜的图标）；

（2）在搜索框中输入"计算机辅助翻译"，在"您要搜索哪里"下拉菜单中选择需要搜索的文件夹；

（3）点击"立即搜索"，所有包含"计算机辅助翻译"的 PDF 文件都会在下方显示出来，如图 3-75 所示。

图 3-75　在 PDF-XChange Viewer 中对多个文件进行批量搜索

3. 在 PDF-XChange Viewer 中进行高级搜索

译者在阅读电子书时只想搜索到"research"，且不包括"research"的其他形式，如"researching"或者"researcher"，应如何操作呢？

（1）点击"立即搜索"右侧的"选项"按钮，可以进行高级搜索选项，高级搜索包括"全字匹配""区分大小写""包含书签""包含注释"以及"搜索子文件夹"；

（2）点击"全字匹配"（如果不选择"全字匹配"，research 的其他形式也会出现在搜索结果中。）再点击"立即搜索"，这样搜索到的就仅仅是"research"本身了，如图 3-76 所示。

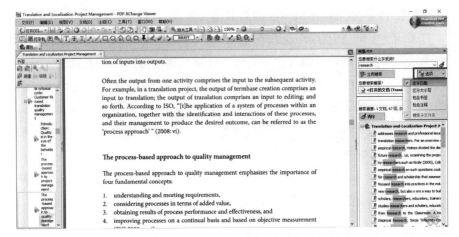

图 3-76 在 PDF-XChange Viewer 中进行高级搜索

除了 PDF-XChange Viewer，福昕阅读器[①]也可以实现类似的批量搜索功能，福昕阅读器拥有方便的文本搜索功能，其不仅可以在 PDF 文件内、文件夹中或者磁盘内搜索文本内容，也可在互联网上进行文本搜索。

二、外部搜索

（一）如何搜索文件名中含有特定关键词的文件？

1. 利用"火柴[②]"（原"火萤酱"）进行搜索

（1）打开"火柴"，在对话框中输入"project management pdf"，如图 3-77 所示，所有文件名中包含"project management"相关的 PDF 文件都会在下方显示。

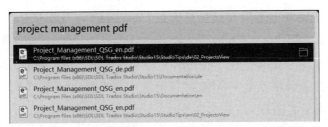

图 3-77 在"火柴"中搜索文件名中包含"project management"的 .pdf 格式的文件

[①] https://www.foxitsoftware.cn/.

[②] https://www.huochaipro.com/.

（2）直接双击某个文件就可以直接打开。

2. 在 Everything 中利用正则表达式进行搜索

某同学想快速搜索某个项目文件夹下的多个文件，该项目的文件命名格式为"数字 - 英文"，例如"001-source"。

此时我们可以利用 Everything 快速搜索文件。Everything 是 Windows 开发的一款文件和文件夹名快速搜索工具。该工具界面简洁，体积小巧，能够快速搜索想要搜索的文件。

（1）打开 Everything，点击"搜索"，勾选"使用正则表达式"和"文件夹"，如图 3-78 所示。

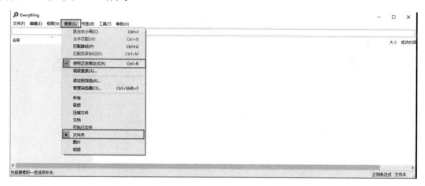

图 3-78 在 Everything 中进行基础设置

（2）在搜索框中输入"^[0-9]{3}-[a-ZA-Z]"（^ 表示以该符号后的内容开头的内容，[0-9] 表示所有的数字，{3} 表示前面数字出现三个，[a-ZA-Z] 表示所有的英文字母。）这样我们需要的文件夹就都会显示出来，如图 3-79 所示。

图 3-79 在 Everything 中利用正则表达式搜索文件

(二)如何搜索文本内容中含有特定关键词的文件?

某同学想搜索电脑中某个盘中含有"CAT"的文件,应该如何操作呢?

此处所介绍的工具为 DocFetcher[①],可以实现与 FileLocator Pro 类似的内容搜索功能。DocFetcher 是一个免费开源且跨平台的桌面文档内容搜索引擎,它能遍历你所有的文件文档内容,然后方便地对自己的电脑进行全文搜索。

1. 打开 DocFetcher,在搜索范围下方点击鼠标右键 >"从…创建索引" >"文件夹",选择需要搜索的文件夹,如图 3-80 所示。

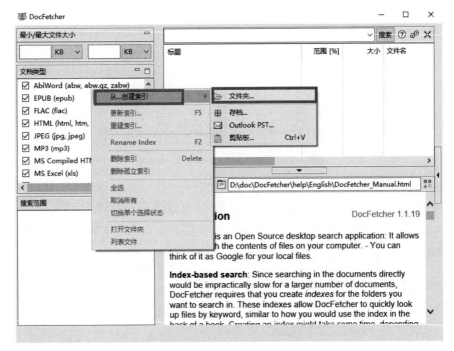

图 3-80　在 DocFetcher 中创建索引

2. 在右上角的搜索框中输入需要搜索的关键词,点击"搜索",下方就会出现所有带有关键词的文件名称,最下方为文件预览框。如图 3-81 所示。

---

① http://docfetcher.sourceforge.net/en/index.html.

第三章·文本搜索

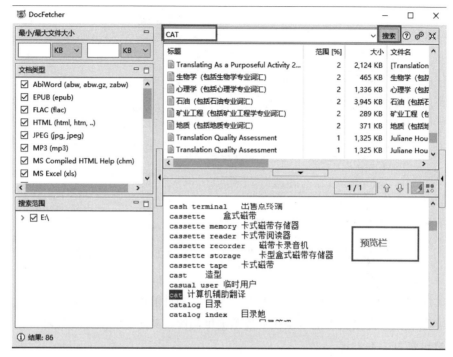

图 3-81　在 DocFetcher 中搜索 "CAT" 的结果

三、网络搜索

（一）如何在站内搜索和下载 PDF 文件？

1. 鸠摩搜索[1]

鸠摩搜索文档搜索引擎可以搜索下载中英文的书籍，支持下载的格式包括 .ppt(x) 和 .doc(x) 等，涵盖了百度网盘[2]、新浪微盘[3]、百度文库[4]等众多网站资源。

打开"鸠摩搜索"，在搜索框中输入"translation"，点击"search"，结果如下图 3-82 所示，点击具体的某个条目即可保存或下载相应的 PDF 文件。

---

[1]　https://www.jiumodiary.com/.
[2]　https://pan.baidu.com/.
[3]　https://vdisk.weibo.com/.
[4]　https://wenku.baidu.com/.

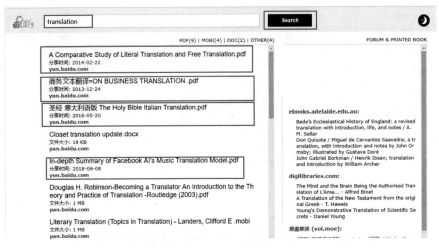

图 3-82 在鸠摩搜索中搜索"translation"有关的 .pdf 格式的文件

2. 超星汇雅电子图书

"超星数字图书馆[①]"（汇雅电子图书）为目前世界最大的中文在线数字图书馆，提供大量的电子图书资源提供阅读，其中包括文学、经济、计算机等五十余大类。

打开超星汇雅电子图书，在搜索框中输入关键词"翻译理论"，点击"搜索"，结果如图 3-83 所示。

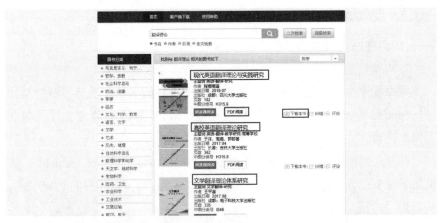

图 3-83 在超星汇雅电子图中书搜索"翻译理论"相关的文档

---

① http://www.sslibrary.com/.

可以点击"PDF 阅读"进行在线阅读，也可以点击"下载本书"进行下载。类似的中文 PDF 搜索网站还有许多，比如时宜搜书[①]和 PDF 之家[②]等。

（二）如何通过站点语法搜索和下载 PDF 文件？

一位译者正在翻译与金融相关的材料，但是对于金融知识了解不是很清楚，想在网上搜索一些关于金融的词典或者术语供自己参考，具体如何操作？

1. 打开 Google[③] 搜索引擎，在搜索框中输入（使用半角双引号）：金融英汉词典 " 利息 " "interest" filetype:pdf［其中，"filetype:pdf"搜索语法表示只搜索 .pdf 格式文件，"利息"和"interest"属于诱导词，半角双引号（""）代表精确查找。］，点击搜索，结果如图 3-84 所示。

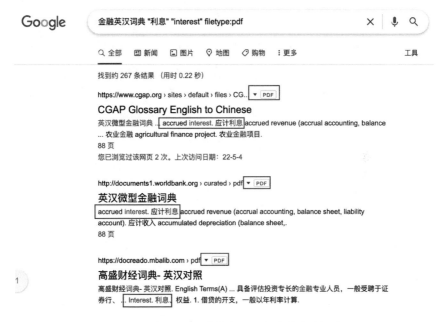

图 3-84　在 Google 中搜索 .pdf 格式的金融词典

2. 点击搜索结果，即可直接下载 .pdf 格式的词典。

---

① https://www.shiyisoushu.com/.
② https://www.pdfzj.com/.
③ https://www.google.com.

第四章　词典搜索

在数据爆炸性增长的"大数据"时代，善用搜索渠道获得新知的"搜商"成为新时代人尽皆备的一种新能力。当今，信息搜索与获取不再局限于网页查询，而是转变为网页查询、借助桌面版与手机应用程序等综合的搜索方式。作为"无声的老师"，纸媒字典主体地位旁落，电子词典出谷迁乔，呈现小巧轻便、搜索迅捷、功能丰富、语音与文本互转的可视化转变。本章将选取桌面版、在线版和手机版等适用于不同场景的词典进行介绍，通过案例实操充分展现词典中高级特色搜索功能，旨在为用户提供准确而快捷的词典搜索方式，提高实践活动中的工作效率。

第一节　桌面版词典

随着桌面版软件效能、软件适应性、成长性不断提升，桌面版英语词典软件也实现了基本功能与高级功能的搭配使用。桌面版的 GoldenDict、MDict、欧路词典等词典可进行词典个性化配置，配置词典格式包括 .mdx、.mdd 等。其中，GoldenDict 和 MDict 本质上是"词典外壳"，并不自带词典。欧路词典和 MDict 鼠标划词等基础功能较薄弱，个性化词典的配置也有限。本节将对 GoldenDict、MDict、欧路词典等三款桌面版词典进行介绍与实操案例演示，希望以此给用户提供借鉴，对所述软件扬长避短，充分利用。

一、GoldenDict

（一）系统介绍

GoldenDict[①] 是一款由 Konstantin Isakov 开发的免费绿色开源词典，在 Mac、Windows 和 Linux 操作系统中均可安装使用，支持多种词典文件格式，包括 .mdx、.dsl、.bgl 等格式。该词典可自定义或外载本地、在线词典库，支持页内搜索和利用全字匹配、纯文本、通配符和正则表达式的全文搜索，GoldenDict 的主界面如图 4-1 所示。

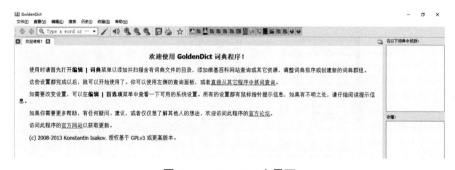

图 4-1　GoldenDict 主界面

---

① http://goldendict.org/.

（二）案例演示

1. 如何配置个性化词典？

（1）导入离线词典。用户在使用"GoldenDict"之前须自行导入本地开源词典库。点击词典工具栏"编辑"，选择"词典"，查找和添加词典来源（S），如图 4-2 所示。

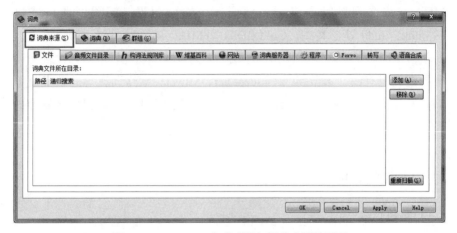

图 4-2　GoldenDict 中成功添加词典来源的界面

（2）点击"添加（A）"，查找并添加本地词典文件夹，词典来源添加成功后，"词典（D）"界面会同时出现成功添加的词典，如图 4-3 所示。

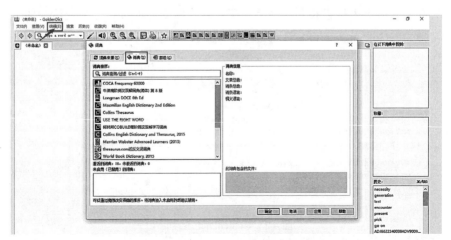

图 4-3　GoldenDict 中成功添加词典的界面

（3）在个性化词典配置完成后，用户可调整所有外载词典的顺序。例如，将外载词典"The Little Dict"放至第一顺序位置，并离线查询"tan"的词频，词典主界面出现"The Little Dict"对该词的名词、形容词等级与应用频次、口语等级与使用频次以及各种汉语释义使用的频率（该词典的词频由 COCA 语料库提供），如图 4-4 所示。

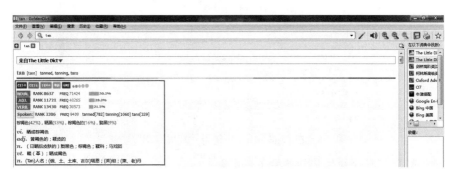

图 4-4　在 GoldenDict 中使用内置词典查询"tan"的词频

2. 如何进行划屏取词？

（1）点击"编辑"＞"首选项"＞"屏幕取词"，启用屏幕取词功能、使用特定按键启动划屏取词以及设置按键取词容许的延迟时间，如图 4-5 所示。

图 4-5　GoldenDict 中屏幕取词功能的设置

（2）直接调用快捷键"Ctrl+C+C"，便可查询单词的基本释义。其中，在词典内部页面可直接选中所需查询单词，点击"Ctrl+C+C"即可查询该单词的基本释义；如需查询词典外部的陌生单词释义，在该单词所在页面选中单词，点击"Ctrl+C+C"，页面会自动跳转到词典主页，便可获得在

113

线外刊中所取词汇的查询结果，如图4-6所示。

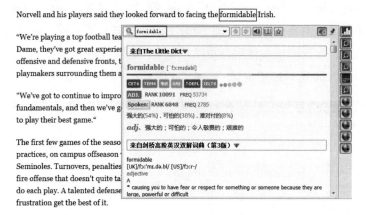

图4-6 在GoldenDict中使用"划屏取词"功能

3. 如何使用正则表达式查询词汇？

（1）点击词典上方工具栏中的"搜索"，或者调用快捷键"Ctrl+Shift+F"，选择"全文搜索"，出现全文搜索窗口，如图4-7所示。

图4-7 GoldenDict中的"全文搜索"窗口

（2）在了解英语单词正则表达式（常见正则表达式见附录）的基础上，在搜索框键入"\b\w*phobia\b"，表示以"phobia"结尾的单词，其中共包括元字符：\b（匹配单词的开始或结束，即指词的边界）、\w（匹配字母、数字、下划线或汉字）和限定符 *（限定符重复零次或更多次）。在"模式"下拉菜单中选择"正则表达式"模式，并设置最大词间距和每个词典最大词条数，如图 4-8 所示。

图 4-8　在 GoldenDict 中选择"全文搜索 - 正则表达式"模式

（3）点击"搜索"，页面检索到全部符合该正则表达式规则的文本，如图 4-9 所示。

图 4-9　在 GoldenDict 中使用正则表达式查询的结果

（4）选择点击以"phobia"结尾的具体词汇，例如"claustrophobia"，词典主界面出现所添加的本地词典对该词的释义、短语和例句等信息，如图 4-10 所示。

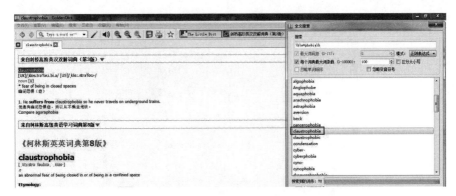

图 4-10　GoldenDict 中"claustrophobia"的释义界面

4. 如何在词典内部使用在线搜索引擎查询？

（1）点击"编辑">"词典">"词典来源">"网站"，添加在线搜索引擎。用户在名称栏目输入搜索引擎名称，在"地址"栏输入相应网站，添加完成点击应用"Apply"。例如在词典网站中添加必应搜索（中国版与美国版）、谷歌搜索、搜狗搜索等，如图 4-11 所示。

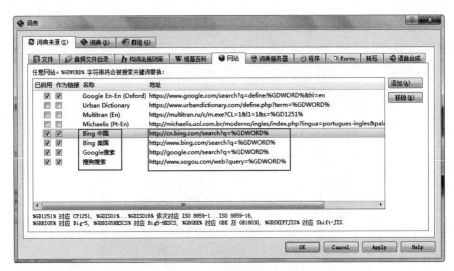

图 4-11　GoldenDict 中在线搜索引擎的添加界面

（2）在搜索框键入具体查询内容，例如键入"scamper"，点击回车键"Enter"，获得"Bing 中国"对该词的查询结果，如图 4-12 所示。

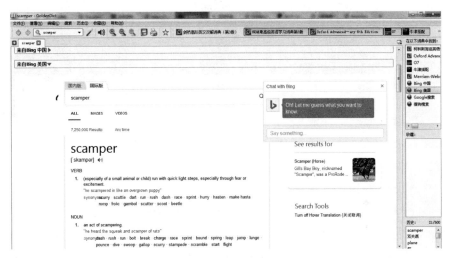

图 4-12　在 GoldenDict 中使用内置搜索引擎中查询"scamper"的释义

二、MDict

（一）系统介绍

MDict[①] 软件是一款由中国的 Rayman Zhang（张文伟）开发的、用于查看各种 *.mdx 格式词典文件的阅读器（*.mdx 是词库主文件，用来存放词库的词条释义文本；*.mdd 是资源文件，存放词库的语音，图像等资源信息）。MDict 软件本身并不提供"词库"，但软件作者提供了"词库"制作工具。目前由第三方为 MDict 制作的"词库"包括：维基百科、百度百科、现代汉语词典、成语词典、唐诗鉴赏词典、牛津英汉双解词典等等。MDict 词典主界面如图 4-13 所示。

---

① https://www.mdict.cn.

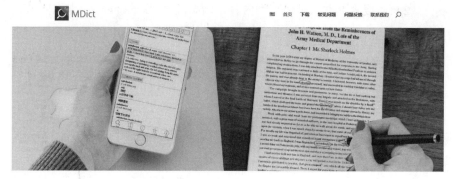

图 4-13　MDict 主界面

（二）案例演示

1. 如何配置个性化词典？

（1）词典包的导入。选择"词库">"词库管理"之后，点击"加入词库"（导入单个词库）或者"导入词库"（批量导入词库），选择后缀名为"*.mdx"的文件进行文本词库导入（注意：*.mdx 和 *.mdd 文件可以放在安装目录的 doc 文件夹下，但是文件的名称要保持一致，加载 *.mdx 文件后，*.mdd 文件，包括其样式文件 .css，都会被自动识别），最后点击"完成"按钮即可完成词库的导入，如图 4-14 所示。

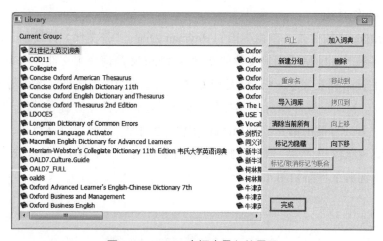

图 4-14　MDict 中词库导入的界面

（2）词库的分组。选择"词库">"词库管理"，点击"新建分组"按钮，新建文件夹"汉语词库""英语词库"等（用户也可以根据自己喜好新建不同的分组），然后点击需要移动的词典包，选择"移动到"，用户即可将所有导入的词库进行分类，操作结束后点击"完成"按钮，如图 4-15 所示。

图 4-15　MDict 中汉语 / 英语词库分组的设置

（3）词典的排序。查询单词时，系统会按照词典的添加顺序进行检索，如需更改词典顺序，可点击"词库">"词库管理"，选中所需要的词典之后，点击"向上移"或"向下移"按钮进行排序，操作完成后，点击"完成"按钮。如图 4-16 所示。

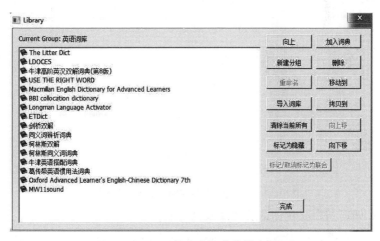

图 4-16　MDict 词库中词典的排序界面

119

（4）联合标记搜索。用户可以通过点击"词库">"词库管理"，选中对应的词库，点击"联合标记"，将同一个词库中的不同词典进行标记，如图 4-17 所示。若不进行联合标记，则每次查询单词需要点击某一个具体的词典，且该单词在不同词典中的查询结果也不会同时展现在同一个界面上，查询过程繁琐。联合标记设置完成后，单词查询界面将同时显示组内所有词典检索结果，如图 4-18 所示。

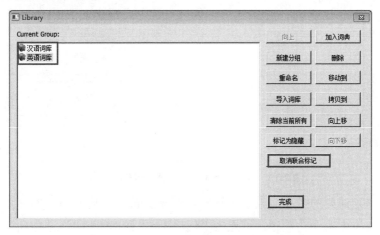

图 4-17 Mdict 中词典的联合标记界面

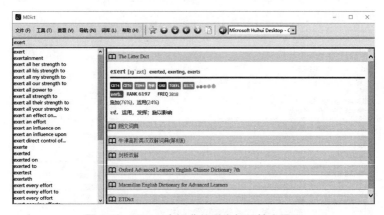

图 4-18 MDict 中词典的联合标记搜索界面

2.如何利用联合标记功能高效查询词汇？

（1）在搜索框中输入成语"同舟共济"，点击"词库">"汉语词库"，可以查询该词的英文翻译、译文来源以及定义来源，下拉菜单可以看到更多搜索结果，查询结果如图 4-19 所示。

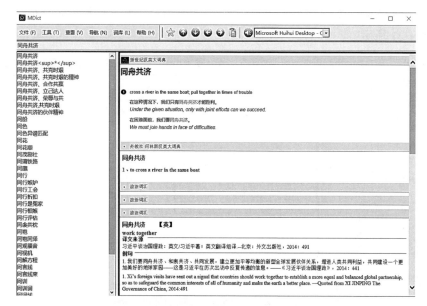

图 4-19　MDict 中联合查询模式下汉语的查询界面

（2）在搜索框中输入单词"exert"，点击"词库">"英语词库"，查询结果如图 4-20 所示。

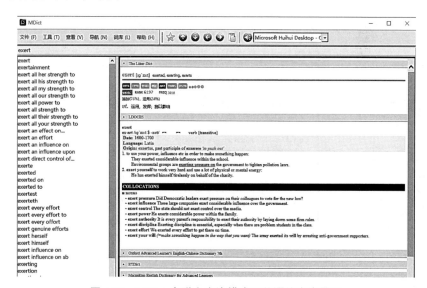

图 4-20　MDict 中联合查询模式下英语的查询界面

(3)联合查询模式下支持鼠标选中取词,可以进一步查询和搜索所需要的内容,如选中该界面中的"exert yourself",则该词组的查询界面如图 4-21 所示。

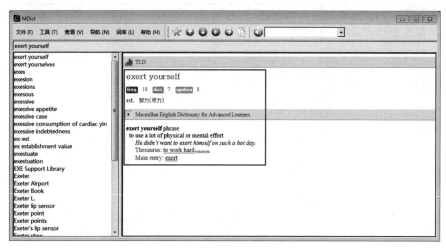

图 4-21　MDict 中鼠标选词功能的展示界面

(4)点击菜单栏中"小喇叭"图标,或者点击"麦克米伦高阶英语词典"都可以查询单词"exert"的英式和美式发音,如图 4-22 所示。

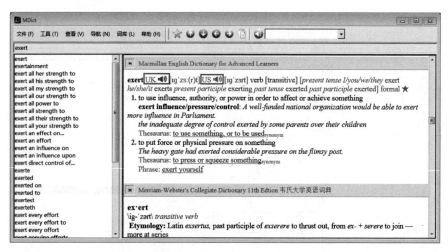

图 4-22　MDict 中"exert"单词发音的查询界面

三、欧路词典

（一）系统介绍

欧路词典[①]是一款全平台离线词典软件工具，隶属于上海欧路信息科技有限公司，支持加载和扩充 MDict、灵格斯[②]、Babylon[③]、The American Heritage Dictionary[④] 等多种词典格式。欧路词典实现具体词汇全文搜索与外刊查询、在线搜索词典、以及查找专业领域词汇百科知识等功能。欧路词典主界面如图 4-23 所示。

图 4-23　欧路词典主界面

（二）案例演示

1. 如何配置个性化词典？

欧路词典本身作为一款词典，用户可在线和本地搜索、下载、扩充、管理词典，形成"大词典中的小词典"词典模式，实现个性化词典的配置。

---

① https://www.eudic.net/.
② http://www.lingoes.cn/.
③ http://www.babylon.com/.
④ https://www.ahdictionary.com/.

(1) 在线搜索与配置词典

a. 搜索准备。点击词典右上方"工具",找到工具下拉菜单中的"词库管理"并点击。在欧路词典内置词典库页面中,点击右上方的"更多扩充词库",如图 4-24 所示。

图 4-24　在欧路词典中点击"更多扩充词库"功能

b. 查找词典库。在联网状态下,点击"更多扩充词库",系统选择打开默认浏览器,欧路词典桌面版会跳转到在线版界面,该界面中包含横向与纵向的多个领域专业词典库,如图 4-25 所示。

图 4-25　欧路官网中多领域词典库的查询界面

c. 配置词典库。用户查找到所需的词典,将该词典的安装包下载到本地,并导入欧路词典。例如在欧路词典下载并导入"英汉汉英专业词典",如图 4-26 所示。用户在成功导入词典后,便于后期进行个性化查询使用。

图 4-26　欧路词典中在线词库安装成功的界面

(2)配置本地词典库

a. 将所需的所有词典包下载到本地后,点击词典右上方"工具">"词库管理">"安装词库",如图 4-27 所示。

图 4-27　欧路词典中安装本地词库的准备界面

b."选择文件 / 文件夹"。选择本地词典包文件或者文件夹(此处为添加本地文件,为医药卫生类词典),如图 4-28 所示。

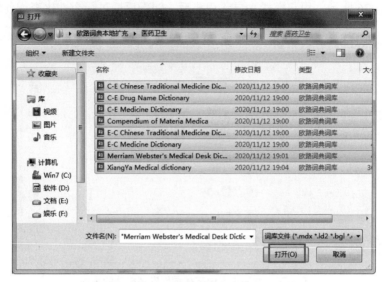

图 4-28　在欧路词典中导入本地词库文件

c. 上传所需配置的词典包文件后,点击"安装词库",如图 4-29 所示。

图 4-29　欧路词典中安装本地词库的确认界面

d. 如图 4-30 所示，词库已经配置成功，可进行查询使用。

图 4-30　欧路词典中本地词库安装成功的界面

2. 如何查询包含具体词汇的最新外刊？

（1）在搜索框内键入"revamp"，点击回车键，出现该词翻译界面，如图 4-31 所示。

图 4-31　欧路词典中"revamp"的查询结果

（2）点击"在线词典参考"中的"韦氏在线词典"，欧路词典会自动跳转打开韦氏词典对"revamp"的翻译界面。下拉韦氏词典翻译界面，找到 Recent Examples on the Web，便可在线查询到标题中包含"revamp"的最新外刊和作者、日期及相关链接，如图 4-32 所示。

翻译搜索指南

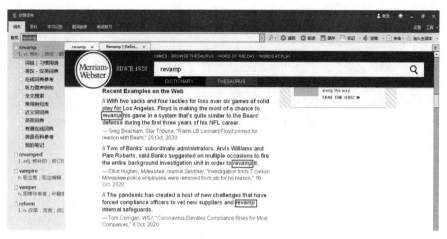

图 4-32　在欧路词典中使用内置词典查找包含关键词的外刊

（3）在联网状态下，点击任一想要查看的外刊，页面会在默认浏览器打开该期刊，并可找到"revamp"所在段落，如图 4-33 所示。

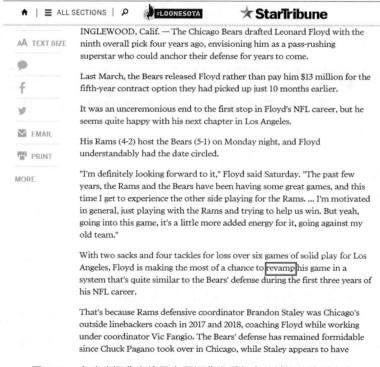

图 4-33　在欧路词典中使用内置词典查看包含关键词的外刊全文

128

3. 如何查询专业词汇的多语种百科知识？

（1）在搜索框内键入"force majeure"，点击回车键，出现该词翻译界面后找到"中文百科参考"或"英语百科参考"，如图 4-34 所示。

图 4-34　欧路词典中的"中文百科参考"或"英语百科参考"功能

（2）点击"中文百科参考"或"英语百科参考"，找到下拉页面中的"点击查看详细内容"，如图 4-35 所示。

图 4-35　欧路词典中的"点击查看详细内容"功能

（3）点击"点击查看详细内容"，翻译界面会跳转到包含中文和英语在内的多语种百科阅读界面。其中包含"force majeure"的百科知识包括八种，如图 4-36 所示。

图 4-36　在欧路词典中查询专业词汇的多语种百科知识

（4）点击"英语百科"，在下拉页面中获取与 Wikipedia 中对于法律术语"force majeure"类似的百科解释，如图 4-37 所示。其中包括对该法律术语词汇解释、用途、习惯法与民法中的体现、国际原则以及案例条款的多种百科知识。

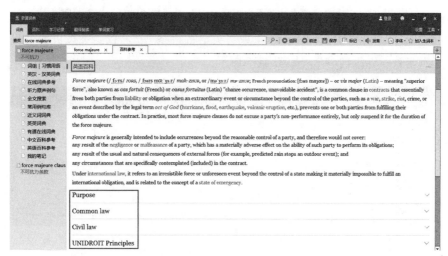

图 4-37　在欧路词典中查询"force majeure"的英语百科知识

第二节　在线版词典

如今，在线版英语词典能够提供使用词典、百科全书等进行信息检索服务。许多大型的门户网站提供免费的词典服务，包含词典、短句、翻译等众多在线工具，致力于英语学习交流、及时反馈英语相关问题。其中，多种单语、双语、多语在线版词典帮助用户实现联网即时搜索查询词汇、调用语料库搜索例句、"一站式"搜阅外刊、可视化搜索家族词等功能。本节将对 Dictionary、The Free Dictionary、Glosbe、Collins、Visuwords 以及海词词典等六款在线版词典进行介绍与实操案例演示。

一、Dictionary

（一）系统介绍

Dictionary[①] 是一个英文的单语在线词典搜索引擎，由 Brian Kariger 和 Daniel Fierro 于 1995 年创立，目前所属为 Rock Holdings（巨石控股有限公司）。它整合了全网词典内容，提供众多英语定义、拼写、例句和词源，还有同/反义词查询、写作指导、语法建议等特色内容。该词典的主界面如图 4-38 所示。

图 4-38　Dictionary 主界面

---

① https://www.dictionary.com/.

（二）案例演示

1. 如何查询"hyperbole"的定义及相关信息？

（1）在主界面的上方搜索框内类别选择 DEFINITIONS，输入需查单词"hyperbole"，点击右侧放大镜，即可查询其最常用的定义，如图 4-39 所示。点击黄字"SEE SYNONYMS FOR xxx ON THESAURUS.COM"，即可跳转到 Thesaurus.com 查询其同义词。

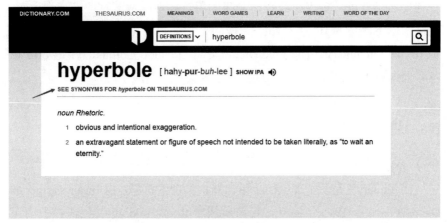

图 4-39　Dictionary 中最常用定义及同义词的查询界面

（2）页面向下拉动还可以查看单词的相关内容，既有基础信息部分，包括词源、少量同反义词、派生词、相关词汇、例句、其他/专业词典释义等内容，也有特色信息部分，如视频、单词辨析、示例、科普等内容，如图 4-40 所示。

2. 如何查询"dwindle"的同/反义词？

（1）在主界面的上方搜索框内类别选择 SYNONYMS，输入需查单词"dwindle"。点击右侧放大镜，跳转到 Thesaurus.com，显示所查内容的同/反义词信息。查询结果按照相关度使用深浅色块进行区分与排序，即相关度越高色块颜色越深、排序越靠前，反之颜色越浅、排序越靠后。点击任一查询结果可跳转到对应词的同/反义词的详情界面，如图 4-41 所示。

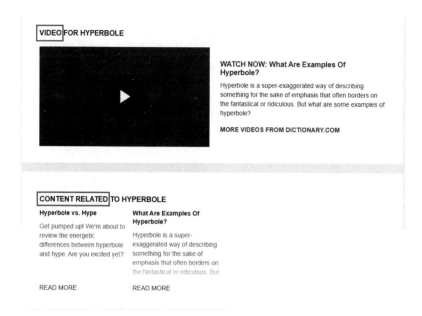

图 4-40　Dictionary 中单词相关内容的查询结果

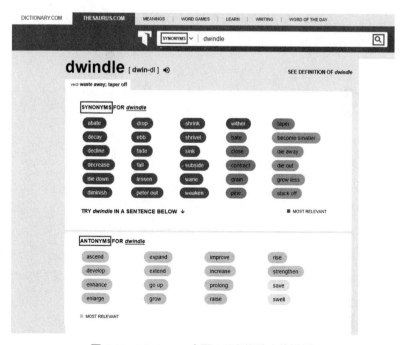

图 4-41　Dictionary 中同 / 反义词的查询结果

(2) 页面向下拉动，可查看单词在具体语境中的同义替换效果。输入包含所查单词的句子，如：Membership of the club has dwindled from 70 to 20，点击 TRY NOW，自动替换句中所查单词为相关度较高的几个同义词，以供比对选取，如图 4-42 所示。

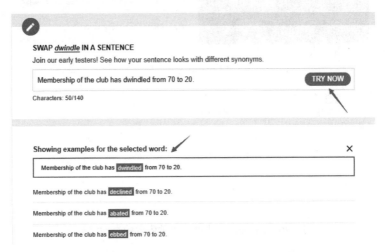

图 4-42　Dictionary 中句中同义词的替换界面

(3) 页面向下拉动，还可查看例句及相关词语的同义词，以供参考，如图 4-43 所示。

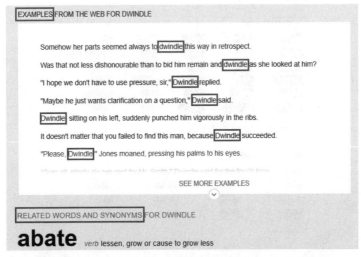

图 4-43　Dictionary 中的同义词例句及相关词语的同义词

如何查询与翻译相关的社论文章？

在主界面的上方搜索框内类别选择 EDITORIAL，输入需查单词/词组"translation"，点击右侧放大镜，即可查询包含查询内容的相关社论文章，如图 4-44 所示。

图 4-44　Dictionary 中社论文章的查询界面

4. 如何查询易混词语辨析？

（1）在主界面的上方搜索框内类别选择 DEFINITIONS，输入需辨析的一对单词，中间使用"vs"连接，且"vs"两端均有空格，如"historic vs historical"，点击右侧放大镜，可查询与待辨析词组相关的信息，可筛选出最相关的信息为第一条，如图 4-45 所示。

图 4-45　Dictionary 中易混词语辨析的查询结果

（2）点击第一条进入详情界面，页面中包含案例引入、单个词词义解释、使用情况说明及例句等信息，供读者参考，如图 4-46 所示。

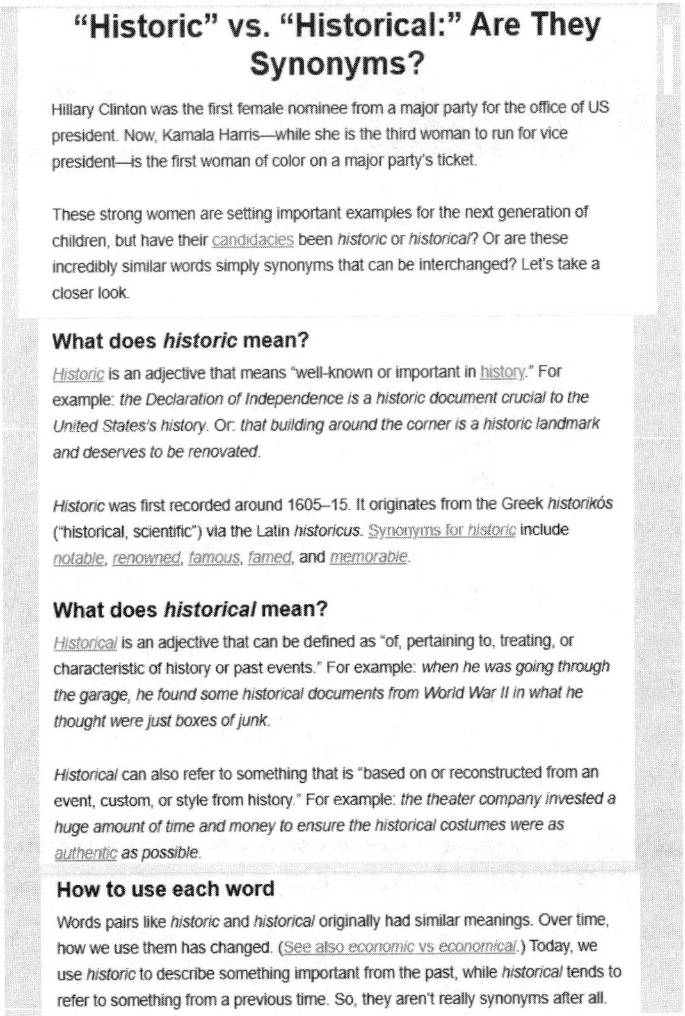

"Historic" vs. "Historical:" Are They Synonyms?

Hillary Clinton was the first female nominee from a major party for the office of US president. Now, Kamala Harris—while she is the third woman to run for vice president—is the first woman of color on a major party's ticket.

These strong women are setting important examples for the next generation of children, but have their candidacies been *historic* or *historical*? Or are these incredibly similar words simply synonyms that can be interchanged? Let's take a closer look.

What does *historic* mean?

Historic is an adjective that means "well-known or important in history." For example: *the Declaration of Independence is a historic document crucial to the United States's history.* Or: *that building around the corner is a historic landmark and deserves to be renovated.*

Historic was first recorded around 1605–15. It originates from the Greek *historikós* ("historical, scientific") via the Latin *historicus*. Synonyms for *historic* include notable, renowned, famous, famed, and memorable.

What does *historical* mean?

Historical is an adjective that can be defined as "of, pertaining to, treating, or characteristic of history or past events." For example: *when he was going through the garage, he found some historical documents from World War II in what he thought were just boxes of junk.*

Historical can also refer to something that is "based on or reconstructed from an event, custom, or style from history." For example: *the theater company invested a huge amount of time and money to ensure the historical costumes were as authentic as possible.*

How to use each word

Words pairs like *historic* and *historical* originally had similar meanings. Over time, how we use them has changed. (See also economic vs economical.) Today, we use *historic* to describe something important from the past, while *historical* tends to refer to something from a previous time. So, they aren't really synonyms after all.

图 4-46　Dictionary 中易混词语辨析的详情界面

5. 如何利用 Dictionary 辅助写作？

（1）点击主界面上方导航栏中 Writing 模块下的 Writing Tool，进入写作工具界面，输入或使用 Ctrl+V 粘贴文本内容，在上方工具栏可进行简单格式修改：加粗、变斜体或加下划线，如图 4-47 所示。

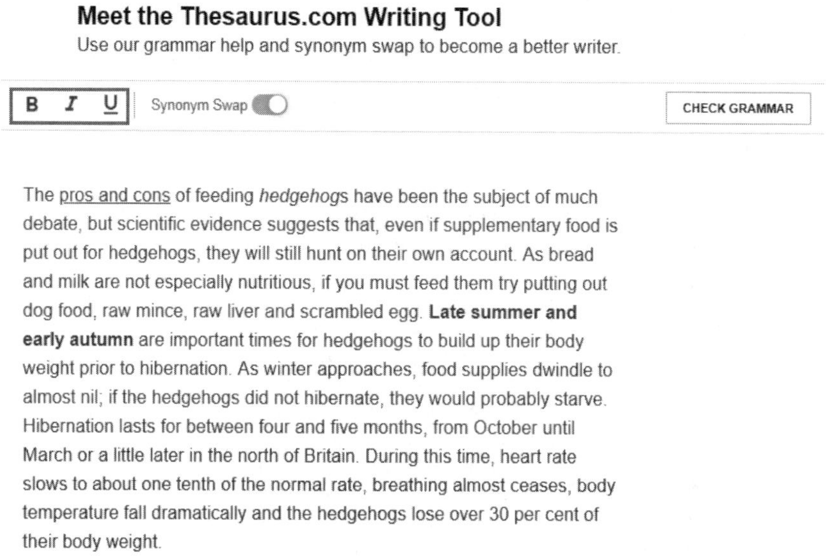

图 4-47　Dictionary 中的写作工具界面

（2）点击开启 Synonym Swap 功能，鼠标悬停在相应单词上可查询该词的同义词，以供替换参考，如图 4-48 所示。

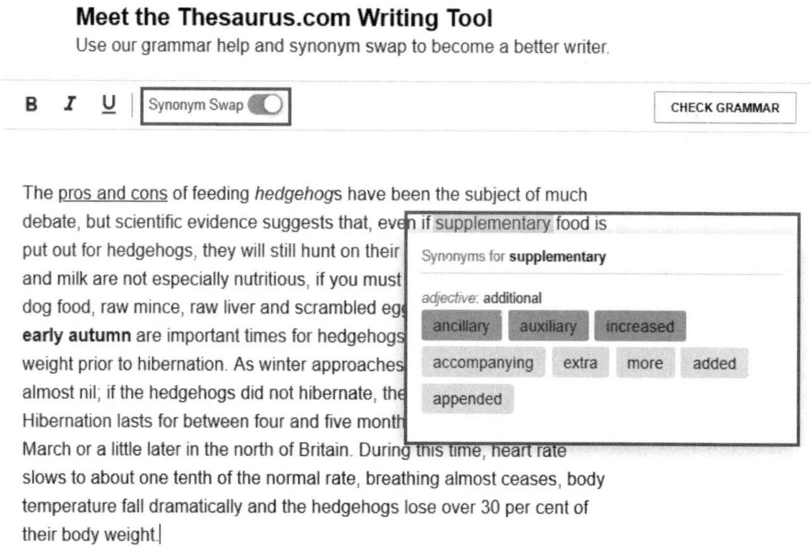

图 4-48　Dictionary 中的写作同义替换界面

（3）点击右侧 CHECK GRAMMAR，可进行语法检查。若有问题，上方会显示错误条目数，错误之处会有橙色下划线突出显示，鼠标悬停到该处会显示修改意见，点击包含正确用词的红色按钮即可自动修改，如图 4-49 所示。

图 4-49　Dictionary 中的写作语法检查界面

二、The Free Dictionary

（一）系统介绍

The Free Dictionary[①] 是集合多种信息的在线词典和百科全书网站，是美国 Farlex, Inc. 旗下的词典网站。本词典支持多种语言，内容涵括词典、同义词词典、医学词典、法律词典、金融词典、首字母缩略词、习语、百科全书和维基百科等内容。The Free Dictionary 主界面如图 4-50 所示。

---

① https://www.thefreedictionary.com/.

第四章·词典搜索

图 4-50　The Free Dictionary 主界面

（二）案例演示

1. 如何查询"repudiate"的同义词图解？

（1）在主界面的搜索框中输入"repudiate"进行查询，点击"Thesaurus"，即可查询单词结果，如图 4-51 所示。

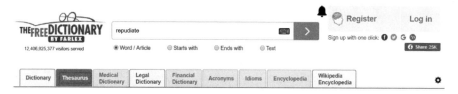

图 4-51　The Free Dictionary 中"repudiate"的查询界面

（2）单词查询结果以动态图解的方式从中心向外呈现，清晰直观地显示出单词所关联的同义词，该同义词下又有一些相关的同义词和反义词，绿色圆形代表单词的同义词，红色正方形代表单词的反义词，图中所有的蓝色单词都可进一步点击，点击后将直接显示被点击单词的单词图，如图 4-52 所示。

139

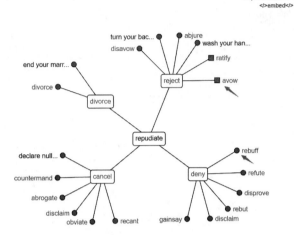

图 4-52　The Free Dictionary 中"repudiate"的同义词图解

（3）页面向下拉动，可继续查看"repudiate"的同义词，点击三角形的小图标可进行自由缩放，查询单词的同义词和反义词，点击"Collins""Roget's"或"Wordnet"，可选择不同词典查询该词的同义词，点击列表中的单词，系统自动跳转页面，也可快速查询该列表中单词的同义词，如图 4-53 所示。

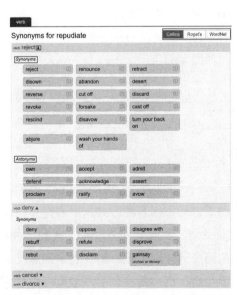

图 4-53　The Free Dictionary 中"repudiate"的同义词查询结果

2. 如何利用单词前缀和后缀查询相关英语词汇？

（1）搜索框中输入前缀"penta-"，点击"Starts with"进行查询，即可查询前缀相关英语词汇结果，如图 4-54 所示。

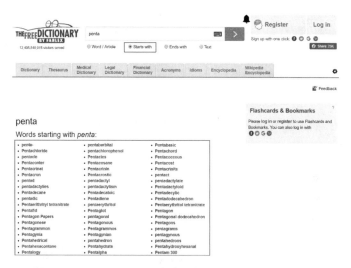

图 4-54　The Free Dictionary 中前缀"penta-"的查询结果

（2）搜索框中输入后缀"ologist"，点击"Ends with"进行查询，即可查询后缀相关英语词汇结果，如图 4-55 所示。

图 4-55　The Free Dictionary 中后缀"-ologist"的查询结果

3. 如何查询特定领域的词汇释义？

（1）医学领域。搜索框中输入"reflex"，点击"Medical Dictionary"进行查词，如图 4-56 所示。

图 4-56　Medical Dictionary 中"reflex"的查询界面

然后，即可查看单词在医学领域的释义和相关内容，查询结果文本中的任意单词，鼠标都可点击查询该单词释义，系统会自动跳转所点击单词的释义界面，如图 4-57 所示。

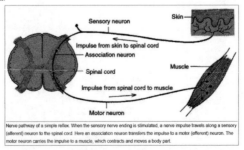

图 4-57　Medical Dictionary 中"reflex"的查询结果

（2）法律领域。搜索框中输入"mediation"，点击"Legal Dictionary"进行查词，即可查询单词在法律领域的释义及相关内容，如图 4-58 所示。

图 4-58　Legal Dictionary 中"mediation"的查询结果

（3）金融领域。搜索框中输入"arbitrage"，点击"Financial Dictionary"进行查词，即可查询单词在金融领域的释义及相关内容，如图 4-59 所示。

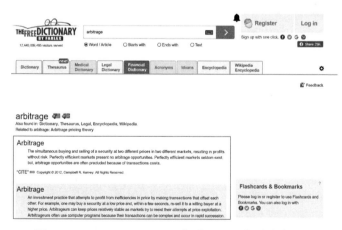

图 4-59　Financial Dictionary 中"arbitrage"的查询结果

4. 如何查询首字母缩略词"ADD"在特定类别下的全称？

（1）搜索框中输入首字母缩略词"ADD"，点击"Acronyms"进行查词，如图4-60所示。

图4-60　The Free Dictionary 中首字母缩略词"ADD"的查询界面

（2）按上述操作即可查看查询结果，点击三角形小图标，可查看缩略词在不同分类之间的全称，例如查询组织类别下的"ADD"全称，鼠标可直接点击"Organizations"，即可查看结果，并显示缩略词的数量，如图4-61所示。

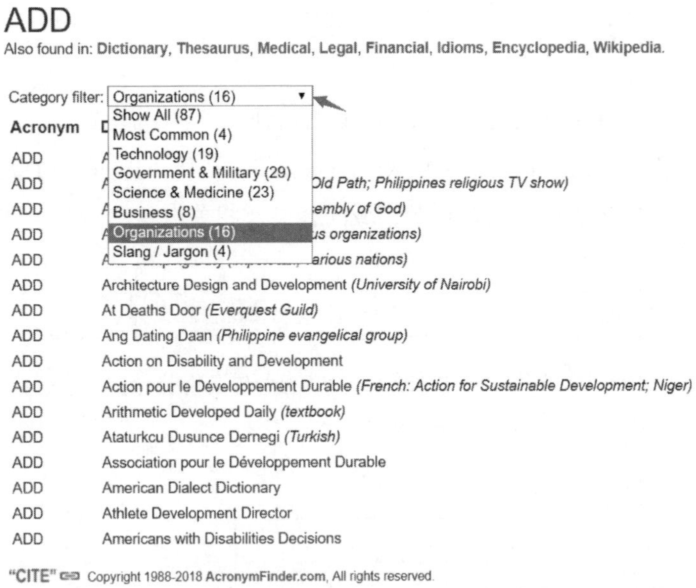

图4-61　The Free Dictionary 中首字母缩略词"ADD"在不同分类下的查询结果

5. 如何查询习语"break a leg"的释义？

（1）搜索框中输入"break a leg"，点击"Idioms"进行查词，如图

4-62 所示。

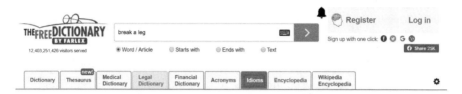

图 4-62 The Free Dictionary 中习语“break a leg”的查询界面

（2）查询结果不仅包括该习语的释义和例句，还标注出词典引用的名称和版本，如图 4-63 所示。

break a leg

A phrase of encouragement typically said to one who is about to perform before an audience, especially a theater actor. It is thought to be used due to the superstition that wishing one "good luck" will result in the opposite, but the exact origin of the phrase is unknown.

You all look great in your costumes! Break a leg!

See also: **break**, **leg**

"CITE" Farlex Dictionary of Idioms. © 2015 Farlex, Inc, all rights reserved.

Break a leg!

Fig. Good luck! (A special theatrical way of wishing a performer good luck. Saying "good luck" is considered by actors to be a jinx.) *"Break a leg!" shouted the stage manager to the heroine. Let's all go and do our best. Break a leg!*

See also: **break**

"CITE" McGraw-Hill Dictionary of American Idioms and Phrasal Verbs. © 2002 by The McGraw-Hill Companies, Inc.

break a leg

1. Fracture one or more leg bones, as in *She fell down the stairs and broke her leg in two places*. [c. a.d. 1000]

2. Good luck! as in *Play well, Rob-break a leg!* The origin of this imperative to a performer about to go onstage is unclear; it may have been a translation of the German *Hals und Beinbruch* ("Break your neck and leg"), also of unknown origin. Equally mysterious is the Italian equivalent, *In bocca di lupe*, "Into the mouth of the wolf." [c. 1900]

See also: **break**, **leg**

"CITE" The American Heritage® Dictionary of Idioms by Christine Ammer. Copyright © 2003, 1997 by The Christine Ammer 1992 Trust. Published by Houghton Mifflin Harcourt Publishing Company. All rights reserved.

break a leg

People say **break a leg** to a performer who is about to go on stage as a way of wishing them good luck. *Jason sent Phillip a fax before Monday's show, with the greeting: `Break a leg and enjoy yourself.'* Note: Many performers consider that it is unlucky to say `good luck' directly to anyone. Instead, they pretend to wish them bad luck.

See also: **break**, **leg**

"CITE" Collins COBUILD Idioms Dictionary, 3rd ed. © HarperCollins Publishers 2012

图 4-63 The Free Dictionary 中习语“break a leg”的查询结果

三、Glosbe

（一）系统介绍

　　Glosbe[①] 是在波兰创立的一款免费的在线词典，涵盖包括英语、德语、意大利语等 2000 多个语种，提供词汇、短语的查询功能，并且提供翻译记忆库检索功能。其中，前两种功能是用户最常使用的。此外，用户还可以找一些词语，上传自己拥有的语言资料。Glosbe 词典主界面如图 4-64 所示。

图 4-64　Glosbe 词典主界面

（二）案例演示

　　1. 用户如何添加自己的语言资料？

　　（1）点击"添加翻译"按钮，如图 4-65 所示。

图 4-65　Glosbe 词典中点击添加语言资料的按钮

---

① https://zh.glosbe.com/.

（2）在弹出界面的相应区域输入对应的语言资料，输入完成后，点击"新增翻译"，如图 4-66 所示，即可完成添加；另外，用户再次查询时，在搜索结果中可以看到自己添加的内容。

图 4-66　Glosbe 词典中添加个人语言资料的界面

2. 如何查询单词"detour"的双语解释、相关短语和例句？

（1）在 Glosbe 主界面中，将源语言和目标语言分别设置为英文和德文，在搜索框中输入"detour"，点击后面的放大镜图标或按 Enter 键进入查询界面，如图 4-67 所示。

图 4-67　Glosbe 词典中的语言选择界面

（2）查询结果包括："detour"英德双语解释、相关短语与例句库，如图 4-68 所示。

图 4-68　Glosbe 词典中"detour"的查询结果

3. 如何在例句库中查询与"prevent"和"from"有关的例句？

（1）在主界面的搜索框中输入"prevent from"，默认查询搜索结果如图 4-69 所示，其中包括"prevention"等变体形式。

（2）默认查询结果的右上方有五个图标，如图 4-69 所示。选择第一个图标，显示只包含"prevent"和"from"的例句，如图 4-70 所示。

（3）若用户只想查看包含"prevent from"这个短语的句子，点击图中的下引号图标，则只显示包含短语"prevent from"的例句，如图 4-71 所示。

图 4-69　Glosbe 词典中与"prevent"和"from"相关的默认查询结果

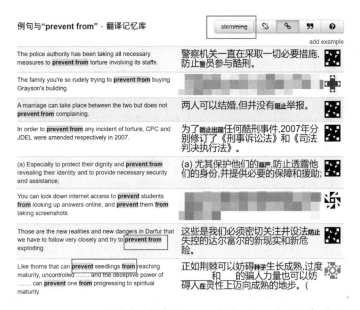

图 4-70　Glosbe 词典中只包含"prevent"与"from"的例句结果

图 4-71　Glosbe 词典中只包含"prevent from"短语的例句结果

4. 如何利用词典的翻译记忆库功能选择合适的词汇进行搭配？

（1）用户选择"whet"一词表达"提高……的兴趣"，而"兴趣"有"appetite""interest"等可以选择，这时，用户就可以使用记忆库，筛选出与"whet"最合适最常用的搭配。在搜索框中输入"whet the appetite"，查询结果如图 4-72 所示。

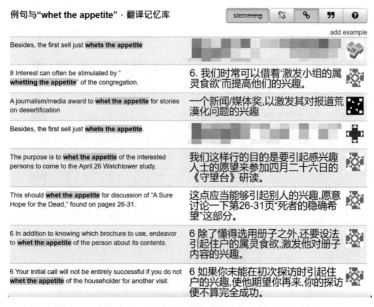

图 4-72　Glosbe 词典中"whet the appetite"的查询结果

（2）再次输入"whet interest"，查询结果如图 4-73 所示，经过查询结果分析，可知"appetite"是更为合适的搭配。

图 4-73　Glosbe 词典中"whet interest"的查询结果

四、Collins

（一）系统介绍

Collins[①] 是一款在线英语词典，该词典所有资源均来自于柯林斯独一无二的语言资料库（被称为 Collins Word Web），具备查询单复数形式、同义词、词汇搭配、形近词、词频等功能，该词典用完整的英文自然句子解释词条，以反映单词在语境中的典型意义及用法。Collins 词典主界面如图 4-74 所示。

---

① https://www.collinsdictionary.com/.

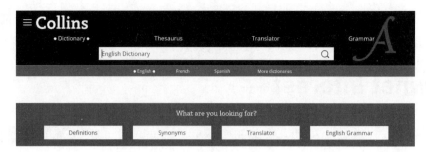

图 4-74　Collins 主界面

(二) 案例演示

1. 如何查询"pasture"在其他语言中的表达方式以及形近词?

(1) 打开 Collins 主界面,点击左上角以展开 Collins 功能列表,如图 4-75 所示。其中,Collins 中的功能都可以在该功能列表中搜索到,如图 4-76 所示。

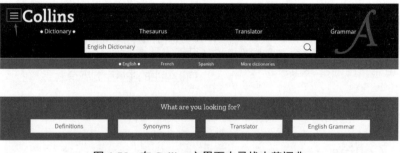

图 4-75　在 Collins 主界面中寻找中英词典

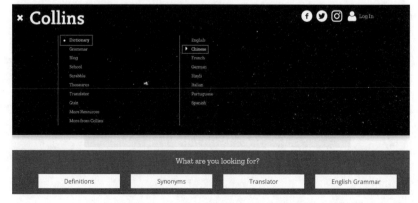

图 4-76　Collins 主界面中的功能列表

（2）在搜索框中输入"pasture"进行查询，在 Collins 的中英词典中查得"pasture"的中文释义，如图 4-77 所示。

图 4-77　Collins 中"pasture"的中文释义

（3）将网页下拉即见"pasture"在其他语言中的表达方式以及形近词，如图 4-78 所示。

图 4-78　Collins 中"pasture"的其他语言表达方式及其形近词

（4）通过点击下面带有虚线标记的词汇，当前界面会立即跳转至这一单词的释义详情界面，如图 4-79 所示。

图 4-79　在 Collins 中点击单词进入释义详情界面

2. 如何查询"gloomy"的同义词？

（1）在 Collins 的功能列表中找到英语同义词词典，如图 4-80 所示。

图 4-80　Collins 中的英语同义词词典

（2）在搜索框输入"gloomy"以查看其英式英语同义词，如图 4-81 所示。

图 4-81　Collins 中"gloomy"的英式英语同义词

（3）点击"American Thesaurus"并在搜索框重新输入"gloomy"以查看其美式英语同义词，如图 4-82 所示。

图 4-82　Collins 中"gloomy"的美式英语同义词

3. 如何查询"aural"的英语用法？

（1）在 Collins 的功能列表中找到英语用法词典，如图 4-83 所示。

图 4-83　Collins 功能列表中的英语用法词典

（2）在搜索框输入"aural"以查看其英语用法。点击右侧单词列表也可以查看相应的英语用法，如图 4-84 所示。

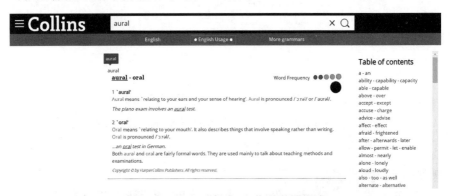

图 4-84　Collins 中"aural"的英语用法

4. 如何查询"abhor"的使用频率？

（1）在 Collins 的功能列表中找到数字资源，点击"Resources"以进入搜索界面，如图 4-85 所示。

图 4-85　在 Collins 功能列表中查找更多数字资源

（2）在搜索框输入"abhor"，点击"trends"以查看该词词频，如图 4-86 所示。点击"View usage for"右侧的下拉框菜单选择词频的时间范围。

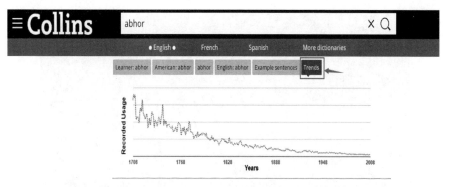

图 4-86　Collins 中"abhor"历年的使用频率趋势

（3）查找年限包括过去十年至过去三百年以及不限年份，如图 4-87 所示。

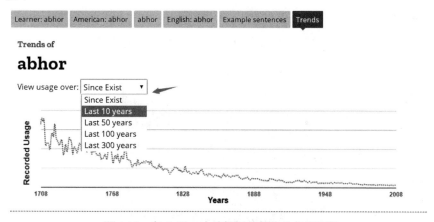

图 4-87　在 Collins 中选择词频趋势的年限区间

五、Visuwords

（一）系统介绍

Visuwords[①] 是由普林斯顿大学的学生以及语言研究人员基于该校词汇网络，采用思维导图的元素开发的开源数据库，作为一款免费的在线可视

---

① https://visuwords.com/.

化词典，可以为读者提供一张单词关系脉络网。Visuwords 词典主界面如图 4-88 所示。

图 4-88　Visuwords 主界面

Visuwords 使用不同颜色、样式的线条和不同颜色的球体，构成一个单词树状图。不同颜色和样式的线条代表不同的单词关系；不同颜色的球体代表不同的单词类型；不同的距离代表单词间不同程度的远近亲疏关系。线条式样以及球体颜色指代关系参考翻译如图 4-89 所示。

图 4-89　Visuwords 中线条样式以及球体颜色指代关系图

（二）案例演示

该词典的基础功能为：查询单语释义、查询同义词与反义词、查询从属关系词、查询因果关系词、查询定语、查询实例、查询分词、查询动词等。操作主要使用搜索框，输入需要搜索的单词，按下回车键或者点击搜索键即可，如图 4-90 所示。

图 4-90　Visuwords 的查询界面

1. 如何查看"bacteriostat"的家族词以及其英文释义？

（1）在搜索框中输入"bacteriostat"，按下回车键或点击搜索键，获取到"bacteriostat"的相关家族词，如图 4-91 所示。

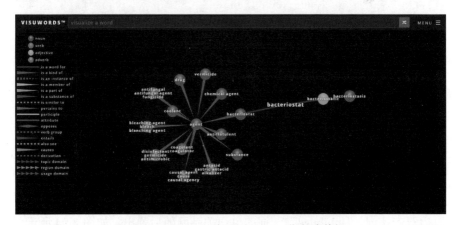

图 4-91　Visuwords 中"bacteriostat"的家族词

（2）将鼠标悬停在"bacteriostat"的单词球体上可查看英文释义，如图4-92所示。

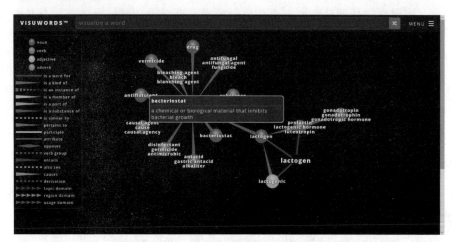

图4-92　Visuwords中"bacteriostat"的英文释义

2. 如何查询"withdrawn"家族词中的某个词的关系网？

（1）输入"withdrawn"，按下回车键或点击搜索键，查询到这个单词的家族词汇，如图4-93所示。

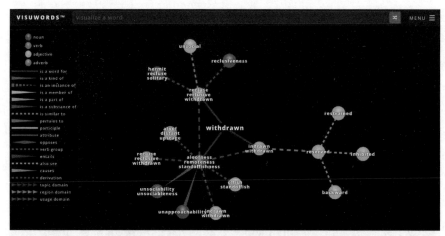

图4-93　Visuwords中"withdrawn"的家族词集

（2）在"withdrawn"的家族词中，查看到"inhibited"一词，可使用鼠标双击该词，"inhibited"一词的单词关系网随后弹出，如图4-94所示。

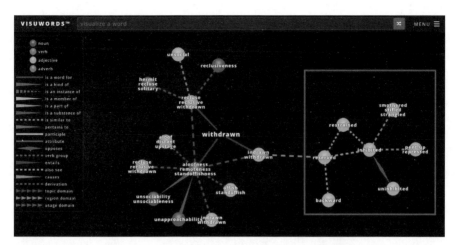

图 4-94　Visuwords 中"inhibited"的单词关系网

六、海词词典

（一）系统介绍

海词词典[①] 始创于 2003 年，是一个中文在线词典网站，它不仅提供英汉单词释义、精细讲解、词义辨析、优质例句等，还包括方言、缩略语和人名等。海词词典主界面如图 4-95 所示。

图 4-95　海词词典主界面

---

① http://dict.cn/.

(二)案例演示

1. 如何查询"menace"的词汇搭配?

(1)搜索框中输入"menace"进行查词,点击"目录">"例句",如图 4-96 所示。

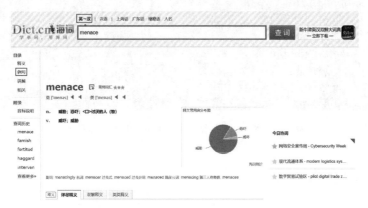

图 4-96　海词词典中"menace"的查询界面

(2)用例中包括"例句""常见句型""词汇搭配"和"经典引文",点击"词汇搭配",即可查询单词不同词性的搭配结果,如图 4-97 所示。

图 4-97　海词词典中"menace"的词汇搭配

2. 如何查询"pledge"的词义辨析和词源解说?

(1) 搜索框中输入"pledge"进行查词,点击"目录">"讲解">"词义辨析",即可查看词义辨析结果,点击小三角图标,也可对查询结果进行缩放,如图 4-98 所示。

图 4-98　海词词典中"pledge"的词义辨析

(2) 点击"词源解说",即可查询单词结果,如图 4-99 所示。

图 4-99　海词词典中"pledge"的词源解说

3. 如何查询"forsake"的近/反义词?

搜索框中输入"forsake"进行查词,点击"目录">"相关">"近反义词",即可查询单词的近义词和反义词,点击"查看更多",查询更多结果,如图 4-100 所示。

图 4-100　海词词典中"forsake"的近义词和反义词

4. 如何查询成语"穷兵黩武"的中文释义？

（1）点击"汉语"，查询界面提供汉语拼音、笔画顺序、和词义解释等，支持字词、成语、俗语谚语的中文的释义及出处等，如图 4-101 所示。

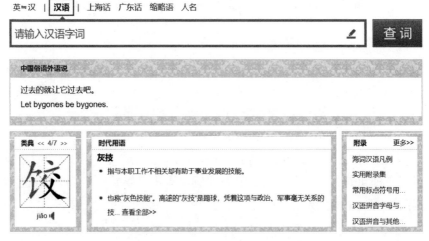

图 4-101　海词词典中汉语的查询界面

（2）搜索框中输入成语"穷兵黩武"进行查词，点击"成语解释"，即可查看成语释义，如图 4-102 所示。

图 4-102　海词词典中成语"穷兵黩武"的中文释义

第三节　手机版词典

手机版词典作为移动式的手机终端电子词典，体积小、携带便捷、词库容量大、查阅即时快速，并且部分词典实现云端搜索、跨平台查阅、记忆搜索与信息处理、离线搜索与查阅、文字、语音、图片等多媒体词典查询与学习方式等，功能不断优化。从词汇查询的基础查询功能到模糊查询等中高级功能，手机版词典从点到面，再到立体层面不断提升着用户的体验。本节将对剑桥高级英语学习词典和朗文当代高级英语词典进行介绍和案例实操演示。

一、剑桥高级英语学习词典

（一）系统介绍

剑桥高级英语学习词典（*Cambridge Advanced Learner's Dictionary*，

下称CALD）APP（iOS系统）是一款英英释义词典，由软件开发集团Paragon Software旗下电子词典开发公司Slovoed[①]开发而成，词典内容由Cambridge University Press（剑桥大学出版社）编撰。该词典支持离线查询。应用内置记忆卡片（Flash Cards），用户可添加需要记忆的单词至记忆卡片，以便后续抽认记忆。该词典主界面如图4-103所示。

图4-103　CALD主界面

（二）案例演示

搜索特色功能主要有：使用通配符进行搜索、近似单词推荐搜索、变位词搜索以及全文搜索。

1. 如何利用通配符进行模糊搜索？

（1）首先，点击搜索框旁的搜索图标，选择"ab?c"，出现搜索界面，如图4-104所示。

---

① slovoed.com。

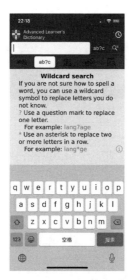

图 4-104　CALD 中通配符的搜索界面

（2）其次，本词典中通配符使用规则为：用"?"代替一个真正字母，用"*"代替两个或两个以上未知的真正字母。若查询单词"exhilarate"时忘记具体拼写，则可输入"ex?ilarate"，点击搜索，结果栏中将显示单词"exhilarate"，如图 4-105 所示。

图 4-105　CALD 中"ex?ilarate"的搜索结果

（3）若输入"ex*rate"，则搜索结果如图4-106所示。

图4-106　CALD中"ex*rate"的搜索结果

2. 如何使用近似单词推荐搜索功能？

（1）首先，点击搜索框旁的搜索图标，选择"abc~abd"，出现搜索界面，如图4-107所示。

图4-107　CALD中近似单词的搜索界面

（2）其次，假设用户忘记或打错"articulate"的正确拼写形式，词典会主动推荐相近的词，用户可以从推荐列表中选择自己想要查询的单词，如图 4-108 所示。

图 4-108　CALD 中"articolate"的近似单词搜索结果

3. 如何搜索变位词？

易位构词是一类文字游戏，是将组成一个词或短句的字母重新排列顺序，原文中出现过的所有字母都将出现重新排列，这样构造出另外新的词或短句，这些新词被称作"变位词"或"异序词"。

（1）首先，点击搜索框旁的搜索图标，选择"adcd"变序，出现搜索界面如 4-109 所示。

（2）其次，输入需要查询变位词的单词，这里以"silent"为例。搜索结果如图 4-110 所示。

图 4-109　CALD 中变位词的搜索界面

图 4-110　CALD 中"silent"的变位词搜索结果

4. 如何进行全文搜索？

（1）首先，点击搜索框旁的搜索图标，选择最右侧的"全文搜索"，界面如图 4-111 所示。

图 4-111　CALD 中全文搜索的界面

（2）其次，在搜索框输入"run"，搜索结果按"中心词""习语""动词短语""词组"的顺序展示，从而得以全面了解该单词。首先出现的是以"run"为中心词的搜索结果，图 4-112 所示。

图 4-112　CALD 中以"run"为中心词的全文搜索结果

（3）向下滑动搜索结果，出现"Idioms"字样时，就是含有"run"的习语界面，如图 4-113 所示。

图 4-113　CALD 中含有"run"的习语

（4）再往下是以"run"开头的动词短语，如图 4-114 所示。

图 4-114　CALD 中以"run"开头的动词短语

（5）最后显示的是含有"run"的词组，如图 4-115 所示。

图 4-115　CALD 中含有"run"的词组

二、朗文当代高级英语辞典

（一）系统介绍

朗文当代高级英语辞典，（*Longman Dictionary of Contemporary English*，下称 LDOCE），第一版于 1978 年发行。朗文当代高级英语辞典手机版 APP 由英国培生教育出版集团授权，外语教学与研究出版社和海笛联合开发。朗文当代高级英语辞典手机版 APP 内设短语大全、词语搭配、百科条目、图解词汇等专题栏目，可供不同客户群使用。以下案例基于手机版 APP 第六版展开。该手机版词典第六版（LDOCE6）的主界面如图 4-116 所示。

图 4-116　LDOCE6 主界面

（二）案例演示

1. 如何利用"模糊查"功能高效率查询陌生单词？

（1）在搜索界面点击右下角的"模糊查：*"，即可发现搜索框内出现"*"，如图 4-117 所示。

图 4-117 在 LDOCE6 中点击"模糊查:*"

（2）假设译者与他人交谈时，对方说出一个词"alkali"。该词生僻，属于译者的单词盲区。译者可以根据对方对该词的发音进行拼写猜测，例如，在搜索框中继续输入"lkali"，之后译者可以从推荐列表中找到"alkali"一词，如图 4-118 所示，并进而知晓该词意思为"碱"。

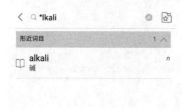

图 4-118 LDOCE6 中"模糊查 *"模式下"lkali"的搜索结果

2. 如何验证词汇在语境中的使用是否恰当？

（1）下拉朗文词典的初始界面，点击"词语辨析"，即可进入词语辨析界面，如图 4-119 所示。

（2）假设译者不确定"accuse"一词在语境中的使用是否恰当，点击"accuse"一词，即可进入 THESAURUS 词语辨析界面，查看与"accuse"词义相近的词（包括"accuse"）的中英文解释以及例句，如图 4-120 所示。通过对"accuse""allege""charge""indict"的中英文释义以及例句的分析，译者可以判断"accuse"一词在语境中的使用是否恰当。

图 4-119　LDOCE6 中的"词语辨析"界面

图 4-120　LDOCE6 中的 THESAURUS 词语辨析界面

3. 如何快速定位符合语境的释义？

（1）假设译者不理解"No report has appeared and no such agreements have been made-or are likely be, since there is no flicker of interest in droit de suite in US, Switzerland and China"一句中的"flicker"，译者可在 LDOCE 初始界面空白框内输入亟待查阅的词"flicker"，搜索结果如图 4-121 所示。

（2）然后，点击与词性"v"同一水平面上的大纲标识，释义将以大纲的形式展现，如图 4-122 所示。大纲的形式的释义与例句，方便译者快速找到与源文本中句意相近的含义。在本案例中，第 2 种解释最贴切。

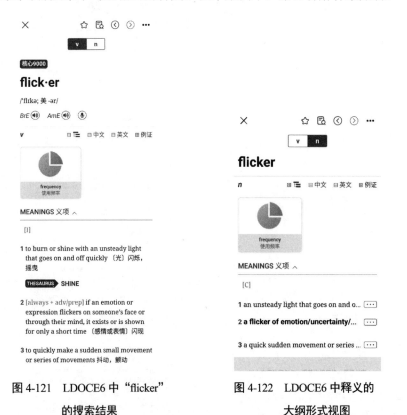

图 4-121　LDOCE6 中"flicker"　　　图 4-122　LDOCE6 中释义的
　　　　　　的搜索结果　　　　　　　　　　　　大纲形式视图

（3）最后，点击与大纲标识同一水平面上的"中文"，将隐藏中文释义，如图 4-123 所示；同理，点击"英文"将隐藏英文释义，如图 4-124 所示。利用隐藏功能快速定位与语境相符的英文释义，可更贴切地表达出该句中"flicker"的含义。

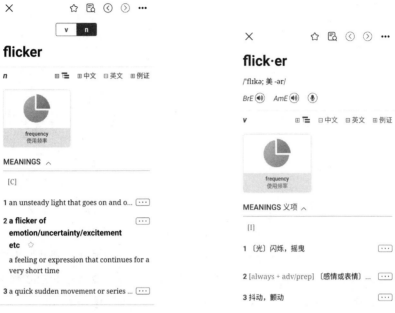

图 4-123　在 LDOCE6 中隐藏中文释义的结果视图

图 4-124　在 LDOCE6 中隐藏英文释义的结果视图

第五章　术语搜索

　　术语，是各门学科中的专业用语。有效的术语管理可以帮助个人或企业提升翻译效率，提高翻译质量。因此，术语管理已经成为语言服务中必不可少的一个环节。

　　术语库是术语管理的呈现形式，是用来记录、存储、分类、检索术语的数据库。术语库本质上就是对专业领域的知识进行整合，使该领域的表征更加有序化和规范化。在翻译项目中，术语库技术可为写作内容和翻译质量的一致性提供有力保障。

　　术语库的搜索功能更是化繁为简，实现了对海量数据的精准定位。通过搜索，用户不仅能查询到术语的定义，还可以得知其来源、出现频率等相应信息。同时，用户可根据自己的需求，设置年代、语言、领域等字段缩小搜索范围。

　　由于使用目的不同，各类术语库平台的搜索功能也不尽相同。例如，在 UNTERM（联合国术语库）中，用户能看到术语在联合国内部不同机构出现的频率、在不同主题内容中出现的频率等；在中国特色话语对外翻译标准化术语库中，用户可得到中国特色术语的定义、例句、多语种译文等。主流的术语库平台有 WIPO IP

PORTAL、European Union Language and Terminology[①]、TermWiki、Magic Search[②]、中国关键词[③]、中华思想文化术语库、术语在线等。除此之外，用户还可用 SDL MultiTerm 等术语管理软件导入术语库进行搜索。

本章将介绍 UNTERM、TermWiki、WIPO IP PORTAL、中华思想文化术语库和术语在线五个术语库平台的搜索功能以及基于 SDL MultiTerm 等软件的术语库创建与搜索流程。

[①] https://europa.eu/european-union/documents-publications/language-and-terminology_en.
[②] http://magicsearch.org/.
[③] http://www.china.org.cn/chinese/china_key_words/.

第一节　UNTERM

一、系统介绍

UNTERM[①]是联合国内部的官方多语种术语数据库，由联合国系统各主要工作地点和区域委员会共同维护。该数据库提供与联合国工作主题相关的术语和专业用语，它收集的术语主要源于联合国大会、安全理事会、经济及社会理事会、托管理事会等联合国主要机构日常文件。UNTERM主要收集与各类全球议题相关的术语，比如气候变化、民主、难民、反恐、可持续发展目标、非殖民化等主题。该术语库以内容独一性和权威性为亮点，提供联合国6种工作语言（英、法、俄、汉、阿、西）的术语对应搜索服务，并且还有德语和葡萄牙语条目。UNTERM网站的主界面如图5-1所示。

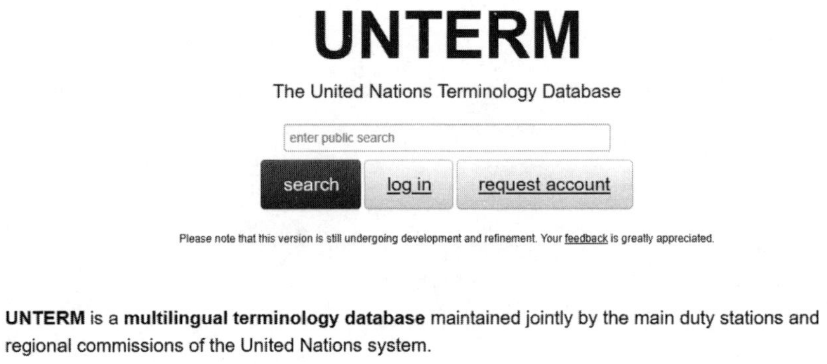

图5-1　UNTERM网站主界面

在正式搜索之前，可对网站进行功能设置。点击UNTERM主界面上方的"settings"功能键，如图5-2所示。

---

① https://unterm.un.org/.

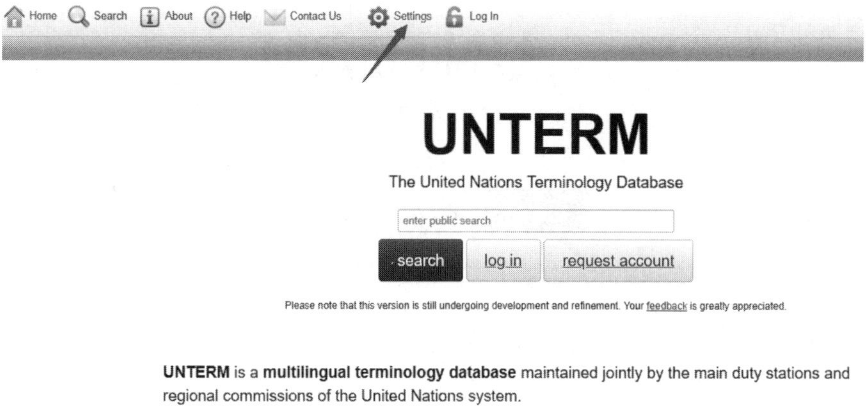

图 5-2　UNTERM 主界面上方的"Settings"功能键

选择好显示（display）和语言（languages）后，单击上方的"Update Default Settings"方可保存。设定界面如图 5-3 所示。

Settings

Update Default Settings

Display
☐ HighContrast　☐ Show all languages　☐ Expand all content

Languages
☑ English　☑ French　☑ Spanish　☑ Chinese　☑ Russian　☑ Arabic　☐ Portuguese　☐ Editorial　☐ German　☐ Other

图 5-3　在 UNTERM 中设定"Settings"功能键的规则

二、案例演示

（一）如何搜索术语的定义？

以"COVID-19"为例，输入待搜索的关键词，单击"search"键进行搜索，如图 5-4 所示。

图 5-4　在 UNTERM 中搜索关键词"COVID-19"

得到 6 种官方工作语言的搜索结果，如图 5-5 所示。

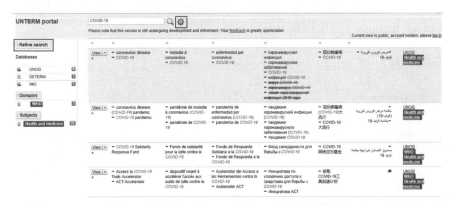

图 5-5　UNTERM 中"COVID-19"的搜索结果

通过单击搜索框右侧的"Settings"功能键和"Refine search"进一步细化检索结果。"Settings"功能键中提供了六种数据库：terms（术语）、acronyms（首字母缩略词）、phraseology（表达方式）、footnote（脚注）、full text（全文）、bilingual（双语），两种检索方法：all words search（精准检索）、fuzzy search（模糊检索）和八种可供选择的语言。同时可根据需要增加 high contrast（高对比度）和 exact phrase（精准词条）进行检索。"Settings"功能键中的设定在检索后会对应在"Refine search"中显示，如图 5-6 所示。

第五章 · 术语搜索

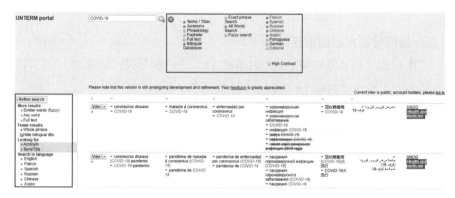

图 5-6　在 UNTERM 中细化搜索结果

单击"View"可以看到"COVID-19"不同语种的定义，如图 5-7 所示。图 5-8 展示了搜索到的"COVID-19"的定义。

图 5-7　在 UNTERM 的搜索结果中单击"View"查看定义

English	coronavirus disease　term　Note: For editorial purposes, "coronavirus disease (COVID-19)" at first mention; thereafter "COVID-19"
	Source: WHO web page (consulted 13 May 2020)
	COVID-19　short form
	Source: WHO web page (consulted 13 May 2020)
Definition	Official name given by World Health Organization to the 2019 coronavirus disease caused by the severe acute respiratory syndrome coronavirus 2. The short form stands for "coronavirus disease 2019", as the illness was first detected towards the end of 2019.
Remark　more	Not to be confused with coronavirus.
French	maladie à coronavirus　term　Note: Pour des raisons rédactionnelles, écrire « maladie à coronavirus (COVID-19) » en première mention, puis « COVID-19 ».
	Source: Allocution du Directeur général de l'OMS
	COVID-19　short form　Note: On écrira « la COVID-19 », au féminin.
	Source: Allocution du Directeur général de l'OMS
Spanish	enfermedad por coronavirus　term　Note: En la primera mención, úsese "enfermedad por coronavirus (COVID-19)". Luego puede utilizarse el acrónimo.
	Source: OMS, "Brote de enfermedad por coronavirus (COVID-19)" (consulta: 24 de marzo de 2020)　Ministerio de Sanidad (España), "Informe técnico: enfermedad por coronavirus, COVID-19" (17 de marzo de 2020)
	COVID-19　short form　Note: Por recomendación de la OMS, debería ir precedido de artículo femenino: la COVID-19.

图 5-8　UNTERM 中术语"COVID-19"不同语种的定义

(二) 如何搜索术语的来源？

在搜索"COVID-19"定义的基础上，进一步寻找术语来源。以英语语种为例，单击"WHO web page"，如图 5-9 所示。

图 5-9　在 UNTERM 的搜索定义页中单击"WHO web page"

得到结果表明"COVID-19"源自 WHO（世界卫生组织）官网的报道，如图 5-10 所示。图中呈现了"COVID-19"名称的由来，以及有关病毒命名的延伸阅读。报道左栏是有关新冠肺炎的系列报道。

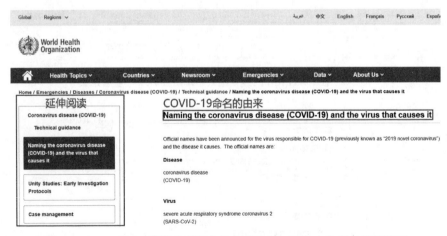

图 5-10 在 UNTERM 搜索定义页中单击"WHO web page"后的结果界面

(三) 如何搜索术语的词频？

通过关键词搜索，以"labour migration"为例。如图 5-11 所示，左侧显示了关键词在联合国内部的 Database（数据库）、Domain（领域）、Subject（主题）内容中出现的频率，且每条搜索结果的右侧均标注了对应来源。

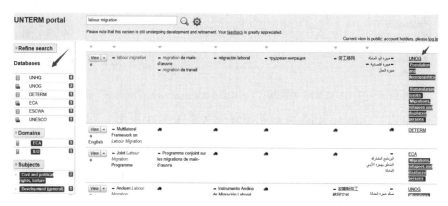

图 5-11　UNTERM 中"labour migration"的搜索结果

单击左侧分类可以对结果进一步细筛。单击"UNHQ"，可知"labour migration"一词在"UNHQ"数据库中出现过 4 次，如图 5-12 所示；"labour migration"在"Civil and political rights, torture"有关的话题领域中出现过 3 次，如图 5-13 所示。

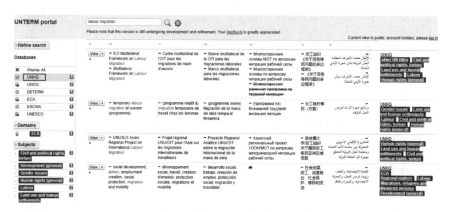

图 5-12　UNTERM 中"UNHQ"数据库的筛选结果

185

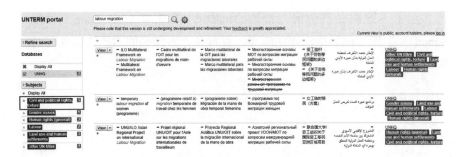

图 5-13　在 UNTERM 中选择"Civil and political rights, torture"的筛选结果

单击"Display All"可返回原界面(即图 5-11 页面),显示全部搜索结果,如图 5-14 所示。

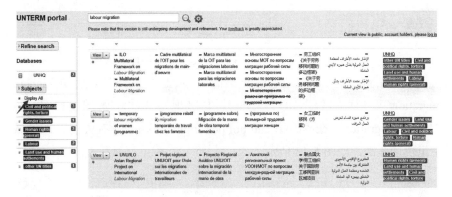

图 5-14　在 UNTERM 中单击"Display All"返回原界面

第二节　TermWiki

一、系统介绍

TermWiki 是由 CSOFT 华也国际[①]于 2010 年开发的一款基于云平台的术语门户网站,能以多种语言提供术语和类似百科全书的短语。该平台突显社交属性,允许用户按照不同领域自由查找、翻译术语,自行创建、定

---

① https://www.csoftintl.com/cn.

义术语，亦可浏览其他用户上传的词条术语。

TermWiki 网页版有四个主要功能，分别是"添加新词条""Add Blossary""翻译词条""TermWiki 翻译"如图 5-15 所示。其中，Blossary 是 TermWiki 特有的术语词条库；"翻译词条"是一个类似于众包模式的翻译平台，用户可以为平台里未经翻译的词条提供志愿翻译；"TermWiki 翻译"接入了一款付费翻译软件 Stepes，用户可通过此款软件进行在线翻译与在线聊天。

图 5-15　TermWiki 主界面

二、案例演示

（一）如何在 TermWiki 中使用"Advanced search"功能搜索术语？

打开 TermWiki[①] 主界面，点击右上角搜索按钮，进入筛选条件设置页面，如图 5-16 所示。

---

① http://cn.termwiki.com/.

图 5-16 在 TermWiki 中点击搜索按钮

在左侧关键词框内输入想要搜索的术语"industrial resource analysis";在中间的语言选项下拉选择目标语言"English(EN)";在右侧领域行业选项下拉选择"互联网";点击最右侧"Advanced search"按钮进行搜索,如图 5-17 所示。

图 5-17 在 TermWiki 中使用"Advanced search"筛选条件

获得搜索结果,按相关性排列,选择第一条结果,如图 5-18 所示。

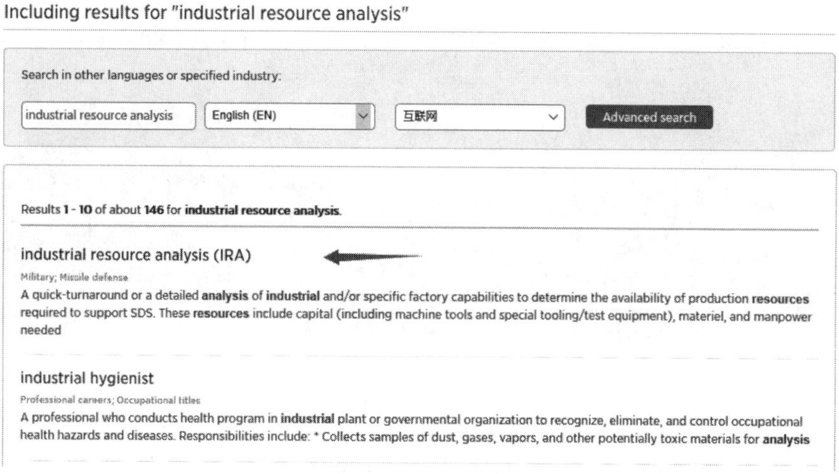

第五章 · 术语搜索

图 5-18　在 TermWiki 中选择 "industrial resource analysis" 的搜索结果

完成搜索，进入术语页面，查看术语定义和术语的所属信息，如图 5-19 所示。

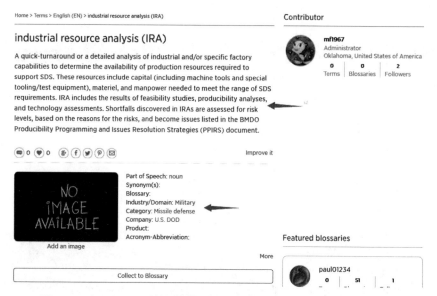

图 5-19　在 TermWiki 中查看术语 "industrial resource analysis" 的信息

（二）如何通过添加新词条功能创建术语？

在 TermWiki 主界面点击左下角 "添加新词条"，如图 5-20 所示。

图 5-20 在 TermWiki 主界面选择"添加新词条"

进入"添加新词条"页面,在第一栏词条名称内输入想要创建的术语,以"payoff matrix"为例,第二栏语言选择"English(EN)",如图 5-21 所示。

图 5-21 在 TermWiki"添加新词条"中输入术语名称并选择语言

在第三栏词性内选择"noun",如图 5-22 所示。在第四栏行业/领域内选择"Economy-Economics",如图 5-23 所示。

图 5-22 在 TermWiki"添加新词条"中选择术语词性

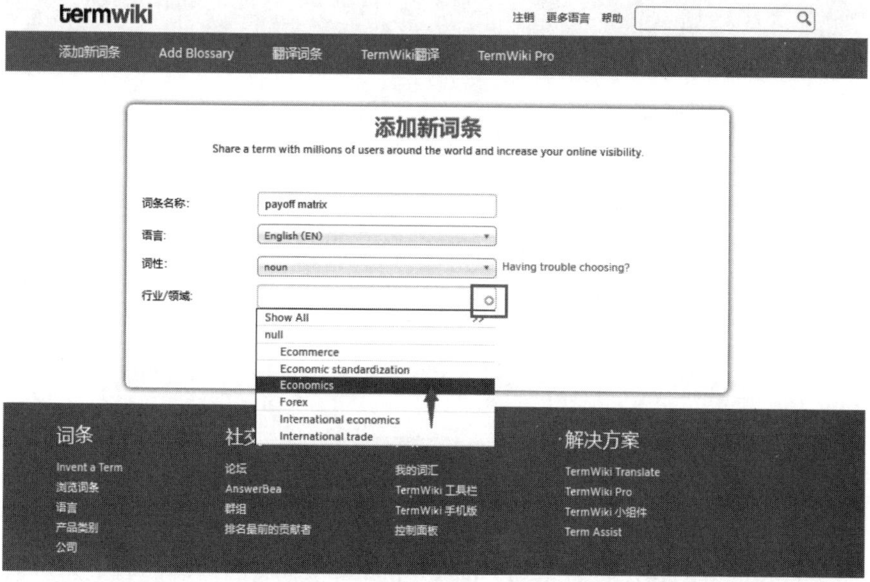

图 5-23 在 TermWiki"添加新词条"中选择术语的行业及领域

点击下方"Next"按钮进入创建的下一步，如图 5-24 所示。进入创建第二步，将提前准备好的术语定义粘贴至定义框内，其中，定义内容需大于等于 100 个单词，点击下方"Create"，如图 5-25 所示。

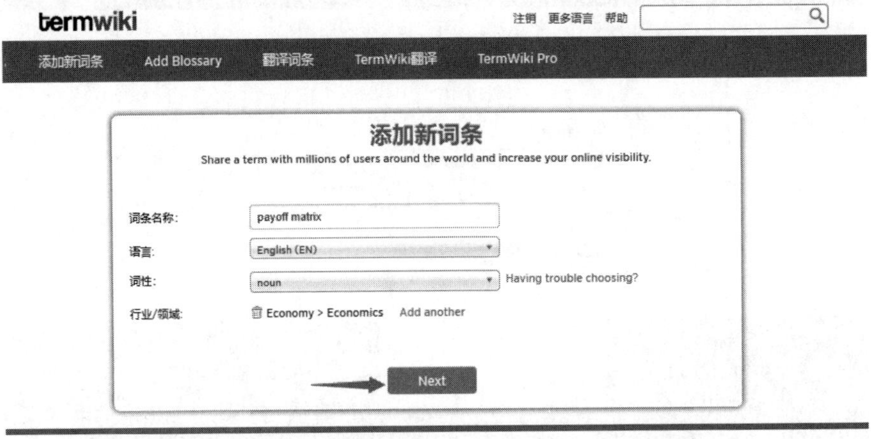

图 5-24　在 TermWiki "添加新词条"中完成术语创建第一步进入下一步

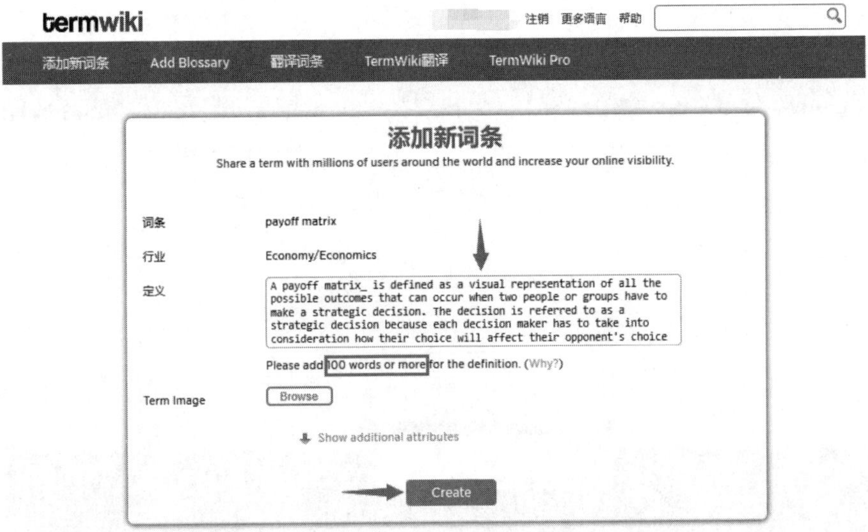

图 5-25　在 TermWiki "添加新词条"中为术语 "payoff matrix" 添加定义

完成术语创建，查看术语"payoff matrix"定义的内容，右上角可以看到创建者的信息，如图 5-26 所示。

第五章 · 术语搜索

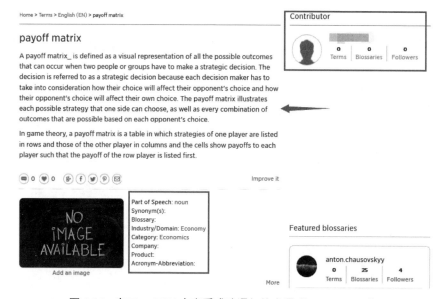

图 5-26　在 TermWiki 中查看成功添加的术语"payoff matrix"

（三）如何搜索自己创建的术语？

在 TermWiki 主界面的右上角搜索框内输入上一步创建好的术语"payoff matrix"，点击右边搜索按钮，如图 5-27 所示。

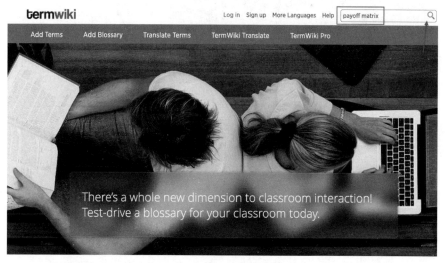

图 5-27　在 TermWiki 主界面中搜索新增术语"payoff matrix"

193

进入页面，即可查看术语"payoff matrix"的搜索结果，可以看到第一条结果为刚刚添加的术语，点击术语定义查看术语的具体信息，如图5-28所示。

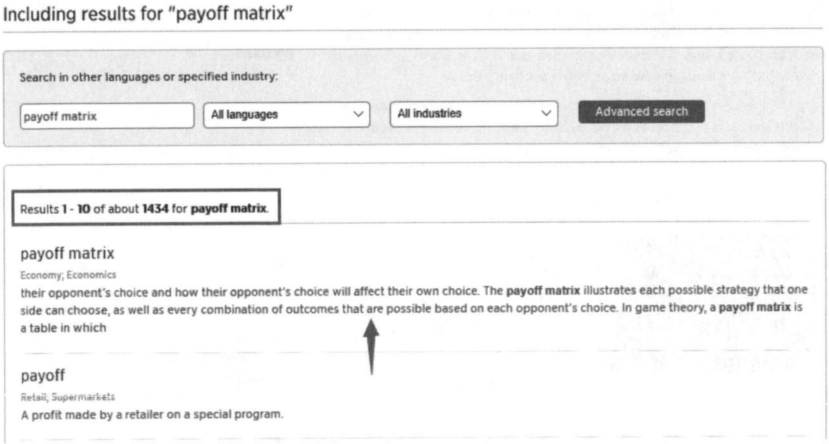

图 5-28　TermWiki 中新增术语"payoff matrix"的搜索结果

可以看到，上一步添加的术语"payoff matrix"的定义和相关内容已出现在网页上，即搜索成功，如图5-29所示。

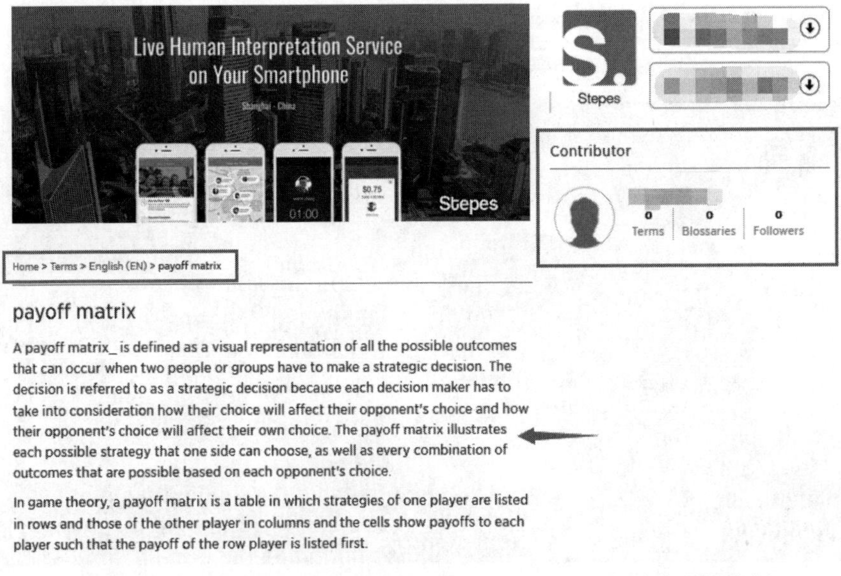

图 5-29　在 TermWiki 中查看新增术语"payoff matrix"的定义等信息

第三节　WIPO IP PORTAL

一、系统介绍

WIPO IP PORTAL[①]即知识产权门户网站，是由世界知识产权组织（WIPO）开发的一款全方位访问 WIPO 在线知识产权服务的一站式商店。WIPO 各服务体系的用户可免费注册一个账号并访问门户的所有内容，包括 PCT、马德里和海牙等注册服务。WIPO IP PORTAL 网站主界面如图 5-30 所示。

该门户网站内有一款"PATENTSCOPE"检索系统，涵盖《专利合作条约》（PCT）国际专利申请的全文文本，以及 PCT 参与国家、地区或组织的专利文献。同时，官方提供完整的视频指导教程供用户在线学习使用。

此外，该门户还提供"PEARL"多语言科技数据库服务，该数据库包含 WIPO PCT 申请中所含的所有专有名词，以及包含商标、工业设计等领域以及 WIPO 管辖下的其他条约中的专有名词，允许用户免费进行多语言专有名词查询，为用户检索专利文件的科技术语提供了便利。

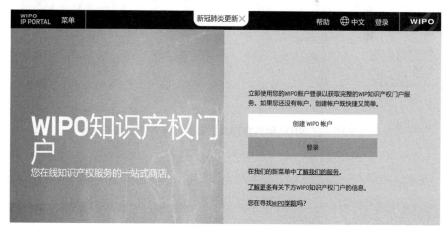

图 5-30　WIPO IP PORTAL 网站主界面

---

① https://ipportal.wipo.int/.

二、案例演示

(一) 使用 PATENTSCOPE 检索系统搜索术语

该系统有简单检索、高级检索、字段检索、跨语种扩展（跨信息 CLIR）和化合物检索五种功能，供用户免费使用，以检索专利术语。

1. 如何使用"简单检索"搜索专利术语的相关信息？

点击主界面左上角菜单，在下拉选项中选择 PATENTSCOPE，进入 PATENTSCOPE[①] 页面，如图 5-31 所示。即可看到"简单检索"功能，其允许用户通过首页、任意字段、全文、中文文本、识别码编号、国际分类号、名称、日期等选定字段进行搜索，以专利"Apparatus controlled by punched cards"为例，按"首页"字段搜索，点击右下角搜索按钮，如图 5-32 所示。

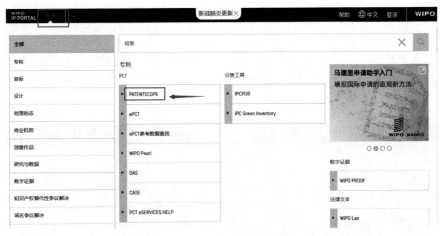

图 5-31 在 WIPO IP PORTAL 主界面打开 PATENTSCOPE

---

① https://patentscope2.wipo.int/search/zh/search.jsf.

第五章 • 术语搜索

图 5-32 在 PATENTSCOPE 中搜索专利 "Apparatus controlled by punched cards"

进入页面,得到专利搜索结果,可查看该专利的"国家著录项目数据""说明书""权利要求书"和"文件"等信息,如图 5-33 所示。

图 5-33 在 PATENTSCOPE 中查看专利术语的搜索结果

2. 如何使用高级检索功能搜索与关键词相关的专利?

在右上角检索栏找到"检索"按钮,下拉选择"高级检索"选项,进入高级检索界面,如图 5-34 所示。并在"检索内容"框内输入术语"引风式风轮机",如图 5-35 所示。

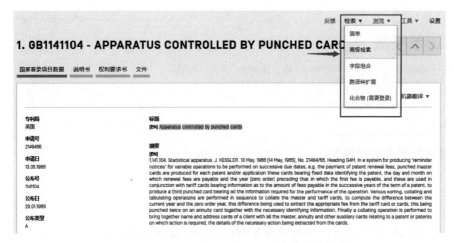

图 5-34 在 PATENTSCOPE 中打开高级检索界面

图 5-35 在 PATENTSCOPE 的高级检索中输入专利"引风式风轮机"

根据该专利的特点和搜索范围,在"专利局"一栏中选择地区为"亚洲和欧洲"分类下的"中国",如图 5-36 所示。在下方"语言"一栏中选择"中文",如图 5-37 所示。

第五章 · 术语搜索

图 5-36 在 PATENTSCOPE 的高级检索中选择专利局所属地区

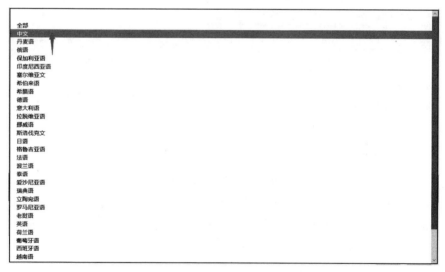

图 5-37 在 PATENTSCOPE 的高级检索中选择语言

点击右下角"检索"进行搜索，如图 5-38 所示。得到两条搜索结果，并可查看专利的"国际分类""申请号""申请人""发明人"和简介等信息，如图 5-39 所示。

翻译搜索指南

图 5-38　在 PATENTSCOPE 的高级检索中确定检索信息

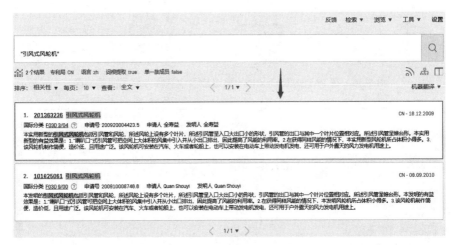

图 5-39　在 PATENTSCOPE 的高级检索中查看术语的搜索结果

3. 如何使用字段组合功能缩小专利术语的搜索范围？

以搜索"来自中国的申请人在 2019 年申请的有关机器翻译（Machine Translation）的专利信息"为例。点击右上角"检索"选项中的"字段组合"，如图 5-40 所示。

第五章·术语搜索

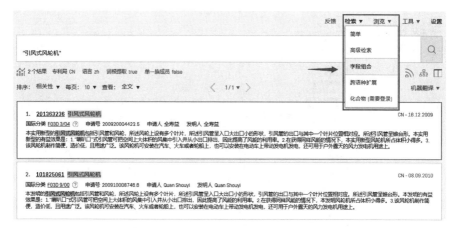

图 5-40 在 PATENTSCOPE 中打开字段组合

点击第二行字段的下拉按钮，选择"英语标题"字段，并在右侧"值"一栏内输入"Machine Translation"，如图 5-41 所示。

图 5-41 在 PATENTSCOPE 字段组合中输入"英语标题"字段

点击第三行字段的下拉按钮，选择"申请人国籍"，如图 5-42 所示。点击右侧问号图标，可查看输入字段的格式范例，并在右侧"值"一栏内输入"CN"，如图 5-43 所示。

201

图 5-42　在 PATENTSCOPE 字段组合检索中选择"申请人国籍"字段

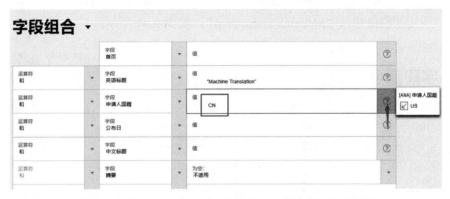

图 5-43　在 PATENTSCOPE 字段组合中查看输入格式范例

点击第五行字段的下拉按钮，选择"公布日"，并在右侧"值"一栏内输入"2019"，如图 5-44 所示。

图 5-44　在 PATENTSCOPE 字段组合中输入"公布日"字段

按所填写的字段行数，依次点击左侧的"运算符"选项，以设置不同筛选字段之间的关系，此处均选择"和"，如图 5-45 所示。

图 5-45　在 PATENTSCOPE 字段组合中选择"运算符"为"和"

点击字段组合检索页面右下角的蓝色"检索"按钮，确认术语的搜索范围并进行检索，如图 5-46 所示。

图 5-46 在 PATENTSCOPE 字段组合检索中选择"检索"按钮

检索后可查看到有关机器翻译专利的全部搜索结果,如图 5-47 所示。点击输入查询框左下方的"4 个结果"按钮,还可查看搜索出的专利信息的分析情况,如图 5-48 所示。

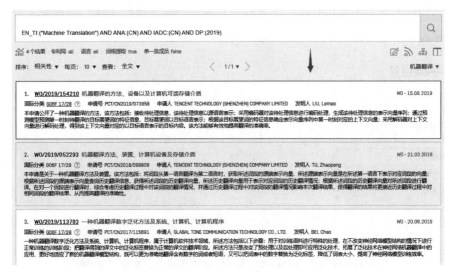

图 5-47 在 PATENTSCOPE 中查看机器翻译相关专利的搜索结果

图 5-48　在 PATENTSCOPE 的搜索结果中查看具体分析

4. 如何使用跨语种扩展功能搜索不同语种的专利信息？

点击右上角检索选项选择"跨语种扩展"，并在"检索内容"框内输入需要搜索的专利名称，以"speech recognition"为例，如图 5-49 所示。

图 5-49　在 PATENTSCOPE 的跨语种扩展中输入"speech recognition"

点击右侧"查询语言"，随意选择一门语言，以"英文"为例，点击右下角"检索"按钮，如图 5-50 所示。

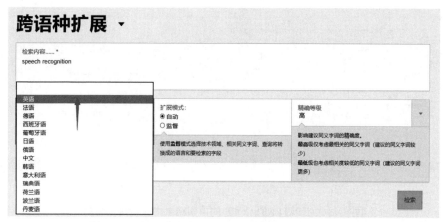

图 5-50　在 PATENTSCOPE 的跨语种扩展中选择语言

进入搜索结果页面，如图 5-51 所示，上方搜索框自动使用机器翻译将所搜索术语翻译为 14 种语言，由此筛选出跨 14 种语言的专利信息呈现在下方。

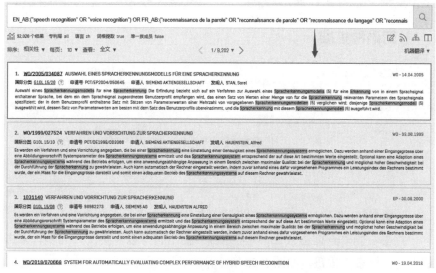

图 5-51　在 PATENTSCOPE 的跨语种扩展中查看搜索结果

（二）使用 WIPO PEARL 数据库搜索术语

该数据库含有两项检索功能，分别为"语言搜索"和"概念图搜索"。其中，"语言搜索"专利术语的范围覆盖阿拉伯语、中文、英语、法语、德语、日语、韩语、葡萄牙语、俄语及西班牙语等 10 种语言;"概念图搜索"则为用户提供各术语之间的可视化关联关系以及术语的上下文。

1. 如何使用"语言搜索"功能?

点击左上角菜单,在下拉选项内选择 WIPO Pearl,打开 WIPO Pearl 主界面[1],如图 5-52 所示。进入语言搜索,点击左下角"搜索选项",展开筛选条件,如图 5-53 所示。

图 5-52　在 WIPO IP PORTAL 中打开 WIPO Pearl

图 5-53　WIPO Pearl 主界面

---

[1]　https://www.wipo.int/reference/zh/wipopearl/.

在上方关键词栏内输入术语,以"光学触摸屏"为例,下方选择原始语言为"ZH"中文,目标语言为"EN"英文,技术领域选择对应的"AUDV"(音频、视听、图像和视频技术)领域,点击右下角应用完成筛选开始搜索,如图 5-54 所示。

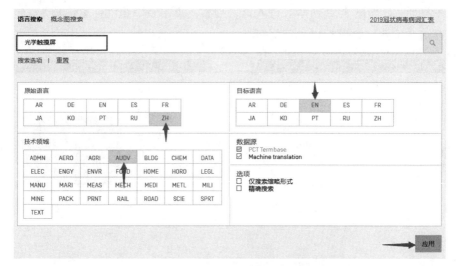

图 5-54　在 WIPO Pearl 语言搜索中设置搜索选项

查看术语搜索的结果,可以看到系统已自动将"光学触摸屏"机器翻译为目标语言"optical touch screen",如图 5-55 所示。

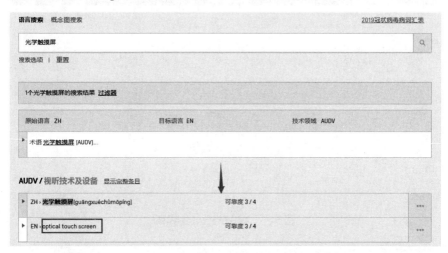

图 5-55　在 WIPO Pearl 语言搜索中查看"光学触摸屏"的搜索结果

点击"optical touch screen",即可查看该术语的相关信息,亦可在点击"在 PATENTSCOPE 中搜索""查看图片"和"显示概念图"进一步获取信息,如图 5-56 所示。

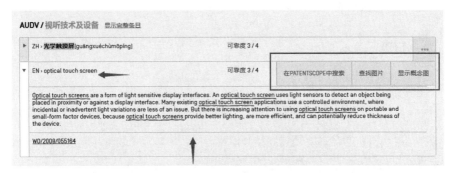

图 5-56　在 WIPO Pearl 语言搜索中查看更多术语相关信息

点击"AUDV/ 视听技术及设备"旁的"显示完整条目"按钮,如图 5-57 所示。打开完整条目页面向下滑动,可查看该术语的中文、英文、法文、日文和俄文等多语种信息,如图 5-58 所示。

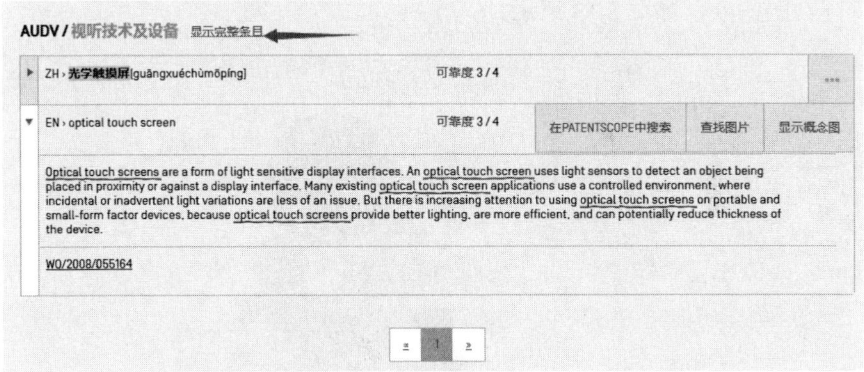

图 5-57　在 WIPO Pearl 语言搜索中选择"显示完整条目"

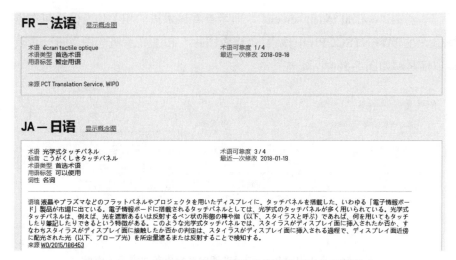

图 5-58　在 WIPO Pearl 语言搜索中查看术语的多语种信息

2. 如何使用"概念图搜索"查看科技术语的概念关系？

以"人工智能"领域的术语为例，在左上角选择"概念图搜索"进入页面，选择语言为"ZH"中文，在概念图内选定范围"DATA"（计算机科学与电信），如图 5-59 所示。

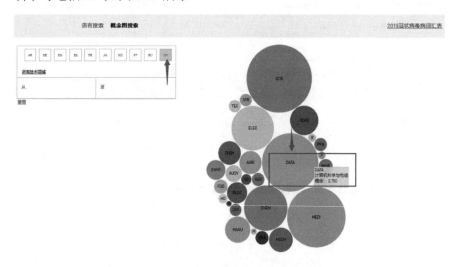

图 5-59　在 WIPO Pearl 概念图搜索中选定术语的语言和领域

进入"DATA"的子领域页面，选择目标领域"人工智能"，如图 5-60 所示。查看"人工智能"领域的相关科技术语的图谱关系，点击蓝色或红色圆点按钮，以"降维"为例，如图 5-61 所示。

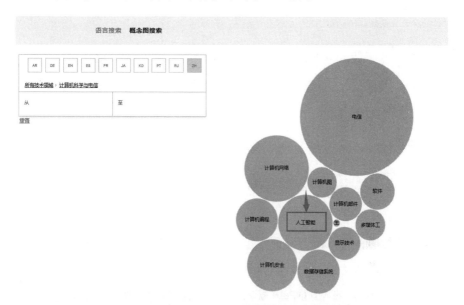

图 5-60 在 WIPO Pearl 概念图搜索中选定目标子领域

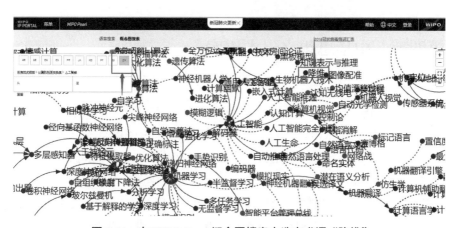

图 5-61 在 WIPO Pearl 概念图搜索中选定术语"降维"

点击"降维"查看该科技术语的完整条目和详细的多语种信息，如图 5-62 所示。

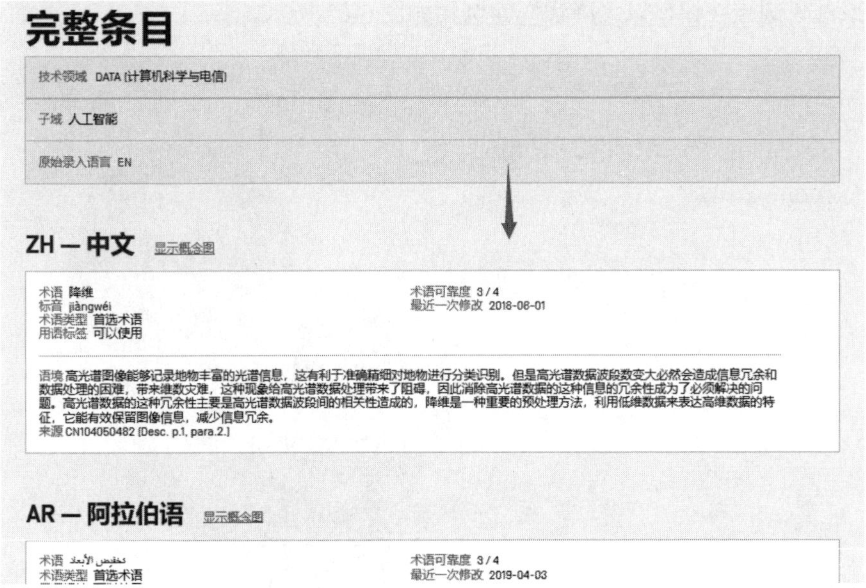

图 5-62　在 WIPO Pearl 概念图搜索中查看"降维"的详细信息

第四节　中华思想文化术语库

一、系统介绍

中华思想文化术语库①是国务院批准设立的"中华思想文化术语传播工程"的一大成果，建立并衍生出术语当代应用库、中医库和典籍库。该术语库中的术语提供汉语拼音、中文释义、外文释义、中文引例、中文引例释义、外文引例释义等信息，还设有标签、同异词库和相关词条等功能；全部术语均有中文和英文两个语言版本，并提供对应的录音，部分术语还提供西班牙语、尼泊尔语、马来西亚语、波兰语、阿尔巴尼亚语、马其顿语、罗马尼亚语和白俄罗斯语八个语种的翻译，其主界面如图 5-63 所示。

另外，该平台还设有新增术语、搜索排行和术语逻辑关系图等功能，

---

① shuyuku.chinesethought.cn/.

为从事翻译和对外文化传播的用户提供更多参考和帮助。

图 5-63　中华思想文化术语库主界面

二、案例演示

（一）如何搜索术语的中文出处、英文译文以及对应录音？

打开中华思想文化术语库主界面。在搜索框中输入"厚德载物"词条；点击右侧搜索键打开搜索页面，如图 5-64 所示。

图 5-64　在中华思想文化术语库搜索框中输入术语"厚德载物"

搜索到 9 条相关记录，按相关性选择第一条搜索结果，如图 5-65 所示。由此可得到该术语的引例出处、对应英文译文以及相关录音，如图 5-66 所示。

图 5-65　中华思想文化术语库中术语"厚德载物"的搜索结果

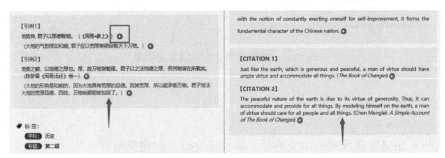

图 5-66　中华思想文化术语库中术语"厚德载物"的出处及译文

(二)如何搜索被引用术语的相关信息?

点击搜索键旁的"高级搜索"按钮,如图 5-67 所示。使用全站搜索功能,在方框内输入想要搜索的词汇,以术语"慎独"为例,勾选上方"术语当代应用库",点击右侧搜索键,如图 5-68 所示。

图 5-67　在中华思想文化术语库中选择"高级搜索"

第五章·术语搜索

图 5-68　在中华思想文化术语库中全站搜索术语"慎独"

点击第一栏搜索结果，即可查看领导人引用"慎独"一词的出处、地点、时间和译文等信息，如图 5-69 所示。

图 5-69　在中华思想文化术语库中查看全站搜索术语"慎独"的结果

（三）如何通过典籍库搜索比较术语的不同译法？

在关键词库中输入术语"君子不器"，在右侧选项中下拉勾选"典籍库"，点击右侧搜索键，如图 5-70 所示。

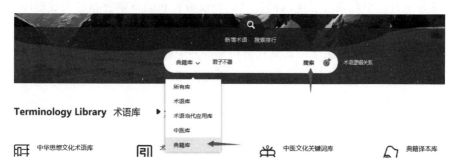

图 5-70　在中华思想文化术语库典籍库中搜索术语"君子不器"

215

得到搜索结果，选择第一条结果，下滑鼠标可查看术语"君子不器"的出处，比较不同中外译者翻译的英文译文，如图 5-71 所示。

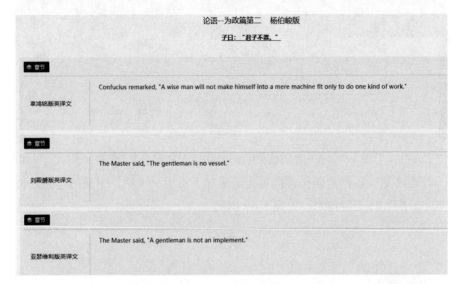

图 5-71　在中华思想文化术语库中比较术语"君子不器"的多个译本

第五节　术语在线

一、系统介绍

术语在线①是由全国科学技术名词审定委员会主办的权威性术语知识服务平台，平台聚合了全国科技名词委权威发布的审定公布名词数据库、海峡对照名词数据库和中央文献重要术语译文表等数据库，覆盖基础科学、工程与技术科学、医学、人文社会科学等各个领域。术语在线主界面页面包含最新动态、热词榜、术语服务、原文传递、热门术语库等功能。

---

① http://www.termonline.cn/index.htm

二、案例演示

（一）如何使用术语在线平台搜索术语？

此处以"水疗法"为例进行搜索。若要使搜索结果更精确，可以点击"相关性"右侧的"包含"或"精确"选项，其中"包含"选项下是包含目标术语在内的检索结果，"精确"选项下则只含有目标术语，如图 5-72 和图 5-73 所示。

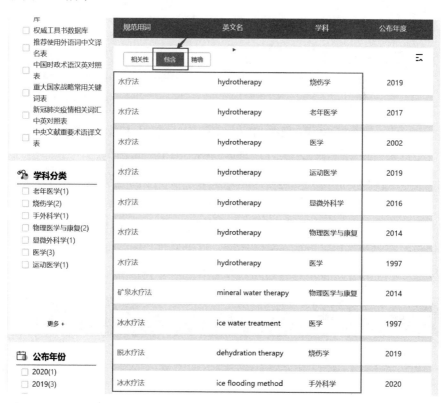

图 5-72 术语在线中"包含"选项下"水疗法"的检索结果

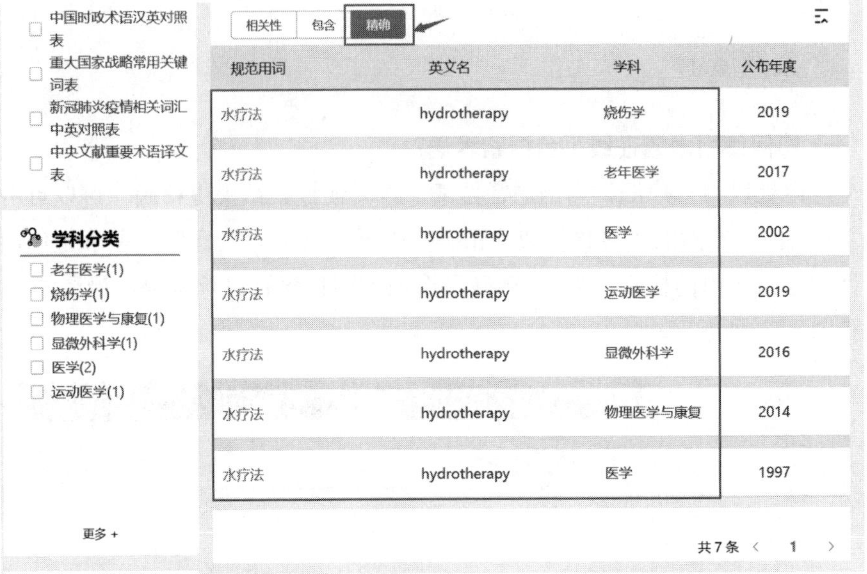

图 5-73 术语在线中"精确"选项下"水疗法"的检索结果

以术语搜索根据"相关性"排序为例，得出检索结果。

结果涵盖各个学科和公布年度，除了术语的中英文名外，还有各学科详细的术语定义，如图 5-74 所示；

图 5-74 右下角的"术语图谱"则是通过数据挖掘、语义分析和可视化技术构建的术语之间的关联关系网，可以通过"术语图谱"快速定位关键词所在学科、上下位词、相关词等术语，如图 5-75 所示。

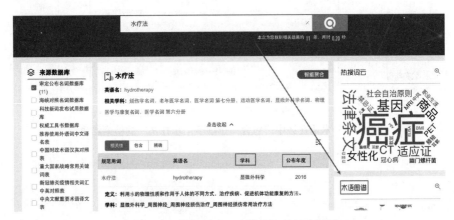

图 5-74 术语在线中"水疗法"的检索结果

第五章·术语搜索

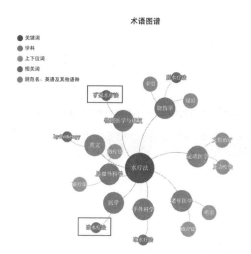

图 5-75　术语在线中以"水疗法"为关键词的术语图谱

此处以在图 5-75"术语图谱"中出现的"冰水疗法"和"矿泉水疗法"为例，通过单击术语可以查看更多的搜索结果，找到目标术语更精确的定义以及其他相关术语，如图 5-76 所示。

图 5-76　术语在线中"水疗法"及其相关术语的搜索结果

(二) 如何使用术语在线平台筛选术语?

以术语"displacement"为例进行搜索,由此得到术语的释义及相关学科,如图 5-77 所示。

图 5-77　术语在线中"displacement"的搜索结果

如果想搜索术语的数据库来源,可以点击页面左方"来源数据库"。此处以"权威工具书数据库"为例来筛选术语,如图 5-78 所示。

图 5-78　术语在线 - 权威工具书数据库中"displacement"的搜索结果

如果想搜索术语在某一特定学科中的释义及用法，可以点击页面左方"学科分类"选择学科。此处以船舶工程学科为例，结果中将只包含船舶工程学科的术语结果，如图 5-79 所示。

图 5-79　术语在线 - 船舶工程学科中"displacement"的搜索结果

如果要检索某一特定年份内目标术语的释义及用法，可以通过"公布年份"选项来选择具体年份，此处以"2020 年"为例来筛选"displacement"的最新释义及用法，如图 5-80 所示。

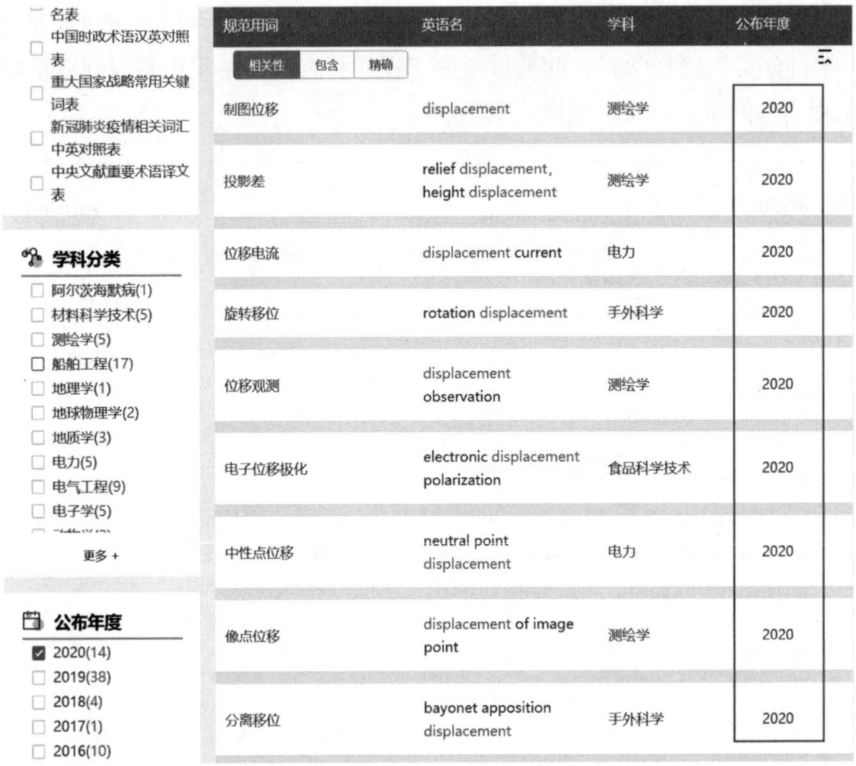
名表
中国时政术语汉英对照表
重大国家战略常用关键词表
新冠肺炎疫情相关词汇中英对照表
中央文献重要术语译文表
学科分类
阿尔茨海默病(1)
材料科学技术(5)
测绘学(5)
船舶工程(17)
地理学(1)
地球物理学(2)
地质学(3)
电力(5)
电气工程(9)
电子学(5)
更多 +
公布年度
2020(14)
2019(38)
2018(4)
2017(1)
2016(10)
规范用词
英语名
学科
公布年度
相关性
包含
精确
制图位移
displacement
测绘学
2020
投影差
relief displacement, height displacement
测绘学
2020
位移电流
displacement current
电力
2020
旋转移位
rotation displacement
手外科学
2020
位移观测
displacement observation
测绘学
2020
电子位移极化
electronic displacement polarization
食品科学技术
2020
中性点位移
neutral point displacement
电力
2020
像点位移
displacement of image point
测绘学
2020
分离移位
bayonet apposition displacement
手外科学
2020

图 5-80　在术语在线中筛选“displacement”在特定年份公布的检索结果

第六节　术语库的创建与搜索

除了在 UNTERM、TermWiki、WIPO IP PORTAL、中国思想文化术语库、术语在线等网站进行术语搜索外，具备创建和使用术语库的能力对于翻译工作者也十分重要，这有助于保证源语言和目标语言中的术语一致性，提高翻译效率。术语库从无至有的完整过程包括术语的提取、转换和搜索这三个环节，其中创建术语库的过程即提取和转换术语数据。主流的术语管理工具包括 SDL MultiTerm[①]、TermStar[②]、crossTerm Web[③] 等。本节将重点介绍利用 SDL MultiTerm 及其组件、语帆术语宝、Tmxmall 在线对齐等工具进行术语库的创建与搜索。

一、如何创建术语库？

（一）使用 SDL MultiTerm 创建术语库

SDL MultiTerm 是 SDL 的术语管理系统，其功能是集中储存和管理术语。SDL MultiTerm 分为 SDL MultiTerm Desktop（桌面版）和 SDL MultiTerm Server（服务器版），可与 SDL Trados Studio、SDL Passolo、Microsoft Word 以及其他第三方系统集成。下面以 SDL MultiTerm 2019 Desktop 为例，介绍创建术语库的步骤。

单击"主页"下方的"创建术语库"，如图 5-81 所示。

图 5-81　在 SDL MultiTerm 中创建术语库

选择术语库存放位置，设置术语库名称，如图 5-82 所示。

[①] http://www.sdltrados.cn/cn/products/multiterm-desktop/.

[②] https://www.star-group.net/en/home.html.

[③] https://www.across.net/en/online-help/als/terminology-management/crossterm-web.

图 5-82 在 SDL MultiTerm 中设置术语库保存位置和名称

弹出"术语库向导",单击"下一步"继续,如图 5-83 所示。

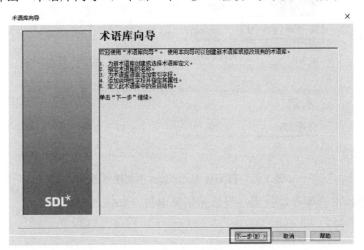

图 5-83 SDL MultiTerm 中的术语库创建向导主界面

进入"术语库定义"页面,一般选择"使用预定术语库模板",然后单击"下一步",如图 5-84 所示。若有插入图片、语音等其他需求,可选择"重新创建新术语库定义"。若已有术语库定义文件或已有术语库,也可选择后两个选项。

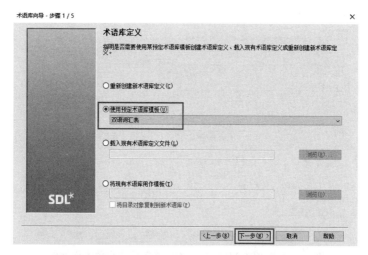

图 5-84　SDL MultiTerm 术语库向导中的术语库定义界面

根据个人需要，在"用户友好名称"处输入所设置的术语库名称，然后单击"下一步"，如图 5-85 所示。此处以设置为"demo"为例进行展示。

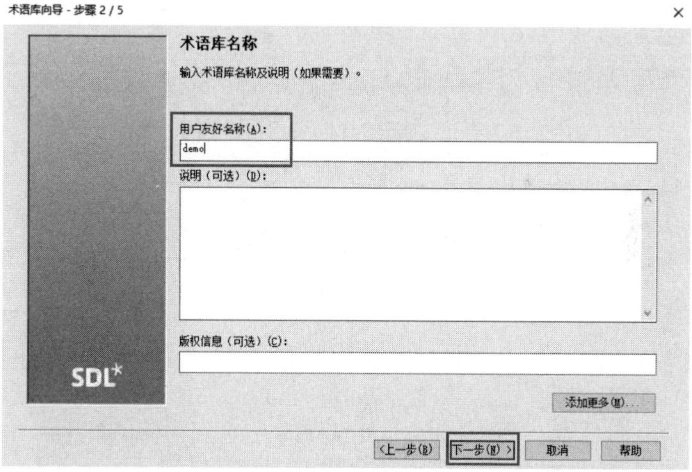

图 5-85　在 SDL MultiTerm 术语库向导中设置术语库名称

设置术语库索引字段。在"索引字段"页面的"语言"下拉列表进行选择，点击"添加"选择索引字段，依次加入术语库所使用的语言，可选是否显示子语言、是否区分大小写和是否忽略非字母字符，然后单击"下一步"，如图 5-86 所示。

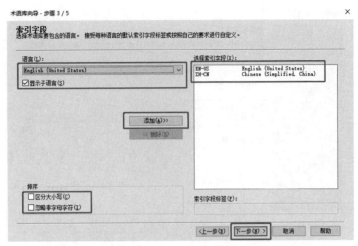

图 5-86 在 SDL MultiTerm 术语库向导中设置索引字段

设置术语库说明性字段。根据需要输入字段标签，单击"添加"，指定某字段标签为说明性字段，然后单击"下一步"，如图 5-87 所示。此演示暂不做进一步设置。

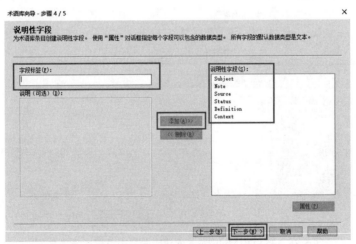

图 5-87 在 SDL MultiTerm 术语库向导中设置说明性字段

设置术语库条目结构。分别指定上一步所设置的可用说明性字段的条目结构。选定某说明性字段及其级别后，单击"添加"，指定其为 Entry level（条目级别）、Index level（语言级别）或 Term level（术语级别），然后点击"下一步"，如图 5-88 所示。

第五章 • 术语搜索

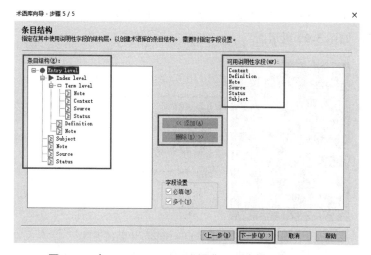

图 5-88　在 SDL MultiTerm 术语库向导中设置条目结构

单击"完成",完成术语库创建,进入术语库界面,如图 5-89 所示。

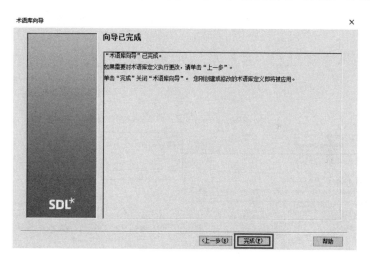

图 5-89 SDL MultiTerm 中术语库创建完成的界面

（二）使用 SDL Trados Studio 中的 MultiTerm 组件创建术语库

除了在 SDL MultiTerm 进行创建以外,使用 SDL Trados Studio 时也能在其 SDL MultiTerm 组件中创建术语库。下面以 SDL Trados Studio 2019 为例,介绍术语库创建步骤。

通过创建新项目以创建新术语库。点击"文件">"新建">"新建项目",如图 5-90 所示。

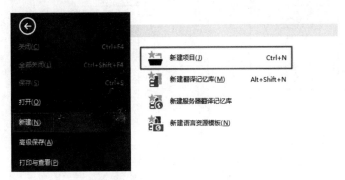

图 5-90 在 SDL Trados Studio 中新建项目

弹出"创建新项目"窗口。设置项目名称、保存位置、源语言和目标语言,添加项目文件并勾选所需文件,然后点击"下一步",如图 5-91 所示。

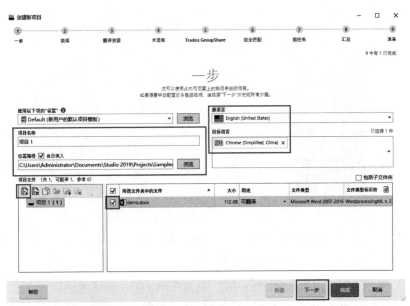

图 5-91 在 SDL Trados Studio 中设置新建项目的名称、语言、文件等信息

根据需要进行项目说明、客户、到期日等设置,然后点击"下一步",如图 5-92 所示。

图 5-92　在 SDL Trados Studio 中对新建项目进行常规设置

根据需要创建或使用翻译记忆库和自动翻译，完成后点击"下一步"，如图 5-93 所示。

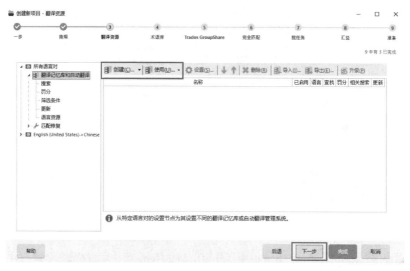

图 5-93　在翻译资源内创建或使用 SDL Trados Studio 翻译记忆库

进入"术语库"页面，点击"创建">"基于文件的新术语库"，进入术语库向导，如图 5-94 所示。

图 5-94　在 SDL Trados Studio 中创建基于文件的新术语库

剩余步骤请参照"（一）使用 SDL MultiTerm 创建术语库"的第 3 步至第 9 步。点击"下一步"，进入术语库创建工作流，如图 5-95 所示。

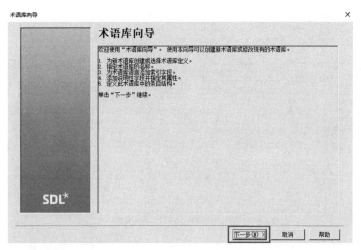

图 5-95　在 SDL Trados Studio 中打开 SDL MultiTerm 组件后的术语库创建向导

二、如何转换术语数据？

（一）使用 SDL MultiTerm Convert 转换术语表

SDL MultiTerm Convert 是 SDL MultiTerm Desktop 产品包的转换组件，

可将术语数据转换为 SDL MultiTerm 支持的 MultiTerm XML 格式。下面以 SDL MultiTerm 2019 Convert 为例介绍转换术语表的步骤。

在开始菜单找到并运行 SDL MultiTerm Convert。点击"下一步",如图 5-96 所示。

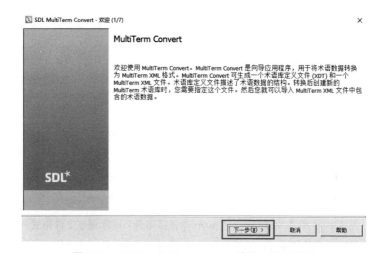

图 5-96 SDL MultiTerm Convert 使用向导主界面

进入"转换会话"页面,选择"新建转换会话",点击"下一步",如图 5-97 所示。

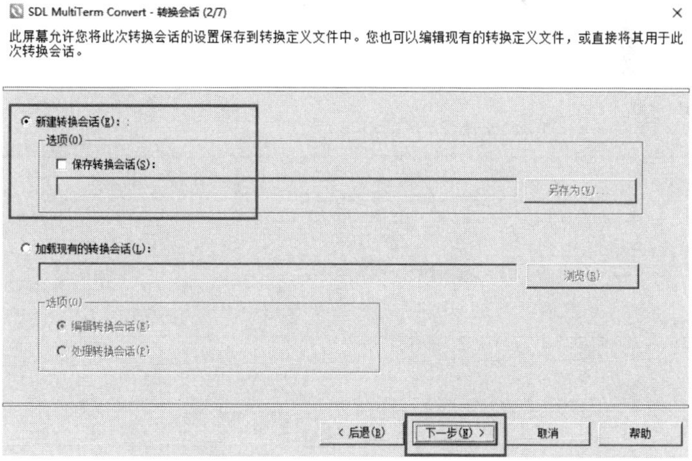

图 5-97 在 SDL MultiTerm Convert 中新建转换会话

选择待转换术语表的文件格式,然后点击"下一步",如图 5-98 所示。此处以 Microsoft Excel 格式文件为例进行导入演示。

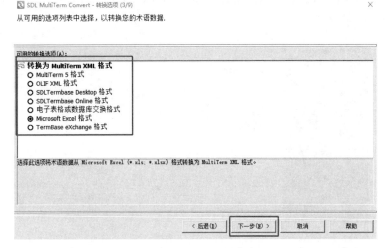

图 5-98 在 SDL MultiTerm Convert 中选择待导入的术语表文件格式

在"输入文件"处点击"浏览",选择待转换术语表文件,点击"下一步";系统自动生成"输出文件""术语库定义文件"及"日志文件"信息,如图 5-99 所示,也可按需对保存位置进行设置。

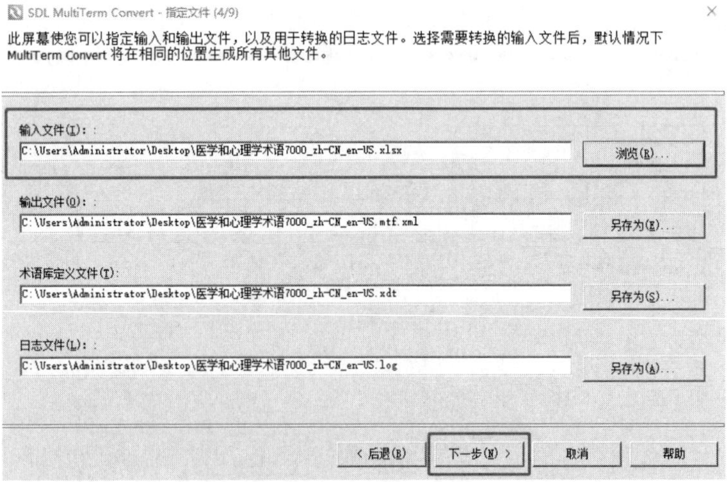

图 5-99 在 SDL MultiTerm Convert 中导入待转换术语表文件

指定术语表列标题字段为语言字段或说明性字段,点击"下一步",如图 5-100 所示。

图 5-100　在 SDL MultiTerm Convert 中设置待导入术语表的语言字段或说明性字段

若术语表中包含可用说明性字段,可添加条目结构,然后点击"下一步",如图 5-101 所示。

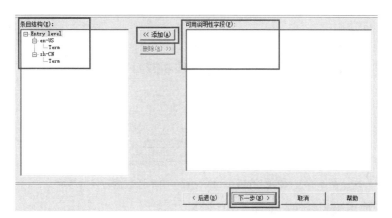

图 5-101　在 SDL MultiTerm Convert 中创建术语库条目结构

检查转换设置无误后,单击"下一步",如图 5-102 所示。

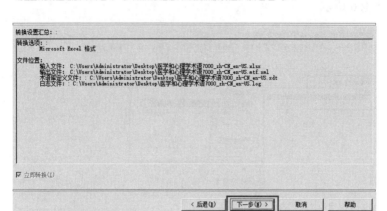

图 5-102　SDL MultiTerm Convert 中术语转换设置的汇总

等待术语数据转换完成后,单击"下一步",如图 5-103 所示。

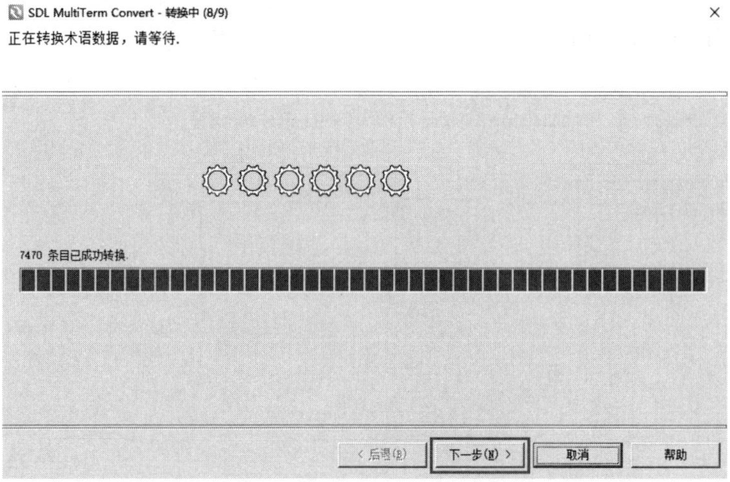

图 5-103　SDL MultiTerm Convert 中术语数据转换的界面

完成术语表转换,如图 5-104 所示。

第五章 · 术语搜索

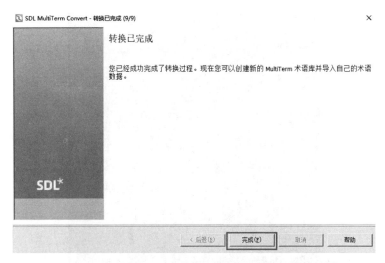

图 5-104　SDL MultiTerm Convert 中术语数据转换完成的界面

（二）使用 Glossary Converter 转换术语表

Glossary Converter 是 SDL 的一款术语转换软件，具有转换术语表格式的功能，注册用户可在 SDL Appstore 进行下载。下面介绍使用 Glossary Converter 转换术语表的步骤。

打开 Glossary Converter，"in"处为导入框，可导入待转换术语文件，"out"处为输出框，显示输出的术语文件格式，如图 5-105 所示。

图 5-105　Glossary Converter 主界面

如需更改输出文件格式，可点击"settings"，选择转换的目标格式，如图 5-106 所示。

235

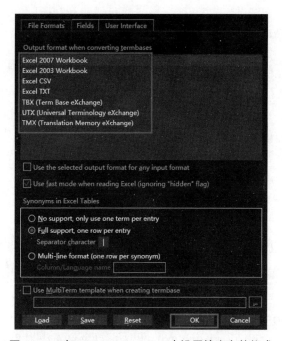

图 5-106　在 Glossary Converter 中设置输出文件格式

将待转换术语文件拖放进 Glossary Converter 界面，自动开始转换，如图 5-107 所示。

图 5-107　Glossary Converter 中术语文件转换的界面

(三) 使用 SDL MultiTerm 导入转换后的术语文件

转换完成后，需要将转换后的术语文件导入 SDL MultiTerm。导入步骤如下：

打开已创建的术语库，如图 5-108 所示。

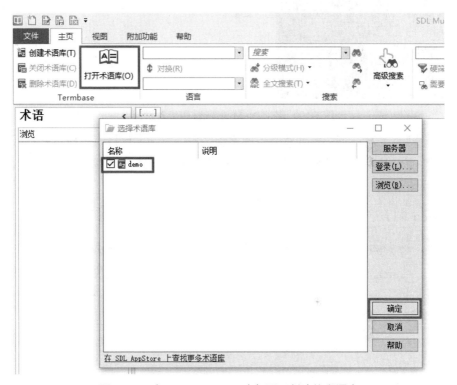

图 5-108　在 SDL MultiTerm 中打开已创建的术语库

选择"文件">"导入与导出">"导入术语库"，如图 5-109 所示。

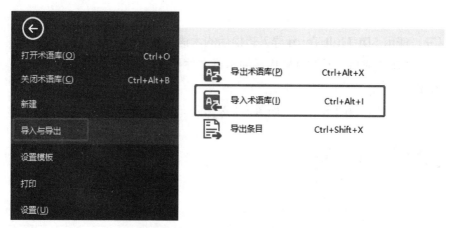

图 5-109　在 SDL MultiTerm 中导入术语库

进入导入向导,选择待导入的术语文件,自动生成日志文件信息,点击"下一步",如图 5-110 所示。此处以 .xml 格式的术语库文件进行导入演示。

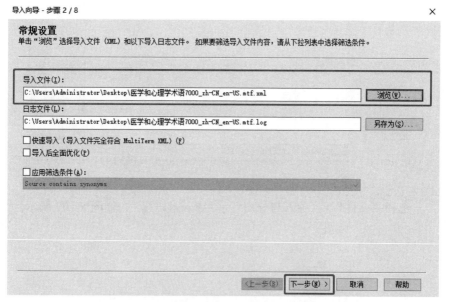

图 5-110　在 SDL MultiTerm 导入向导中选择待导入文件

点击"另存为"选择排除文件保存路径,自定义设置排除文件名称,然后单击"下一步",如图 5-111 所示。

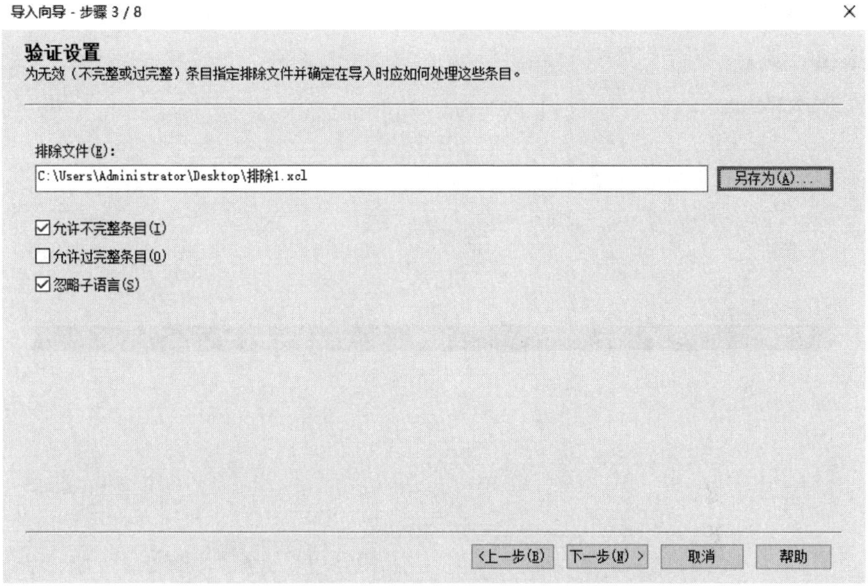

图 5-111　SDL MultiTerm 中导入向导的验证设置界面

导入定义检查无误后，点击"下一步"，如图 5-112 所示。

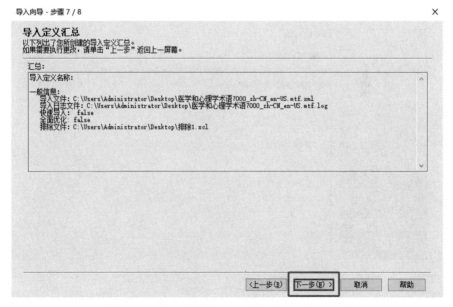

图 5-112　SDL MultiTerm 中的导入定义汇总界面

术语条目导出完成后,点击"下一步",如图 5-113 所示。

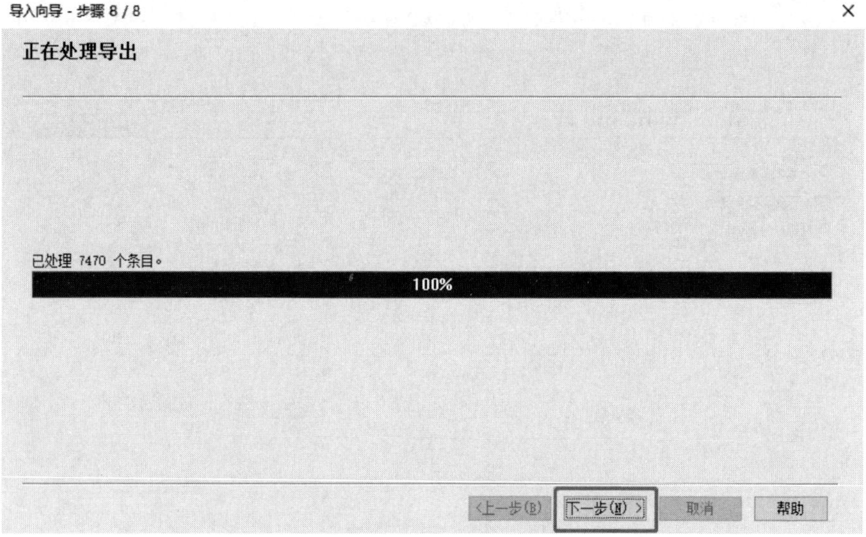

图 5-113　SDL MultiTerm 中术语数据导入的界面

完成导入向导,进入术语管理界面,如图 5-114 所示。

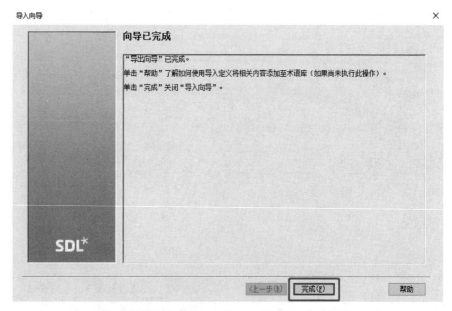

图 5-114　SDL MultiTerm 中术语数据导入完成的界面

查看、编辑所导入术语，如图 5-115 所示。

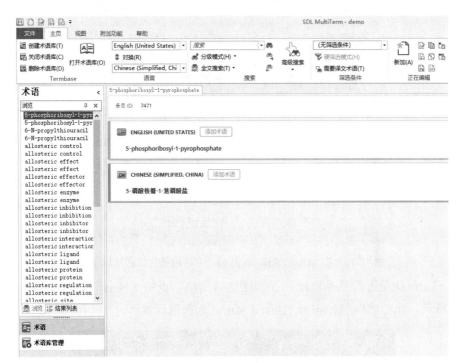

图 5-115　在 SDL MultiTerm 中查看或编辑已导入术语

三、如何提取术语？

（一）使用 SDL MultiTerm Extract 提取英文术语

SDL MultiTerm Extract 是 SDL MultiTerm 的术语提取组件，下面介绍使用 SDL MultiTerm Extract 提取英文术语的步骤。

从开始菜单打开 SDL MultiTerm Extract 后，单击左上角新建项目图标，设置项目类型、名称和保存路径，然后点击"Next"，如图 5-116 所示。创建翻译项目和 QA 项目时必须有术语库，提取单语术语和双语术语则只需选择源语言和目标语言。此处以单语术语提取项目（Monolingual Term Extraction Project）为例进行演示。

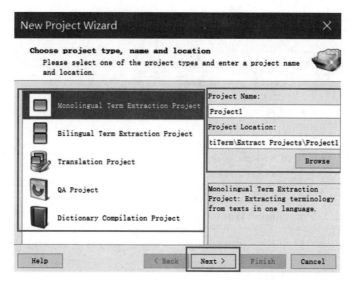

图 5-116　在 SDL MultiTerm Extract 中新建英文术语提取项目

选择是否需要术语库，并指定语言，然后点击"Next"，如图 5-117 所示。此处以指定 English (United States) 为例进行演示。

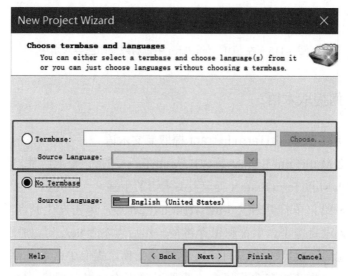

图 5-117　在 SDL MultiTerm Extract 中选择项目术语库及语言

点击"Browse"浏览并添加待提取文件，然后点击"Next"，如图 5-118 所示。此处添加文档"Sample.doc"以进行演示。

第五章·术语搜索

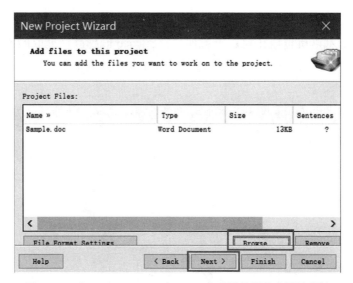

图 5-118 在 SDL MultiTerm Extract 中选择待提取术语的文件

点击"Exclude termbase...",用户按需设置"排除列表",然后点击"Next",如图 5-119 所示。

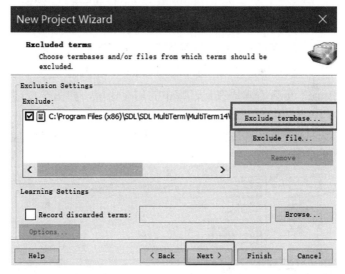

图 5-119 在 SDL MultiTerm Extract 中设置项目排除列表或文件

设置停用词表和术语长度、提取数量、静噪比等属性,然后点击"Next",如图 5-120 所示。停用词指检索时自动过滤的虚词和非检索词,

243

恰当设置停用词表，有助于提高术语提取效率。静噪比的值与术语数量成反比，与术语质量成正比。一般而言，Silence 值越高，提取的术语数量相对较少，质量越高；Noise 值越高，则提取出的术语数量较多，质量相对较低。

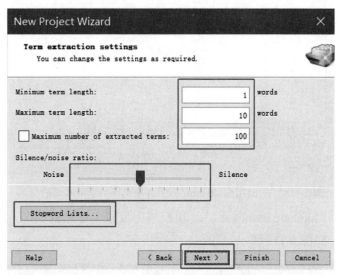

图 5-120　在 SDL MultiTerm Extract 中设置项目术语提取规则

通过勾选或取消勾选术语条前的复选框筛选提取结果，点击"New term"可添加新术语，点击"Remove entry"可删除选中词条，点击"Concordance"可查看术语在记忆库中的句对语境，如图 5-121 所示。

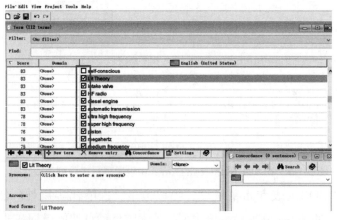

图 5-121　在 SDL MultiTerm Extract 中筛选所提取的术语

点击"File">"Export"导出术语，如图 5-122 所示。

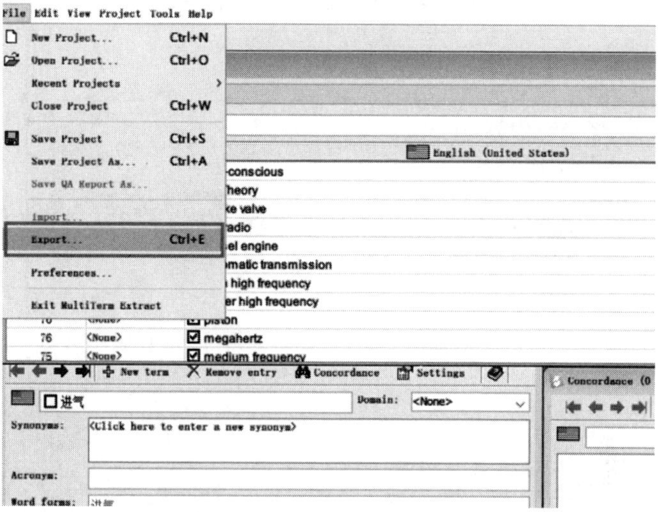

图 5-122　在 SDL MultiTerm Extract 中导出项目术语的筛选结果

在术语导出定义窗口选择导出的术语库格式，然后点击"Next"，如图 5-123 所示。此处以创建新术语导出定义导出 MultiTerm Termbase 格式文件为例进行演示。

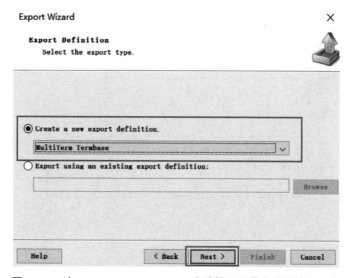

图 5-123　在 SDL MultiTerm Extract 中选择项目导出术语库的格式

点击"Browse termbase..."浏览并选择术语导出后保存的术语库位置，然后点击"Next"，如图 5-124 所示。此处将术语库命名为"test"进行演示。

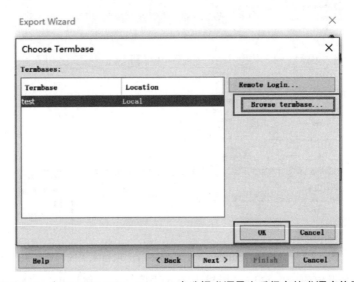

图 5-124　在 SDL MultiTerm Extract 中选择术语导出后保存的术语库位置

进行术语库导出设置，可选择全部导出为新词条、更新现有词条或逐条设置，然后点击"Next"，如图 5-125 所示。

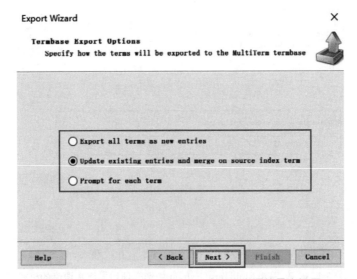

图 5-125　SDL MultiTerm Extract 中项目术语的导出设置

完成术语导出流程后，即可进行术语翻译等操作。

（二）使用 SDL MultiTerm Extract 提取中文术语

由于中文与英文不同，中文词汇之间没有空格，因此，提取中文术语时，需要过滤标点符号以及虚词、连词、语气词等特定词汇。添加停用词表可有效解决这个问题。下面介绍使用 SDL MultiTerm Extract 提取中文术语的步骤。

创建术语提取项目，设置项目类型、名称和保存路径，然后点击"Next"，如图 5-126 所示。此处以单语提取进行演示。

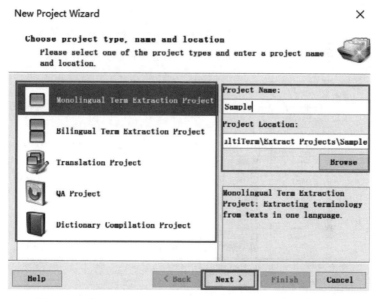

图 5-126　在 SDL MultiTerm Extract 中新建中文术语提取项目

参照"（一）使用 SDL MultiTerm Extract 提取英文术语"的第 2 至第 3 步，设置项目参数，进入停用词表设置页面，点击"Exclude file"加载停用词表，点击"Next"开始提取，如图 5-127 所示。

剩余步骤请参照"（一）使用 SDL MultiTerm Extract 提取英文术语"的第 3 至第 9 步，完成术语提取，如图 5-128 所示。

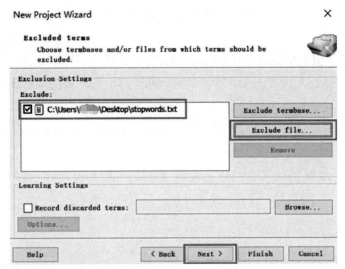

图 5-127　在 SDL MultiTerm Extract 中设置项目停用词表

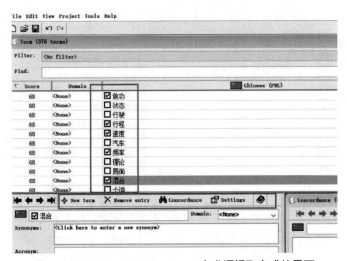

图 5-128　SDL MultiTerm Extract 中术语提取完成的界面

（三）使用语帆术语宝提取术语

语帆术语宝[①]是国内的一款在线术语管理、提取和标注工具，为用户提供术语提取与标注、术语管理与分享、快速检索等服务。下面介绍使用

---

① http://termbox.lingosail.com.

语帆术语宝提取术语的具体步骤。

打开语帆术语宝主界面，根据待提取文本，选择单语提取或双语提取，此处以双语提取为例，如图 5-129 所示。

图 5-129　在语帆术语宝中选择单语提取或双语提取

上传 TMX 格式文件或双语对照文本文件，点击"下一步"。TMX 格式文件上传如图 5-130 所示。上传双语对照文本文件需分别上传原文和译文文件，设置语言对，如图 5-131 所示。

图 5-130　在语帆术语宝中上传 TMX 格式的文件

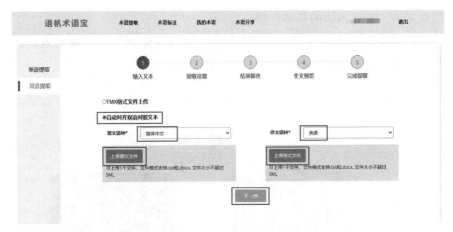

图 5-131　在语帆术语宝中上传双语对照文本

设置术语词频、长度范围、提取术语最大数量等术语提取条件,也可选择上传停用词表,完成后点击"提取",如图 5-132 所示。

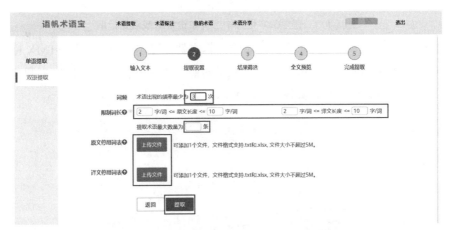

图 5-132　在语帆术语宝中设置术语提取条件

筛选提取结果。在术语条左侧可以勾选是否选择保留该条结果,右侧可查看术语在原文和译文中对应的具体例句,然后点击"下一步",如图 5-133 所示。

第五章 · 术语搜索

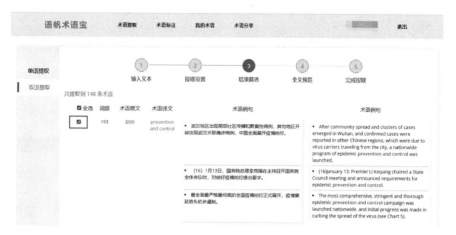

图 5-133　在语帆术语宝中筛选术语提取结果

预览提取结果。筛选后的术语以蓝色字体高亮显示，也可选择划词添加术语。在原文及译文中对应的位置分别选中需要添加的新术语，其会自动添加到对应的输入框中，点击"添加术语"完成添加；然后点击"下一步"，如图 5-134 所示。

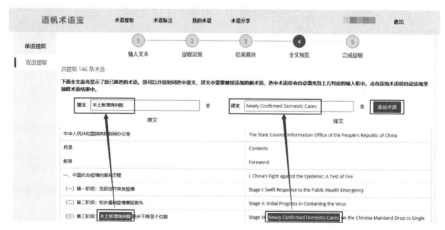

图 5-134　在语帆术语宝的全文预览页面通过划词添加术语

保存术语表。在页面右下方可选择将术语表保存至语帆术语宝账号云端或导出为 Excel 和 TBX 文件格式，如图 5-135 所示。

图 5-135　在语帆术语宝中保存术语提取结果

网页弹出术语标签设置窗口，可选择设置术语标签以便搜索，如图 5-136 所示。

图 5-136　设置语帆术语宝的术语标签

保存完毕后，点击"完成提取"，如图 5-137 所示。

图 5-137　语帆术语宝的术语提取完成界面

（四）使用 Tmxmall 在线对齐提取术语

Tmxmall 在线对齐[①] 是国内的在线语料对齐平台，具有支持语料制作、TMX 文件在线编辑、术语提取等功能。使用 Tmxmall 在线对齐提取术语的具体步骤如下：

打开 Tmxmall 在线对齐主界面，选择双文档对齐或有双语对应的单文档对齐，上传待提取文件。此处以单文档对齐为例，如图 5-138 所示。

导入成功后，通过合并、拆分、插入和删除等操作调整两列语段，使两列语义一一对应、行数一致，如图 5-139 所示。

---

① http://www.tmxmall.com/aligner.

图 5-138　在 Tmxmall 在线对齐中导入待提取文件

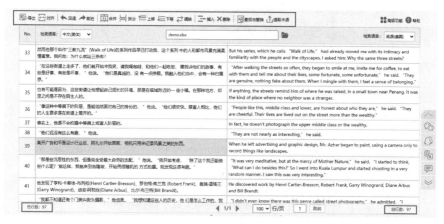

图 5-139　在 Tmxmall 在线对齐中调整待提取文件

点击左上角"对齐",将语段拆成句对；对齐成功后再次进行检查调整,确保两列语义对应、行数一致,如图 5-140 所示。

图 5-140　在 Tmxmall 在线对齐中对齐待提取文件

对齐结果页中,为方便区分相邻段落,若一段中包含两个及两个以上的句子，在句对齐时需要拆分段落。执行过段落拆分的句子会用绿色或黄色标记出来，同一段落拆分出来的句子使用相同颜色标记，如图5-141所示。

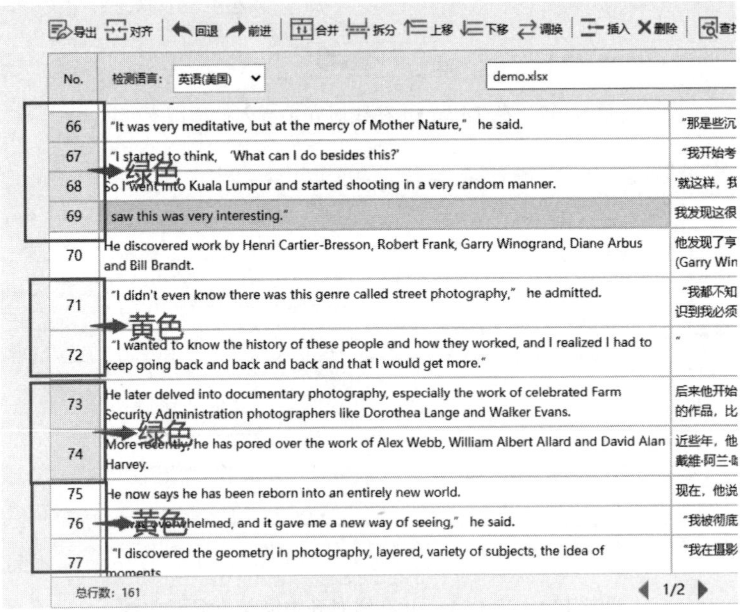

图5-141　Tmxmall在线对齐中执行过段落拆分的句子

点击"提取术语"，如图5-142所示。

图5-142　在Tmxmall在线对齐中提取术语

设置语言和词频，然后单击"确定"，如图5-143所示。

图5-143　在Tmxmall在线对齐中设置提取术语的源语言、目标语言与词频

术语提取完成后，点击"查看结果"查看并筛选结果，如图 5-144 所示。

图 5-144　Tmxmall 在线对齐中术语提取完成的界面

左上角可再次调整词频，左侧勾选要保留的术语结果，页面下方可选择术语表的导出方式，如图 5-145 所示。

图 5-145　在 Tmxmall 在线对齐中筛选术语提取结果

四、如何进行术语搜索？

（一）使用 SDL MultiTerm 进行术语搜索

SDL MultiTerm 有普通搜索、模糊搜索和全文搜索三种搜索方式。模糊搜索指可搜索到术语中包括要查询字母的词汇。也可用通配符"?"和"*"进行高级检索。下面介绍使用 SDL MultiTerm 2019 Desktop 进行术语搜索的步骤，具体如下：

1. 普通搜索

打开术语库后，默认搜索模式为普通搜索。在"主页"选项卡"搜索"部分的搜索框输入要搜索的术语,按回车键或输入框右侧按键开始搜索。搜索结果显示在左侧结果列表。例如,搜索术语"phosphoribosyl",有"phosphoribosylamine"1 条搜索结果,主窗口中其包含搜索字段的部分高亮显示,如图 5-146 所示。

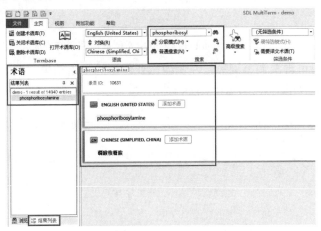

图 5-146　SDL MultiTerm 中普通搜索模式下的结果

普通搜索模式下,仅可搜索到术语本身和以术语开头的词条。因此,"5-phosphoribosyl-1-pyrophosphate"在普通搜索模式下不在搜索结果中,如图 5-147 所示。

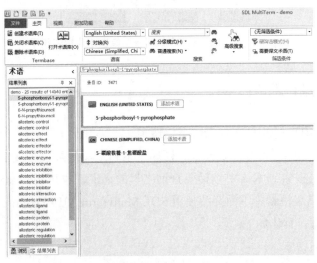

图 5-147　SDL MultiTerm 普通搜索结果中仅包含以搜索字段开头的术语

2. 模糊搜索

点击"普通搜索"右侧下拉按键,选择"模糊搜索"。输入待搜索的术语,按回车键或输入框右侧按键开始搜索;

模糊搜索模式下,输入与搜索字段相似的术语,放宽了对搜索结果的限制,可搜索到可能存在顺序变位或拼写错误的术语。同样搜索"phosphoribosyl",共有 25 条结果,按相似度由高到低排列,如图 5-148 所示。

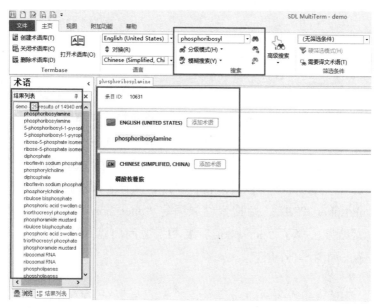

图 5-148　SDL MultiTerm 中模糊搜索模式下的结果

3. 全文搜索

点击"普通搜索"右侧下拉按键,选择"全文搜索"。输入待搜索术语,按回车键或输入框右侧按键开始搜索;

全文搜索模式下,搜索整个条目内容以查看在任意位置出现的搜索字段。相较前两种搜索方式,全文搜索会对定义、示例等说明性字段也进行搜索,但要求结果中要包含完整的搜索字段。在此,仍搜索"phosphoribosyl",得 2 条结果,如图 5-149 所示。

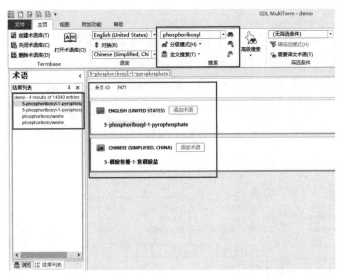

图 5-149　SDL MultiTerm 中全文搜索模式下的结果

术语拼写模糊时，可使用通配符"*"或"?"进行全文搜索。"*"表示任一或任意多个字符，"?"则代表单个字符。搜索"phosphori*l"，搜索结果包含"phosphori"以及后面的"l"，共计 3 条，如图 5-150 所示。搜索"phosphori????l"，则搜索结果限定"phosphori"跟"l"间隔 4 字符。搜索结果去掉了"phosphori"跟"l"之间间隔并非 4 字符的一条，共计 2 条，如图 5-151 所示。

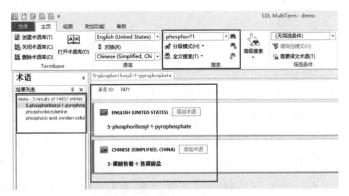

图 5-150　在 SDL MultiTerm 中使用通配符"*"全文搜索

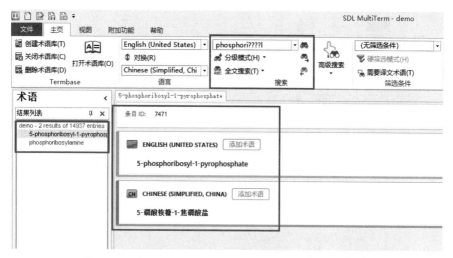

图 5-151　在 SDL MultiTerm 中使用通配符 "?" 全文搜索

若进行多术语库搜索，可按术语库优先级选择分级模式、并行模式或串行模式搜索，如图 5-152 所示。

图 5-152　在 SDL MultiTerm 中设置多个术语库搜索的模式

搜索重复术语或特定条目。可点击"高级搜索" > "搜索重复术语"或"搜索特定条目"进行操作，如图 5-153 所示。

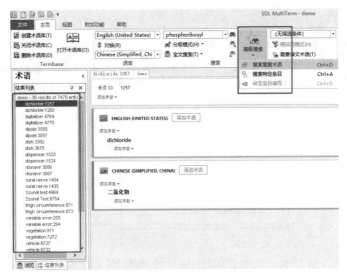

图 5-153　在 SDL MultiTerm 中搜索重复术语

（二）使用 SDL Trados Studio 进行术语搜索

在 SDL Trados Studio 中，打开项目并添加术语库后，可直接在术语库搜索窗口进行术语搜索，与 SDL MultiTerm 的搜索步骤相似。下面具体介绍使用 SDL Trados Studio 进行术语搜索的步骤。

点击"编辑器"，单击术语库窗口的"术语库搜索"选项卡，如图 5-154 所示。

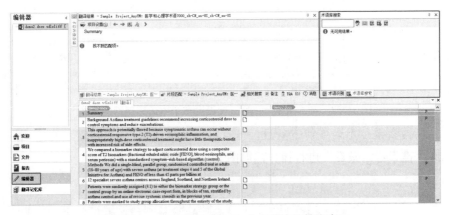

图 5-154　SDL Trados Studio 中术语库的搜索窗口

点击搜索框右侧图标中的结果列表设置，可设置搜索结果展示选项，如图 5-155 所示。

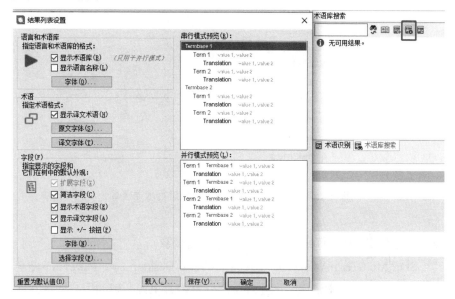

图 5-155　在 SDL Trados Studio 中设置术语搜索的结果列表

点击搜索框右侧图标中的项目术语库设置，可选择进行搜索的术语库文件及语言，如图 5-156 所示。

图 5-156　在 SDL Trados Studio 中设置项目术语库

261

设置完成后，在输入框输入待搜索术语，按回车键或单击模糊搜索图标得到结果，如图 5-157 所示。

图 5-157　在 SDL Trados Studio 中进行术语搜索

（三）使用 SDL MultiTerm Widget 进行术语搜索

SDL MultiTerm Widget 是 SDL MultiTerm Desktop 的一款组件，可基于 SDL MultiTerm 术语库或配置连接至任意术语来源，辅助用户阅读其他应用程序中的文本。下面介绍使用 SDL MultiTerm 2019 Widget 进行术语搜索的步骤。

从开始菜单打开 SDL MultiTerm 2019 Widget 后，双击右下角任务栏 SDL MultiTerm Widget 图标，如图 5-158 所示，其主界面如图 5-159 所示。

图 5-158　任务栏中启动 SDL MultiTerm Widget 的图标

图 5-159　SDL MultiTerm Widget 主界面

点击主界面右上角的"配置"按钮，进入术语库搜索设置，点击左下角"Open termbases"，如图 5-160 所示。然后在弹出窗口点击"Browse"浏览并选择应用的术语库文件，然后点击"OK"完成术语库选择。此处以应用命名为"demo"的术语库文件为例进行演示，如图 5-161 所示。

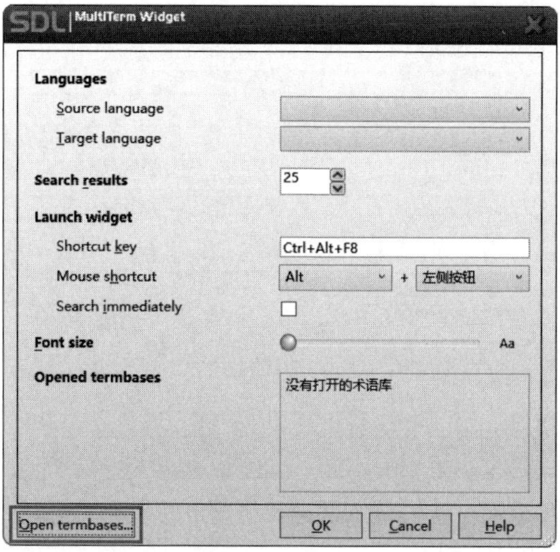

图 5-160　SDL MultiTerm Widget 中术语库搜索的设置

图 5-161　在 SDL MultiTerm Widget 中选择待搜索的术语库文件

选择好术语库之后，在术语库搜索设置界面选择术语搜索的源语和目标语，然后点击"OK"确定，如图 5-162 所示。

图 5-162　在 SDL MultiTerm Widget 中设置术语搜索的源语言和目的语言

可打开 SDL MultiTerm Widget 主界面，直接输入待查术语，然后点击回车键或输入框右侧的搜索图标。此处以搜索"phosphoribosylamine"为例，如图 5-163 所示。搜索结果页面如图 5-164 所示。

图 5-163　在 SDL MultiTerm Widget 界面中直接搜索术语

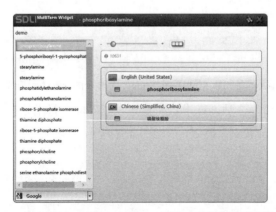

图 5-164　在 SDL MultiTerm Widget 界面中直接搜索术语的结果

也可直接在源语文本进行搜索。点击主界面右上角的“配置”按钮，进入术语库搜索设置，勾选“search immediately”选项的复选框，如图 5-165 所示。然后打开任一源语文本，同时按住 Alt 键和鼠标左键，选中待搜索词汇，该词汇上会出现一条横线，此处仍以搜索“phosphoribosylamine”为例，如图 5-166 所示。松开 Alt 键及鼠标键，搜索结果会自动弹出，如图 5-167 所示。

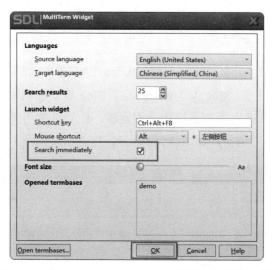

图 5-165 在 SDL MultiTerm Widget 中设置立即搜索功能

Purine, Pyrimidine, and Single-Carbon Metabolism

John W. Pelley PhD, in Elsevier's Integrated Biochemistry, 2007

Phosphoribosylamine Synthesis

The first component of the purine ring, an amine, is added to PRPP by an amidotransferase enzyme to form 5-phosphoribosylamine (Fig. 14-2). This is also the committed and rate-limiting step in purine synthesis. Feedback regulation of this reaction by the end products of the pathway—adenosine monophosphate (AMP), guanosine monophosphate (GMP), and inosine monophosphate (IMP)—prevents their overproduction. Feed-forward regulation by high concentrations of PRPP will override AMP, GMP, and IMP inhibition.

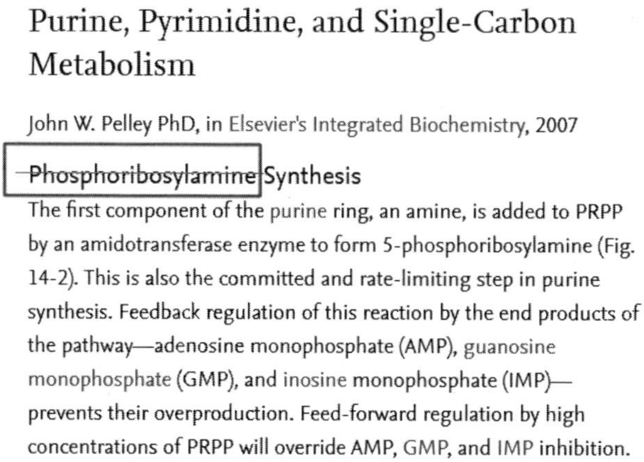

图 5-166 SDL MultiTerm Widget 中划词搜索的功能演示

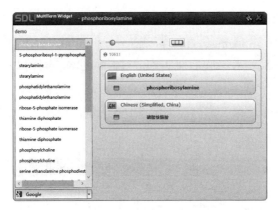

图 5-167　SDL MultiTerm Widget 中划词搜索的结果

还可利用百度、Google、Wikipedia、Bing 等外部网站或知识库搜索相关的术语，在搜索框右侧可切换搜索源，此处以使用外部源 Wikipedia 搜索"induction"为例，如图 5-168 所示。搜索结果如图 5-169 所示。

图 5-168　在 SDL MultiTerm Widget 中使用外部搜索源搜索术语

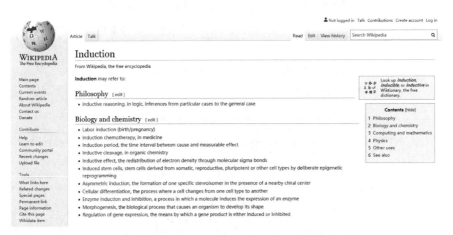

图 5-169　在 SDL MultiTerm Widget 中使用外部搜索源的结果

第六章　语料库检索

　　语料库是指经科学采样和加工的大规模电子文本库，能够帮助译者确定原文词汇语义韵、作者语义韵及原作风格，从而提高理解的正确性，为译文的忠实性提供保证。通过语料库检索平台的同义词、近义句、词语搭配、句型比较等检索，译者可获得大量的参考词汇、语句及表达法等，使译文的输出更精确、更地道。通过自制语料库可以随时更新拓展专业领域语料，借助语料库检索工具对自制语料库进行检索，既可以精准定位又可以做分析统计。本章将展开介绍单语与双语语料库的检索引擎、常用句库检索引擎以及自制语料库的创建及检索。

第一节　单语语料库

单语语料库具有资源丰富、时效性强、语料真实、涵盖面广、检索快捷等优势。在翻译过程中，可以检查译文词汇搭配是否地道，也可以通过检索同义词和相似表达，丰富译文措辞选择。在教学过程中，可以检索海量例句作为课堂教学素材，也可以汇编练习题和考试题。本节将展开介绍COCA、BCC等共六个英语与汉语语料库。

一、COCA

（一）系统介绍

美国当代英语语料库（Corpus of Contemporary American English），简称COCA[①]，是目前最大的免费英语语料库。其语料均衡分布在口语、小说、杂志、报纸以及学术文章文体中，被认为最合适用来观察美国英语当前发展的英语语料库，也是广大英语爱好者的学习宝库。图6-1为基础界面，表6-1为功能介绍。COCA是english-corpora.org网站的一个子库，该网站下还有电影等十几个语料库，学会了COCA语料库的检索，也有利于其他语料库的检索。

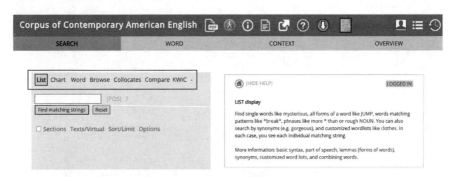

图6-1　COCA的基础界面

---

① https://www.english-corpora.org/coca/.

表 6-1　COCA 基础界面的功能介绍

COCA 功能模块	具体释义
List	列表视图，默认视图
Chart	根据文体和时间进行分类统计，并以柱状图显示
Word	多个功能的整合，可以查看词的来源、搭配、词丛、同义词等
Browse	可以获取某个词频段的单词，也可以根据读音检索单词
Collocates	用于研究词语搭配
Compare	用于比较两个词的搭配现象，研究在意义和用法上有何不同
KWIC	以检索词为中心展示上下文，并以颜色做词性区分

（二）案例演示

1. 如何检索单词或词组在 COCA 中的使用频率？

（1）点击"List"，在检索框输入关键词，如输入"confess"，点击"Find matching strings"进行检索，进入"FREQUENCY"界面中，"FREQ"栏显示该词在 COCA 语料中出现的次数。如图 6-2 所示，"confess"在 COCA 中使用频率为 7583 次。

图 6-2　在 COCA 中检索"confess"的词频

（2）直接点击"CONFESS"，即可进入"CONTEXT"界面查看该词出现的上下文，如图 6-3 所示。

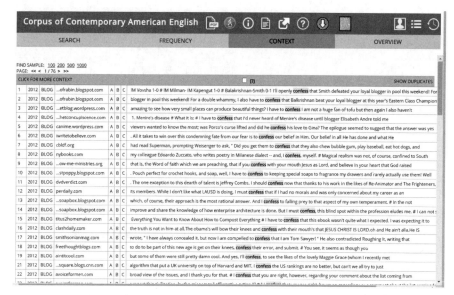

图6-3 在COCA的检索结果中查看"confess"的上下文

（3）再点击前方"BLOG"（文体"网志"的缩写，更多文体缩写翻译可参照表6-2）可进入"CONTEXT+"界面查看完整文本、日期和文本来源，如图6-4所示。

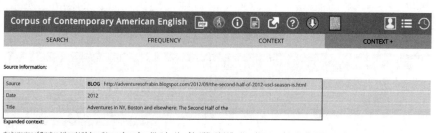

图6-4 在COCA中检索"confess"的语料来源并查阅完整文本

表6-2 语料来源各类文体缩写

SPOK	口语	FIC	小说	NEWS	新闻
MAG	杂志	BLOG	网志	ACAD	学术类期刊

（4）如果我们想要检索该词的所有形式，如现在分词、过去分词等，那么在检索的时候还需要加入"[]"，或者所有字母都大写，如检索"confess"的所有形式，在 List 的检索框中输入"[confess]"，或"CONFESS"，检索结果如图 6-5 所示。

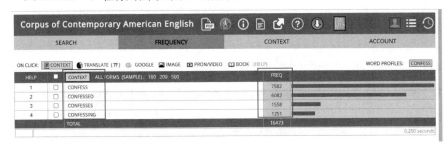

图 6-5　在 COCA 中检索"[confess]"的结果

（5）如果想要比较多个词语的使用频率，在检索词之间插入"|"即可，比如比较"confess""admit"和"declare"，在"List"的检索框中输入"confess|admit|declare"即可，检索结果如图 6-6 所示。

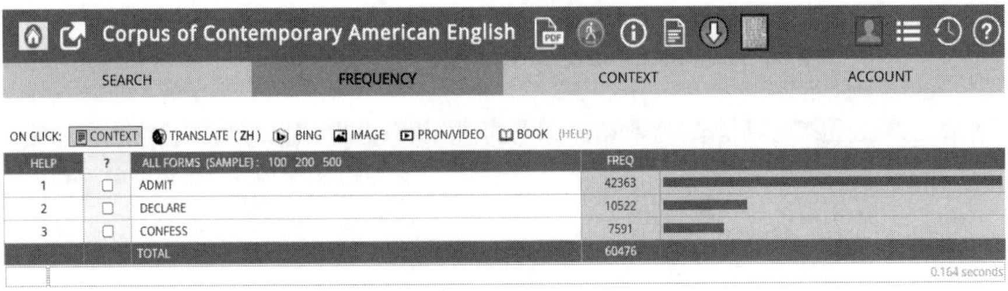

图 6-6　在 COCA 中检索"confess|admit|declare"的结果

（6）如果想按照文体和年份查看使用频率，点击初始界面的"Chart"，在检索框中输入关键词，如输入"confess"，点击"See frequency by section"进行检索，检索结果如图 6-7 所示。

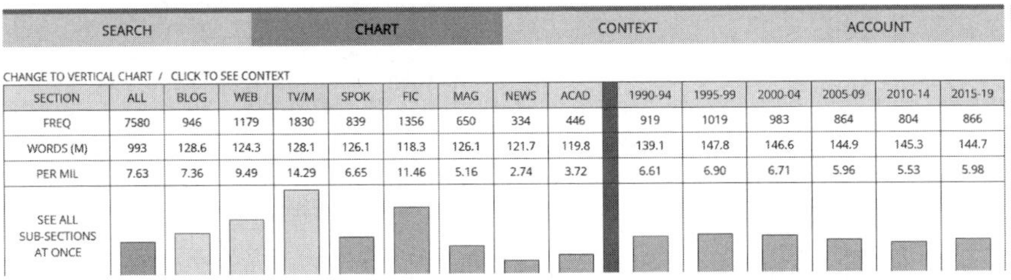

图 6-7　在 COCA 的"Chart"中检索"confess"的结果

2. 如何进行模糊检索？

（1）在 COCA 中，"?"可以用来表示一个字母，比如忘记"ad?pt"第三个字母的时候，可以在检索框中输入"ad?pt"进行检索，检索结果如图 6-8 所示，很快就可以锁定我们需要找的词汇。

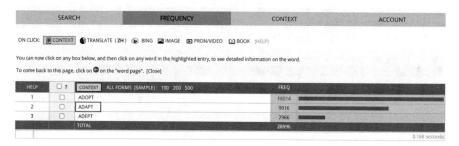

图 6-8　在 COCA 中检索"ad?pt"的结果

（2）在 COCA 中，"*"可以填充一个或多个字母。比如，想检索以 un- 开头，以 -ed 结尾的所有单词，在检索框中输入"un*ed"即可，检索结果如图 6-9 所示。

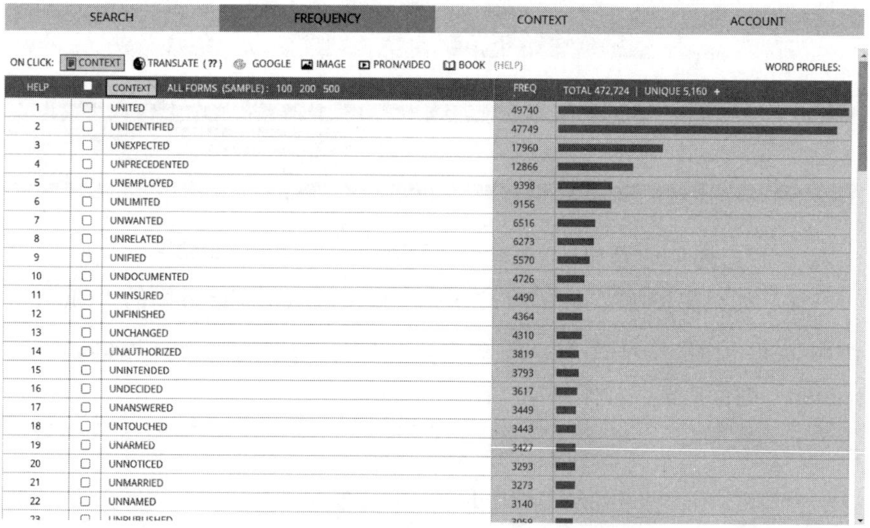

图 6-9　在 COCA 中检索"un*ed"的结果

（3）"*"也可以表示一个完整的单词。比如想要检索"tread"后面经常接什么词，在检索框输入"tread *"即可，检索结果如图 6-10 所示。需要注意的是，此处"*"与左右单词之间需要空一格。

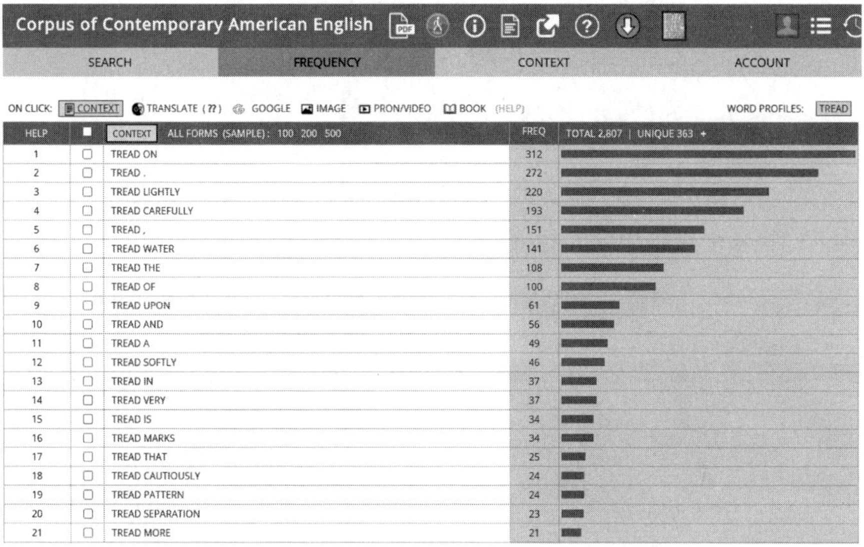

图 6-10 在 COCA 中检索"tread *"的结果

3. 如何使用"List"进行搭配检索？

（1）"List"界面支持词性检索，可以输入词性代码选择词性，如检索"money"前面一般接什么动词，检索框输入"_v money"（或 [v*]）即可，检索示例如图 6-11 所示。

图 6-11 在 COCA 的"List"中进行搭配检索的输入示例一

（2）或者先下拉 POS 选框选择"verb.ALL"，系统会自动填充"VERB"，再在"VERB"后输入"money"，检索示例如图 6-12 所示。

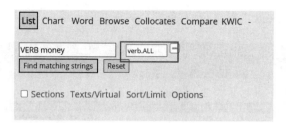

图 6-12 在 COCA 的"List"中进行搭配检索的输入示例二

(3) 检索结果如图 6-13 所示。

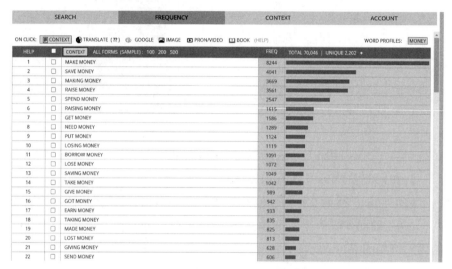

图 6-13 在 COCA 中检索"money"词前所搭配动词的结果

(4) 常用词性代码请参照表 6-3：

表 6-3 COCA 的词性代码与 POS 选框中英对照表

词性代码 1	词性代码 2	POS	解释	示例
[nn*]	_nn	noun.CMN	普通名词	sun, love
[np*]	_np	noun.+PROP	专有名词	John, Chicago
[n*]	_n	noun.ALL	所有名词	sun, Sonny
[vv*]	_vv	verb.LEX	实义动词	decide, jumped
[v*]	_v	verb.ALL	所有动词	decide, has, is
[j*]	_j	adj.ALL	所有形容词	nice, clean

（续表）

词性代码1	词性代码2	POS	解释	示例
[r*]	_r	adv.ALL	副词	soon, quickly
[p*]	_p	pron.ALL	代词	she, everyone
[i*]	_i	prep.ALL	介词	from, on
[a*]	_a	art.ALL	冠词	the, his
[d*]	_d	det.ALL	限定词	these, all
[c*]	_c	conj.ALL	连词	that, and, or
[x*]	_x	neg.ALL	否定词	not, n't
[m*]	_m	num.CARD	基数词	five, 5

4. 如何使用"Collocates"进行搭配检索？

（1）选择"Collocates"检索模式，在第一栏"Word/phrase"输入检索词，以检索"postpone"的搭配为例，输入"postpone"；

（2）如果不限定搭配词的词性，第二栏"Collocates"可以不填，系统会默认检索所有名词、动词、形容词和副词。也可以参照表6-3的词性代码1或2对所搭配词性进行限定，POS对此处不适用；

（3）第三栏可以选择关键词搭配的跨距。如果我们想要检索"postpone"右边相邻的搭配，可以左边选择0，右边选择1，表示检索范围为关键词右边，且跨距为一个词，入示例如图6-14所示。

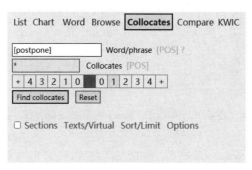

图6-14 在COCA的"Collocates"中检索"postpone"搭配的输入示例

(4) 点击"Find collocates",检索结果如图 6-15 所示,单词底色随排序结果由深至浅。

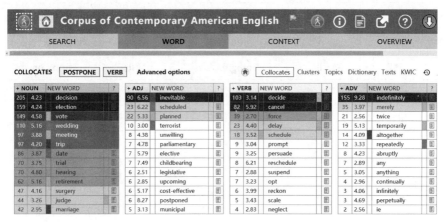

图 6-15 在 COCA 中检索"postpone"的搭配结果

(5) 点击"Advanced options"可以对检索结果进行排序,可根据词频或 MI 值[①]进行排序,并设置最小词频或者 MI 值,图 6-16 为按照词频排序且最小 MI 值为 3 的排序结果。

图 6-16 在 COCA 中检索"postpone"的搭配并排序的结果

---

① MI 值(Mutual Information Score)表示的是互相共现的两个词中,一个词对另一个词的影响程度或者说一个词在语料库中出现的频数所能提供的关于另一个词出现的概率信息。MI 值越大,说明节点词对其词汇环境影响越大,对其共现词吸引力越强。因此,MI 值表示的是词语间的搭配强度。

5. 如何检索近义词？

（1）选择"List"，以检索"reveal"的近义词为例，检索框输入[=reveal]，输入示例如图6-17所示。

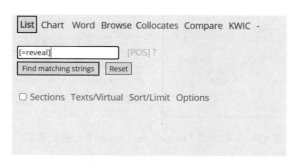

图6-17　在COCA中检索"reveal"近义词的输入示例

（2）检索结果如图6-18所示，"reveal"近义词按照频率从高到低排列有"tell"和"show"等词；

（3）点击单词右边的"[s]"，可进入该词的近义词检索。

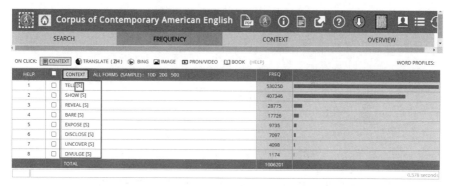

图6-18　在COCA中检索"reveal"近义词的结果

6. 如何比较近义词的搭配？

（1）选中"Compare"，以比较"repair"和"restore"所接名词为例，在"word 1"和"word 2"中分别输入"repair"和"restore"；

（2）"Collocates"栏输入"[n*]"（或"_n"），POS在此处也不适用；

（3）数字栏选择右边的1，即我们选择跨距为1，检索其二元词丛，输入示例如图6-19所示。

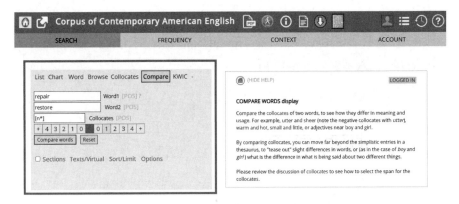

图 6-19　在 COCA 中对比“repair”与“restore”所搭配名词的输入示例

（4）点击“Compare words”，结果如图 6-20 所示，左右两栏深绿色部分的单词分别为其常用搭配名词。

WORD 1 (W1): REPAIR (1.16)

	WORD	W1	W2	W1/W2	SCORE
1	SHOP	558	0	1,116.0	959.8
2	SHOPS	217	0	434.0	373.2
3	WORK	314	1	314.0	270.0
4	KIT	123	0	246.0	211.6
5	BILL	96	0	192.0	165.1
6	COSTS	94	0	188.0	161.7
7	CREWS	79	0	158.0	135.9
8	BILLS	67	0	134.0	115.2
9	FACILITY	57	0	114.0	98.0
10	GUY	54	0	108.0	92.9
11	MECHANISMS	53	0	106.0	91.2
12	DAMAGE	102	1	102.0	87.7
13	FACILITIES	49	0	98.0	84.3
14	COMPANY	43	0	86.0	74.0
15	MISSION	41	0	82.0	70.5

WORD 2 (W2): RESTORE (0.86)

	WORD	W2	W1	W2/W1	SCORE
1	CONFIDENCE	172	0	344.0	400.0
2	DEMOCRACY	134	0	268.0	311.6
3	HOPE	115	0	230.0	267.4
4	PEACE	100	0	200.0	232.6
5	ORDER	447	3	149.0	173.3
6	POINT	64	0	128.0	148.8
7	FAITH	51	0	102.0	118.6
8	CALM	43	0	86.0	100.0
9	CREDIBILITY	41	0	82.0	95.3
10	STABILITY	40	0	80.0	93.0
11	SANITY	37	0	74.0	86.0
12	GROWTH	37	0	74.0	86.0
13	HONOR	37	0	74.0	86.0
14	HARMONY	36	0	72.0	83.7
15	DIGNITY	36	0	72.0	83.7

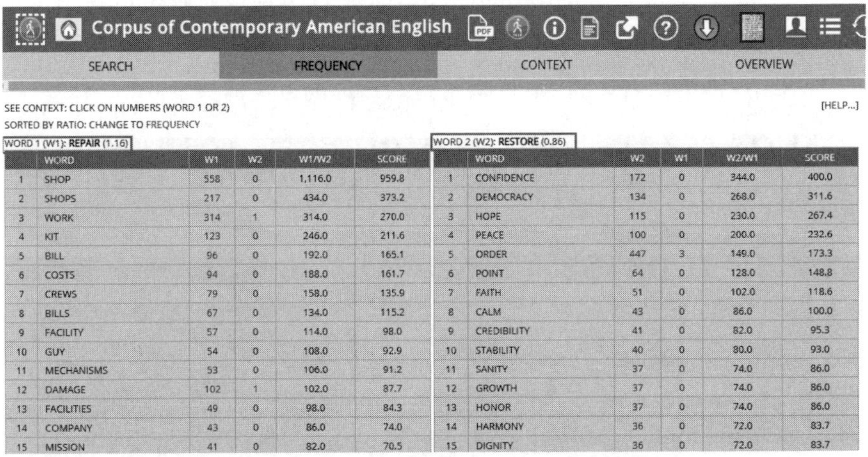

图 6-20　在 COCA 中对比“repair”与“restore”所搭配名词的检索结果

7. 如何根据词形与发音检索单词？

（1）选中“Browse”栏，进入“Browse”检索界面；

（2）“Word form”为词形，比如检索前缀为“ex-”的单词，此栏需输入“ex*”；

（3）“Part of speech”为选择词性，可部分勾选，也可全部勾选，比如只想检索名词，只需勾选“NOUN”；

（4）“Range”为使用频率排名范围，如需检索排名为 1-20000 的单词，

则该栏需分别输入"1"和"20000";

（5）"Pronunciation"栏可以输入押韵的词汇，如输入"criticism"，将匹配与该词押韵的词汇。

（6）"Syllables/stress"栏为匹配音节与重音，如检索四个音节且重音在第二位的单词，先点第四个圈，表示共四个音节，再点第二个圈，这个圈的颜色会由绿转红，表示重音在第二音节。

（7）勾选"Show all words"，检索结果如图 6-21 所示，仅"extremism"一词符合检索条件。

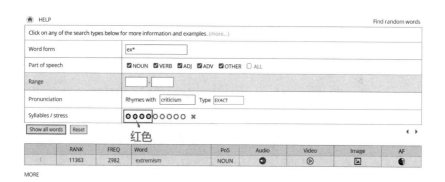

图 6-21　在 COCA 的"Browse"中检索单词

二、Linggle

（一）系统介绍

台湾"清华大学"Linggle[①] 系统是少数由学界开发且规模逼近业界搜寻引擎的特例。Linggle 检索引擎是一个可用于英语翻译的语法工具和句子工具，可帮助译者根据词性来检索搭配，提高译文的丰富度和准确度。

（二）案例演示

1. 如何进行模糊检索？

（1）Linggle 可以使用通配符"_"进行检索，该符号表示匹配一个单

---

① https://www.linggle.com/.

词，如输入"play a ＿ role"，检索结果如图 6-22 所示。

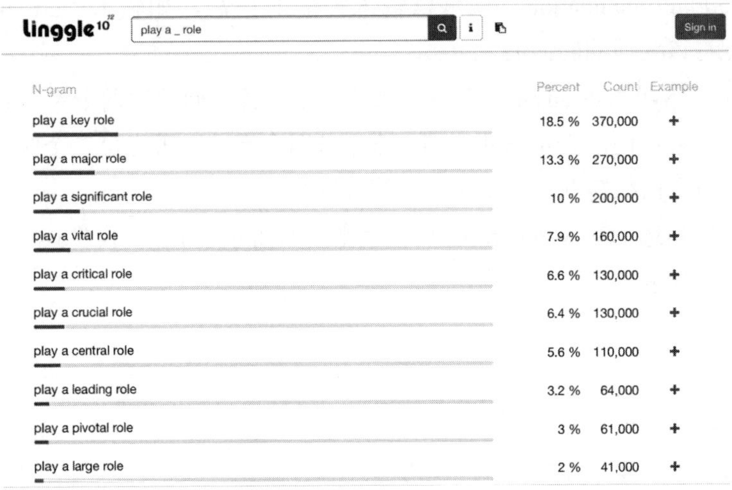

图 6-22　在 Linggle 中检索"play a ＿ role"的结果

（2）还可输入多个"＿"进行查询，如检索"from ＿ to ＿"，检索结果如图 6-23 所示。"＿"可以放在检索字段的任意位置，需要注意的是该功能最多只能检索五个词的词组，如检索"play an important role in ＿"，总词数为六个，为无效检索。

图 6-23　在 Linggle 中检索"from ＿ to ＿"的结果

（3）还可以在检索词前添加问号，检索该词是否多余。以检索"discuss about the issue"中的介词"about"是否多余为例，检索框需输入"discuss ?about the issue"。检索结果如图6-24所示，"about"使用频率仅有0.1%，故该词为多余的介词。

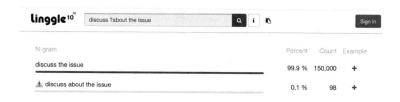

图6-24　在Linggle中检索"discuss ?about the issue"的结果

2. 如何验证搭配是否地道？

（1）Linggle中可以使用"/"来分隔多个比较词，并给出各个搭配的使用次数与比例。如检索"knowledge"应该搭配"learn""study""acquire"还是"gain"，检索框可以输入"learn/study/acquire/gain knowledge"；

（2）检索结果如图6-25所示，可以看出"gain knowledge"占比为82.3%，"acquire knowledge"占比为38.2%，而"learn knowledge"和"study knowledge"占比不足1%，所以应该使用"gain"或"acquire"比较地道，而不建议使用"learn"和"study"。

图6-25　在Linggle中检索"learn/study/acquire/gain knowledge"的结果

（3）点击"Example"下方的加号，可以显示关键词上下文，如图6-26所示。

gain knowledge 62.3 % 160,000 -

- Such adventures could take hours to solve , during which you had to gain knowledge and skills . [COCA]
- A person with an iron - rod orientation advocates faith as a way to gain knowledge . [COCA]
- We followed a developmental model of supervision to reflect its changing nature as students gain knowledge and experience cf . [COCA]
- Toward this end , I have developed several programs for preservice teachers to gain knowledge and the direct experience of civic participation . [COCA]
- Researchers first conducting qualitative elicitation research often do so to develop study hypotheses , gain knowledge regarding appropriate question wording , or generate response categories . [COCA]
- Students involved in creating , performing , and responding gain knowledge " about " the arts , but also learn " through " and " with " the arts . [COCA]
- To gain knowledge about group members and facilitate trust , interview questions from the following examples can be used for rainy day activities : What 's in a name ? [COCA]
- This is done mainly to gain knowledge of how the bodily systems work and to examine how they react to various stresses and viruses . [COCA]
- It is also important for software engineers to perform @@ gained from having engineers participate in system performance optimization is that the hardware engineers gain knowledge about how software is changing . [COCA]
- But Charlie 's relationship tests what La Farge refers to as the ethnographer 's tendency to " prostitute your friendships " in an attempt to gain knowledge . [COCA]
- It is also about using computer models and simulations to gain knowledge of system behavior in order to improve the process of managing the whole production line . [Google Books]

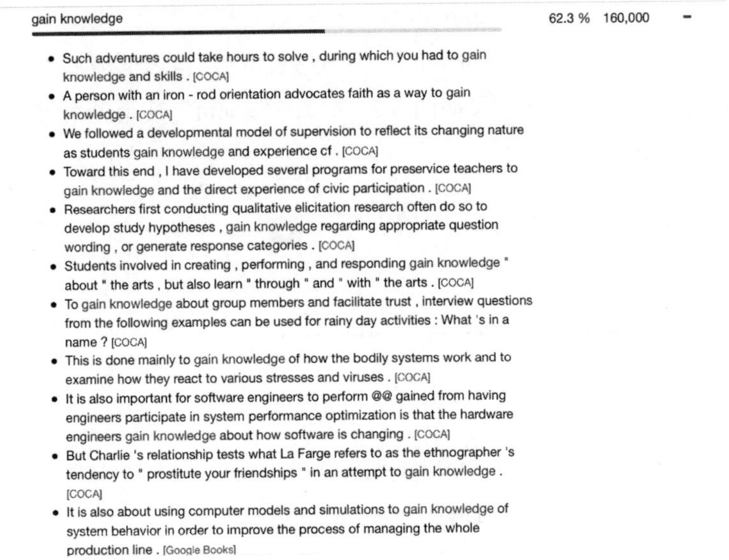

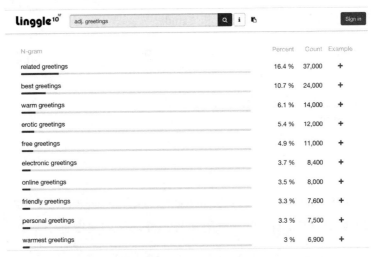

图 6-26　在 Linggle 的检索结果中查看语料

3. 如何根据词性检索搭配？

（1）Linggle 支持各种词性限定，而且检索格式简单，直接输入词性编码即可，如检索有哪些形容词可以修饰“greetings”，检索框输入“adj. greetings”即可，检索结果如图 6-27 所示。

N-gram	Percent	Count	Example
related greetings	16.4 %	37,000	+
best greetings	10.7 %	24,000	+
warm greetings	6.1 %	14,000	+
erotic greetings	5.4 %	12,000	+
free greetings	4.9 %	11,000	+
electronic greetings	3.7 %	8,400	+
online greetings	3.5 %	8,000	+
friendly greetings	3.3 %	7,600	+
personal greetings	3.3 %	7,500	+
warmest greetings	3 %	6,900	+

图 6-27　在 Linggle 中检索“adj. greetings”的结果

（2）词性符号也可以和分隔符号"/"一同使用，如检索"gather"可以接什么介词或副词，检索框输入"gather adv./prep."即可，检索结果如图 6-28 所示。

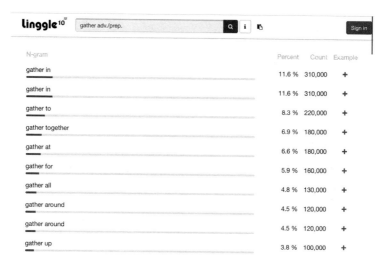

图 6-28　在 Linggle 中检索"gather adv./prep."的结果

（3）Linggle 更多词性编码可参照表 6-4：

表 6-4　Linggle 的词性编码

动词	v.	形容词	adj.	介词	prep.	代词	pron.
名词	n.	副词	adv.	连词	conj.	感叹词	interj.

4. 如何查找近义词？

（1）在 Linggle 中查找近义词使用符号"~"，如检索"careful consideration"中 careful 的近义词，检索框需输入"~careful consideration"；检索结果如图 6-29 所示，除了"careful"还可以使用"proper""thoughtful""thorough"等词。

N-gram	Percent	Count	Example
careful consideration	70.4 %	340,000	+
proper consideration	9.9 %	48,000	+
Careful consideration	6.2 %	30,000	+
thoughtful consideration	6.1 %	30,000	+
thorough consideration	3.8 %	18,000	+
respectful consideration	0.7 %	3,400	+
deliberate consideration	0.7 %	3,300	+
attentive consideration	0.4 %	1,900	+
wise consideration	0.2 %	1,100	+
prudent consideration	0.2 %	960	+

图 6-29　在 Linggle 中检索 "~careful consideration" 的结果

三、WebCorp

(一) 系统介绍

WebCorp[①] 以 Bing 等检索引擎的检索结果为基础，将网络上所有可以公开访问到的文本资源作为语料资源，进行在线检索。该语料库能检索 42 种语言的语料。基于互联网的时效性和语料库的便捷性，WebCorp 有助于反映语言的时代特征和区域特征。

WebCorp 主界面语言为英语，展示基础检索功能，包括检索引擎和语言选择，如图 6-30 所示。

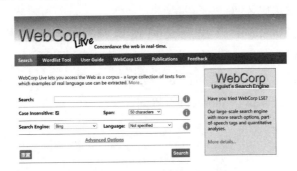

图 6-30　WebCorp 的初始界面

---

① http://www.webcorp.org.uk/live/.

点击"Advanced Options"将展开语料库的高级检索功能,包括限定域名和筛选词汇,如图 6-31 所示。

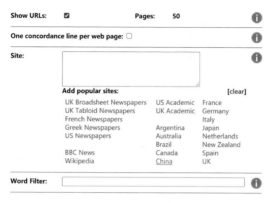

图 6-31　WebCorp 的高级检索功能

(二)案例演示

1. 如何选择不同的引擎进行检索?

(1) WebCorp 连接检索引擎 API 以检索匹配项,然后对这些匹配项进行处理。用户可以指定检索引擎 API,不同的检索引擎涵盖了不同的 Web 内容。目前,WebCorp 可用的引擎包括 Bing(必应)和 The Guardian Open Platform(《卫报》开放平台)。

(2) 以选择 The Guardian Open Platform 检索引擎为例,在检索框内输入关键词"Silk Road",勾选"Case Insensitive"表示不区分大小写,可通过"Span"选择要显示的检索项左右上下文的单词数,如图 6-32 所示。

图 6-32　在 The Guardian Open Platform 中检索"Silk Road"

(3) 每条检索结果均显示 URL 来源、该文章下关键词所出现的上下文语境、材料发表时间等,如图 6-33 所示。

285

```
Results for query "Silk Road"

case insensitive,
using the The Guardian API

1) https://www.theguardian.com/world/2019/dec/24/jews-bukhara-uzbekistanfear-community-will-fade-away
Text, Wordlist, text/html, UTF8 (Content-type), 2019-12-24 (Body near 'Last Modified')

    1:  Photograph: Andrew Roth/The Guardian The ancient Silk Road city once had a thriving Jewish population,
    2:  Once home to more than 23,000 Jews, the ancient Silk Road city of Bukhara now has around 200. Thousands of

2) https://www.theguardian.com/film/2020/sep/07/disney-remake-of-mulan-criticised-for-filming-in-xinjiang
Text, Wordlist, text/html, UTF8 (Content-type), 2020-09-17 (Body near 'Last Modified')

    3:  ationalism." Parts of the story are set along the Silk Road. The region of Xinjiang was once an important

3) https://www.theguardian.com/books/2019/may/11/new-silk-roads-peter-frankopan-review
Text, Wordlist, text/html, UTF8 (Content-type), 2019-05-11 (URL)

    4:       Frankopan shows how nations along the old Silk Road have been busily cultivating cross-border
    5:   sweep of Chinese investment, Frankopan's "new Silk Road" is often less an account of what's happening in

4) https://www.theguardian.com/world/2019/mar/23/italy-china-new-silk-road-belt-and-road-g7
Text, Wordlist, text/html, UTF8 (Content-type), 2019-03-23 (Body near 'Last Modified')

    6:       merchant and explorer who travelled the old Silk Road in the middle ages, as being the "first bridge"
```

图 6-33　在 The Guardian Open Platform 中检索"Silk Road"的结果

2. 如何限定语料索引的域名？

（1）在高级检索中，用户可限定在某一域名中使用 Bing 引擎检索语料。WebCorp 界面向用户推荐了较受欢迎的网站，如 BBC News 和维基百科。用户可直接点击推荐网站作为检索域名，或自定义输入要检索的域名。

（2）需要注意的是，域名中无须包含"http://"网址前缀。若限定两个及以上域名，可使用空格隔开，如"www.cnn.com www.abc.com"。若只限定检索的站点而非某一具体网站，可输入部分 URL，如".ac.uk"表示将范围限制在英国学术机构网站。若想要避开在某一域名中检索语料，可在域名前加"-"符号。输入示例如图 6-34 所示。

图 6-34　在 WebCorp 中限定域名

（3）检索结果如图 6-35 所示，语料信息均出自域名以".ac.uk"结尾的英国学术机构网站。

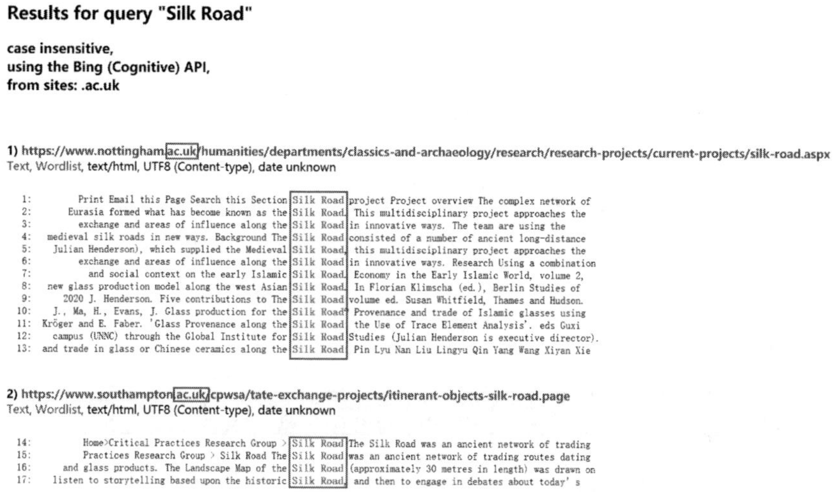

图 6-35　在 WebCorp 中检索"Silk Road"并限定域名为".ac.uk"的结果

3. 如何指定语料索引的时间范围？

（1）检索语料后，如图 6-36 所示，WebCorp 提供检索结果的处理功能，包括总结词汇搭配表达、筛选排列方式。

图 6-36　在 WebCorp 中处理检索后的结果

（2）在"Filter by Date"选项卡中，用户可选择距今的某一时间段，或自定义某一时间范围，图 6-37 所示。

图 6-37　WebCorp 中的时间范围选项卡

4. 如何提取网页词表？

（1）在译前准备阶段，如果译者能快速从网页资源中抓取并整理出高频单词或短语，这将对了解相关主题或领域起到事半功倍的作用。WebCorp 的"Wordlist Tool"功能可以高效生成网页单词表。图 6-38 是该功能的初始界面。

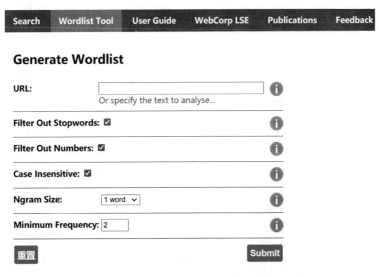

图 6-38　WebCorp 中"Wordlist Tool"的功能初始界面

（2）以在 Wikipedia 下的"Respiratory System"词条中检索为例，如图 6-39 所示：在 URL 输入该词条的网址，默认勾选"Filter Out Stopwords"过滤掉停用词、"Filter Out Numbers"过滤掉数字、"Case Insensitive"不区分大小写，把"Ngram Size"设置为"2 words"，表示检索出以两个单词为单位的搭配，把"Minimum Frequency"设置为"2"，表示最低的重复频率为两次。

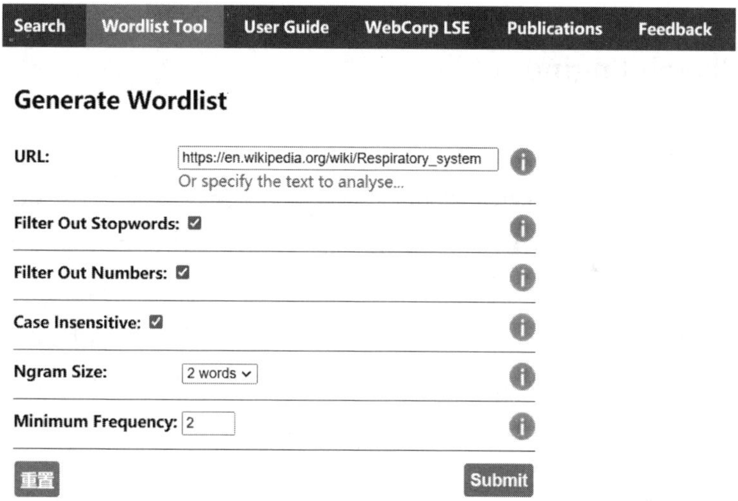
Search
Wordlist Tool
User Guide
WebCorp LSE
Publications
Feedback
Generate Wordlist
URL:
https://en.wikipedia.org/wiki/Respiratory_system
Or specify the text to analyse...
Filter Out Stopwords:
Filter Out Numbers:
Case Insensitive:
Ngram Size:
2 words
Minimum Frequency:
2
重置
Submit

图 6-39 在 WebCorp 的“Wordlist Tool”中进行相关设置

（3）生成的单词表如图 6-40 所示。点击“Ngram”列中的行，即可查看该搭配在网页内容中出现的位置和语境。

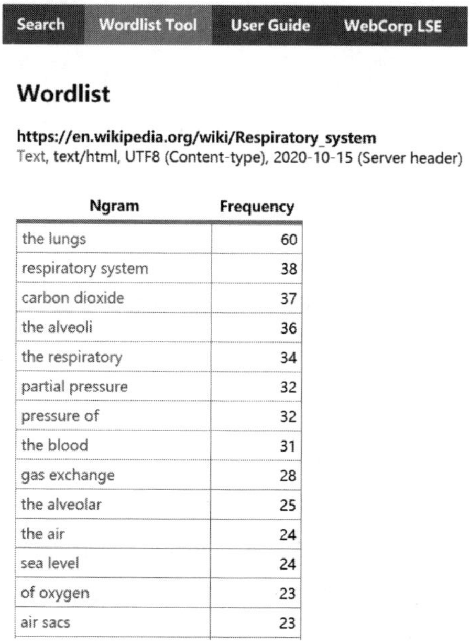
Search
Wordlist Tool
User Guide
WebCorp LSE
Wordlist
https://en.wikipedia.org/wiki/Respiratory_system
Text, text/html, UTF8 (Content-type), 2020-10-15 (Server header)
Ngram
Frequency
the lungs
60
respiratory system
38
carbon dioxide
37
the alveoli
36
the respiratory
34
partial pressure
32
pressure of
32
the blood
31
gas exchange
28
the alveolar
25
the air
24
sea level
24
of oxygen
23
air sacs
23

图 6-40 WebCorp 中“Wordlist Tool”的词表结果页面

四、Sketch Engine

(一) 系统介绍

语料库检索工具 Sketch Engine[①] 能够基于大量的真实文本，根据语法成分自动提取词语的搭配规律，识别罕见或新兴的用法。Sketch Engine 支持单词概览、单词辨析、单词搭配、同义词查找、语料索引、建立语料库等丰富的核心功能，被应用于词典编撰、语言教育和翻译研究等多领域。另外，该工具也能基于网络资源或本地文档，自建特色语料库，提取单词表。首先，以默认选择 BNC 语料库为例，该工具的操作面板如图 6-41 所示。

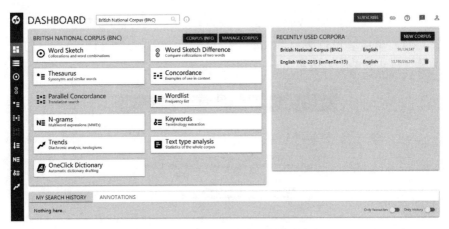

图 6-41　Sketch Engine 的操作面板

(二) 案例演示

1. 如何使用 Word Sketch？

（1）操作面板中选中"Word Sketch"，在"Basic"选项页面上直接输入想要查找的单词，也可以通过"Advanced"界面进一步限制所搜内容的词性（Part of speech）、出现的最低频率（Minimum frequency）、文本的来源类型（Text types）等，如图 6-42 所示。

---

① https://www.sketchengine.eu/.

图 6-42　Sketch Engine 中"Word Sketch"的输入界面（高级功能）

（2）以在"Basic"下检索"collaborate"为例。检索后页面上出现该单词的概览，包括其常搭配的修饰词、宾语、主语等，如图 6-43 所示。

图 6-43　Sketch Engine 中"collaborate"的单词概览

（3）点击某一选项卡右上角第一个图标，可显示该部分搭配在上下文中的语境。点击某一搭配的右方选项，也可显示来源语料，如图 6-44 和图 6-45 所示。

图 6-44　Sketch Engine 中查看语境的图标

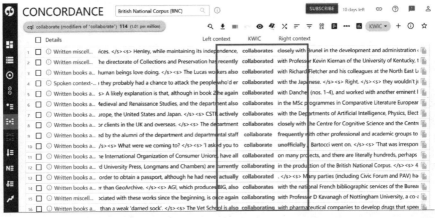

图 6-45　在 Sketch Engine 中查看"collaborate"的上下文语料

2. 如何进行单词辨析？

（1）操作面板中点击"Word Sketch Difference"，输入两个需要辨析的单词，以"collaborate"和"cooperate"为例，检索面板如图 6-46 所示。

图 6-46　Sketch Engine 中 "Word Sketch Difference" 的检索界面

（2）检索后，如图 6-47 所示，界面以同义词、主语、谓语、修饰词等分类比较两者不同的搭配习惯。两个单词分别代表绿色和红色，颜色从中间由浅到深两极分化，颜色越深则表示该搭配越常见。通过基于实际语料的单词辨析，用户可以反思自己的用法误区，让写作表达更地道。

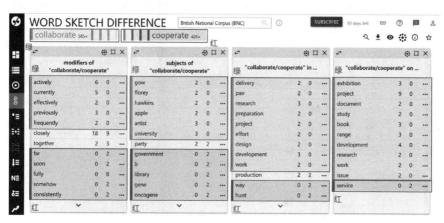

图 6-47　Sketch Engine 中 "cooperate" 和 "collaborate" 的辨析结果

3. 如何查找同义词？

操作面板中点击 "Thesaurus"，输入想要检索的单词或词根。以检索 "obtain" 为例，检索结果以词频降序排列，如图 6-48 所示。

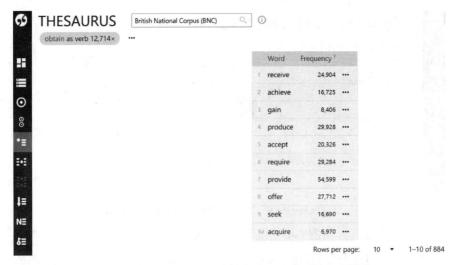

图 6-48　在 Sketch Engine 中检索"obtain"同义词的结果

4. 如何创建新的语料库？

Sketch Engine 能基于网络资源或本地文档，自建新的语料库。该功能入口如图 6-49 所示。

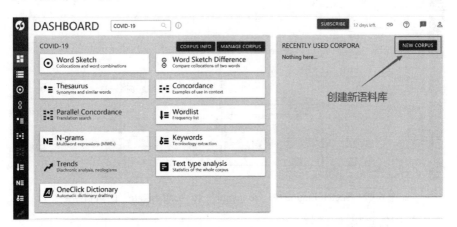

图 6-49　在 Sketch Engine 中点击"NEW CORPUS"新建语料库

（1）设置新语料库的属性，包括命名、选择"Single Language Corpus"或"Multilingual Corpus"为单语或双语语料库，选择源语言，或对该语料库进行必要的说明。现以创建与 COVID-19（新冠肺炎）有关的单语语料库为例，如图 6-50 所示。

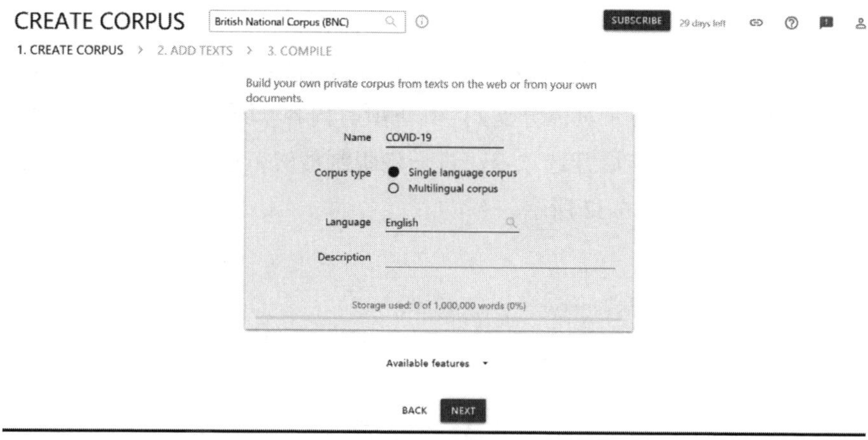

图 6-50　在 Sketch Engine 中设置新建语料库的属性

（2）添加文本。Sketch Engine 支持从网络文本或本地文档中建立语料。若选择网络资源，它可以通过三种途径，直接获取并下载文本；若选择本地文档，用户可以上传多种文件格式，包括常见的 .doc, .docx, .htm, .html, .pdf, .tgz, .tmx, .txt, .xml, .zip 等等，也可直接粘贴文本。现以选择"Find texts on the web"从网络获取文本为例，选择界面如图 6-51 所示。

图 6-51　在 Sketch Engine 中为新建语料库添加文本

（3）若基于网络资源获取文本，用户可以选择输入类型，包括"Web search"（网络主题搜索）、"URLs"（网页内容搜索）、"Website"（全网站搜索）。"Web search"指输入 3 至 20 个与主题相关的词或词组，该工具会随机组合 3 个词为单位，放到 Bing 引擎内搜索，将相关文本纳入语料库；"URLs"指输入一个或多个网址，网页内容纳入语料库；"Website"指输入某个网站（可带具体分支），其下所有内容（不多于 2000 个网页）纳入语料库。用户能展开选项卡，进一步限制搜索范围。现以选择"Web search"为例，如图 6-52 所示。

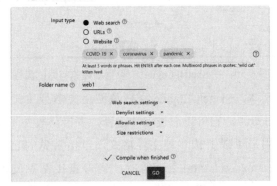

图 6-52　在 Sketch Engine 中为新建语料库设置网络文本相关属性

（4）该工具会筛选出相关网页，供用户进一步选择文本来源，如图 6-53 所示。

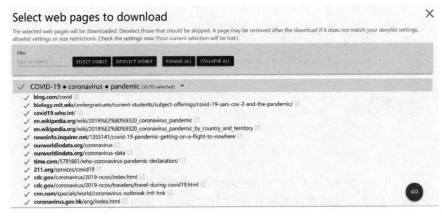

图 6-53　在 Sketch Engine 中为新建语料库筛选网络文本来源

（5）文本加载完成后，用户可以进一步点击左下"Extract Keywords & Terms"，提取新语料库中的关键词和术语，如图 6-54 所示。

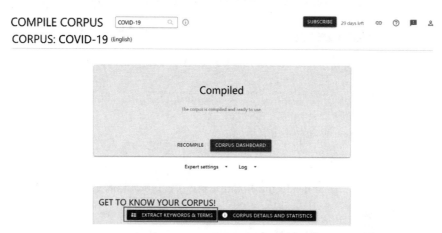

图 6-54　Sketch Engine 中新建语料库的文本加载完成界面

5. 如何提取语料库的关键词和术语？

（1）以第四点新建的语料库"COVID-19"为例，点击提取关键词和术语后，结果如图 6-55 所示。

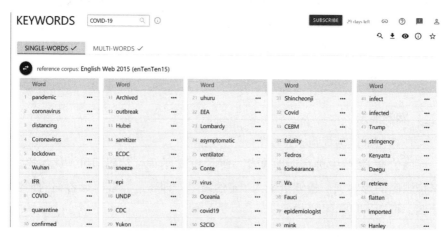

图 6-55　在 Sketch Engine 中提取语料库关键词和术语的结果

（2）点击右上角下载按钮，可以将提取结果导出为 .cvs, .xls, .xml 格式，或将该界面导出为 .pdf 格式，如图 6-56 所示。

297

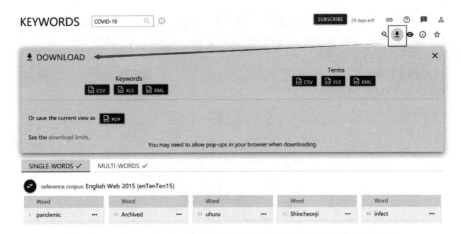

图 6-56　在 Sketch Engine 中导出语料库关键词和术语的提取结果

五、北京语言大学语料库中心

（一）系统介绍

北京语言大学语料库中心（BLCU Corpus Center），简称 BCC[①]，含原始语料、分词语料、词性标注语料，同时可以支持短语结构树的语料库检索。BCC 共有分类检索、历时检索、自定义检索和对比检索四种检索模式。BCC 检索式由字、词和语法标记等单元组成，并且支持通配符和离合查询。

（二）案例演示

1. 如何根据词性检索搭配？

（1）在 BCC 中进行词性检索，使用 BCC 的词性编码即可，比如检索修饰眼睛的形容词，检索框输入"a 的眼睛"即可，"a"即形容词的词性编码，检索结果如图 6-57 所示。

---

① http://bcc.blcu.edu.cn/.

图 6-57　在 BCC 的多领域模块中检索"a 的眼睛"的结果

（2）除了寻找修饰词，也可以利用此功能寻找合适的动词搭配。比如在翻译"encourage corruption"的时候，感觉"鼓励腐败"的感情色彩不是太合适，我们可以通过检索"v 腐败"寻找更合适的搭配。在检索结果页面左上角点击"统计"，检索统计结果如图 6-58 所示，我们发现"滋生腐败"这种表达更为地道。

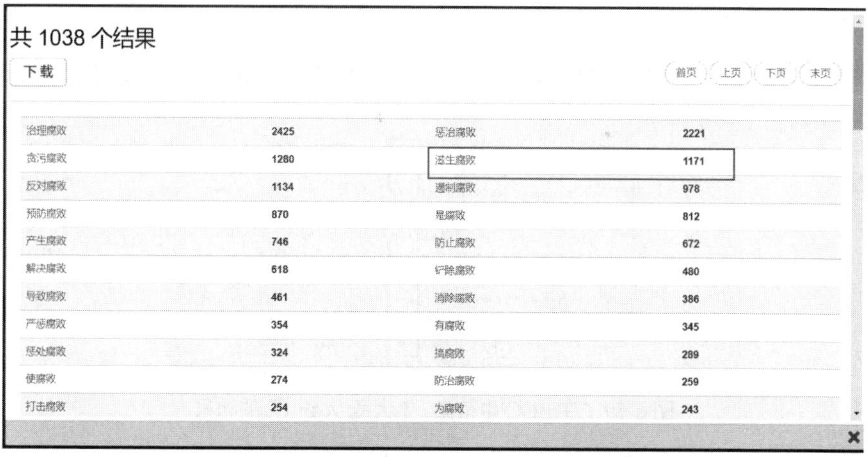

图 6-58　在 BCC 中检索"v 腐败"的结果

（3）BCC 更多词性编码可参照表 6-5。

表6-5 BCC常用词性列表

编码	名称	编码	名称	编码	名称	编码	名称
a	形容词	i	成语	nt	机构团体	u	助词
ad	副形词	j	简称略语	o	拟声词	v	动词
an	名形词	m	数词	p	介词	vn	名动词
c	连词	n	名词	q	量词	w	标点符号
d	副词	nr	人名	r	代词	y	语气词
f	方位词	ns	地名	t	时间词	vd	副动词

2. 如何使用"或"进行高效搜索？

（1）BCC检索式中进行"或"关系查询的符号为"[ ]"，比如，想检索含"大概"和"大约"的相关语料，检索框需输入"[大概 大约]"，关键词之间需要用空格隔开，检索结果如图6-59所示。

图6-59 在BCC中检索"[大概 大约]"的结果

（2）该符号也支持多词性检索。如检索"非X不可（X为动词或名词）"的构式，检索框需输入"非 [n v] 不可"。同样，词性编码之间需要用空格隔开，检索结果如图6-60所示。

图 6-60　在 BCC 中检索"非 [n v] 不可"的结果

3. 如何利用通配符进行检索？

（1）符号"."表示匹配一个汉字或者符号。比如想要检索"大 A 大 B"构式的词语，检索框可以输入"大.大."，点击检索，接着在检索结果页面点击统计，统计结果如图 6-61 所示。

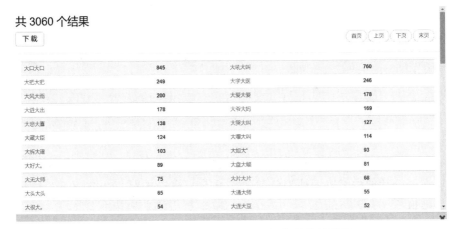

图 6-61　在 BCC 中检索"大.大."的统计结果

（2）符号"~"表示匹配一个词，比如想要检索"以 + 一个词 + 之名"，检索框需输入"以~之名"，检索结果如图 6-62 所示，检索统计结果如图 6-63 所示。

图 6-62 在 BCC 中检索"以～之名"的结果

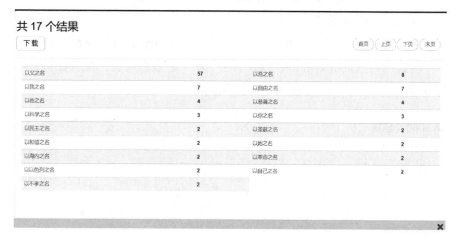

图 6-63 在 BCC 中检索"以～之名"的统计结果

（3）符号"@"也可以代表一个词，在检索反馈中和"～"没有差异，但在统计功能中将以词性为分类进行统计，图 6-64 为"以 @ 之名"的统计结果。

第六章·语料库检索

共 44 个结果			
下载		首页 上页 下页 末页	
以+a+之名	16	以+r+之名	9
以+ns+之名	5	以+l+之名	4
以+t+之名	3	以+nz+之名	3
以+vn+之名	3	以+Ng+之名	3
以+s+之名	2	以+b+之名	1
以+Vg+之名	1	以+Rg+之名	1
以+Ag+之名	1	以+Tg+之名	0
以+Ug+之名	0	以+VV+之名	0
以+PU+之名	0	以+ad+之名	0
以+P+之名	0	以+NT+之名	0
以+an+之名	0		

图 6-64　在 BCC 中检索 "以 @ 之名" 的统计结果

（4）符号 "*" 表示离合检索，尤其适用于检索句式。比如想要检索 "如果……，那么……" 句式的句子，检索框输入 "如果 *，那么" 即可，检索结果如图 6-65 所示。

图 6-65　在 BCC 中检索 "如果 *，那么" 的结果

（5）需要注意的是，很多人检索 "是……的" 句式时，第一反应可能是输入 "是 * 的"，但是这个句式中，"的" 后面没有其他内容，因此我们需要对其定界。BCC 检索式中定界符号为 "w"，也就是表 6-5 所列的标点符号的词性编码，因此检索框需输入 "是 * 的 w"。

4. 如何进行词性约束？

在 BCC 检索式中，词性约束符号为"/"，约束范围为"/"前的连续串。如想检索以"打"字开头的双音节动词，检索式为"打 ./v"，检索结果如图 6-66 所示。

图 6-66　在 BCC 中检索"打 ./v"的结果

5. 如何进行对比检索？

（1）对比同一来源的不同词汇。点击初始页面的"对比"，跳出选择界面，来源选框选"单一来源中"，领域选框选要检索的选框，如"多领域"，接着输入两个对比词。如输入"开展 v"和"展开 v"，输入示例如图 6-67 所示。

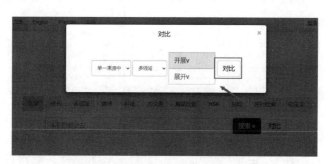

图 6-67　在 BCC 中进行单一来源对比检索的输入示例

（2）点击对比，检索结果如图 6-68 所示，左上角可选词云或列表显示。

第六章 · 语料库检索

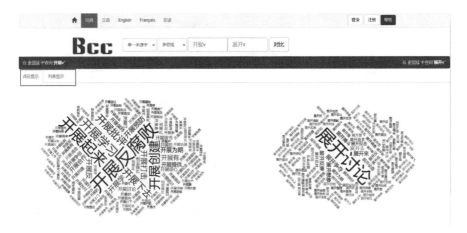

图 6-68　在 BCC 中进行单一来源对比的检索示例（词云显示）

（3）也可以对比同个词在不同来源的使用情况，来源选框改为"两个来源中"，领域选择所需检索的两个领域，如"报刊"和"科技"，输入关键词，如"本地化"，可选词云、列表或者柱状图显示，检索结果如图6-69 所示。

图 6-69　在 BCC 中进行两个来源对比的检索示例（列表显示）

6. 如何查看词语的历时演变？

（1）点击初始界面的历时检索。历时检索采用的语料来源于 1948 年至 2015 年的人民日报语料，检索以"年"为单位；

（2）在检索框中输入关键词，如输入"改革"，点击检索，结果如图6-70 所示，可以发现该词在 1992 年使用频率最高；

（3）左上角可切换频率与频次图，右上角可切换数据视图、折线图与柱状图，还可保存检索图片。

305

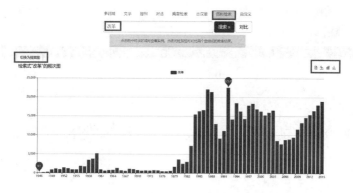

图 6-70　在 BCC 中以"改革"为例进行历时检索

六、现代汉语平衡语料库

(一) 系统介绍

现代汉语平衡语料库[①]的通用性和平衡性通过语料样本的分布广度和比例控制实现。语料输出可选生语料与标注语料。该语料库共有三种检索模式,分别是:

(1) 整词匹配:使用整词索引进行查询,可带词类,多关键词时忽略顺序,速度快,多关键词查询时任一关键词未被索引则不能返回结果。

(2) 模糊匹配:模糊匹配最易查全,可带词类,多关键词时考虑前后顺序,速度较慢。支持查询词类串。

(3) 全文检索:使用全文检索方式进行查询,不可带词类,多关键词时忽略前后顺序,速度快,但不能检索"的""了"等极高频词。

(二) 案例演示

1. 如何使用"和"进行高效搜索?

(1) 使用空格间隔开关键词,如想检索既含"文化"又含"交际"的语料,检索框直接输入"文化 交际"即可,整词匹配检索结果如图 6-71 所示,对关键词顺序不做区分。点击右边图标可以隐藏语料来源等信息。

---

① http://corpus.zhonghuayuwen.org/CnCindex.aspx.

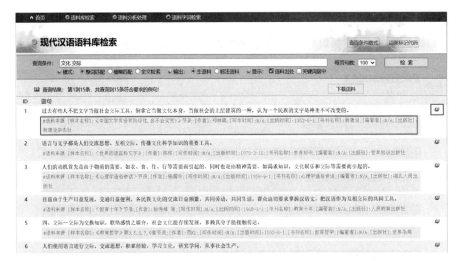

图 6-71 在现代汉语平衡语料库中整词匹配"文化 交际"的结果

（2）对多关键词进行模糊搜索将对关键词顺序区分，检索结果如图 6-72 所示。

图 6-72 在现代汉语平衡语料库中模糊匹配"文化 交际"的结果

（3）也可以使用"+"连接多关键词。如输入"文化+交际"，关键词与"+"之间需用空格间隔，检索结果同上。

2. 如何使用"或"进行高效搜索？

（1）该语料库中"或"关系查询符号为"@"，如想检索含"可信"或"可靠"的语料，检索框输入"可信 @ 可靠"即可，关键词与"@"

同样需要空格间隔；

（2）"或"关系查询只适用于整词匹配，检索结果如图 6-73 所示。

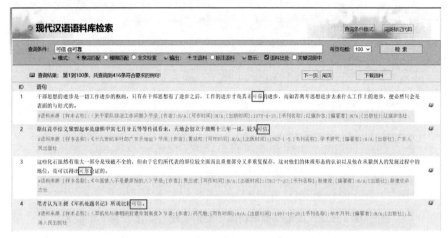

图 6-73　在现代汉语平衡语料库中检索"可信 @ 可靠"的结果

3. 如何使用"非"进行高效搜索？

（1）该语料库中"非"关系查询符号为"-"，如想检索含"研究"但不含"教学"的语料，检索框需输入"研究 - 教学"，"-"与前面的关键词之间也需要空格间隔开；

（2）"非"关系查询只适用于整词匹配，检索结果如图 6-74 所示。

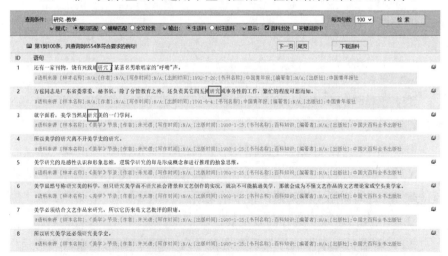

图 6-74　在现代汉语平衡语料库中检索"研究 - 教学"的结果

4. 如何进行词性约束？

（1）现代汉语平衡语料库词性约束格式与 BCC 语料库相同，都是词性约束符号"/"加上词性标记代码，词性代码对照（下表简称代码）如表 6-6 所示。

表 6-6　BCC 词性代码对照表

代码	词性	代码	词性	代码	词性
n	普通名词	nt	时间名词	nd	方位名词
nl	处所名词	nh	人名	nhf	姓
nhs	名	ns	地名	nn	族名
ni	机构名	nz	其他专名	v	动词
vd	趋向动词	vl	联系动词	vu	能愿动词
a	形容词	f	区别词	m	数词
q	量词	d	副词	r	代词
p	介词	c	连词	u	助词
e	叹词	o	拟声词	i	习用语
j	缩略语	h	前接成分	k	后接成分
g	语素字	x	非语素字	w	标点符号
ws	非汉字字符串	wu	其他未知的符号		

（2）如想要检索"笑"作为名词的语料，检索框需输入"笑/n"。如想要检索标注语料，在输出栏点击标注语料即可，检索结果如图 6-75 所示。

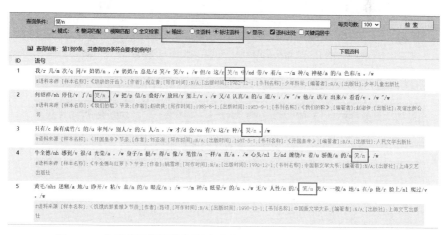

图 6-75　在现代汉语平衡语料库中检索"笑/n"的标注语料的结果

第二节　双语语料库

双语语料库可作为十分有效的翻译"利器",弥补单语语料库的不足。双语语料库可以实现对于单词、短语结构或固定搭配的检索,为用户提供丰富的上下文使用情景案例,便于教师进行深入讲解,学习者进行理解与仿写。

一、北大法律英文网

(一)系统介绍

北大法律英文网[①]并非严格意义上的语料库,但是它可以检索法律新闻、法律法规、司法判例、法律期刊、国际条约、白皮书、政府公报与法律术语,支持中英文双语对照查看,方便译者研究、理解和提高用词准确度,进一步提升法律翻译能力,所以一定程度上可以作为语料库使用。图6-76为北大法律英文网检索初始界面。

图6-76　北大法律英文网的初始检索界面

---

① http://www.lawinfochina.com/.

（二）案例演示

1. 如何对标题进行精确检索？

（1）在"中文关键词"栏或"英文关键词"栏输入关键词，如在"中文关键词"栏输入"无罪推定"；

（2）选择对标题进行检索还是对全文进行检索。点击"Title"表示对标题进行检索，点击"Full Text"表示对全文进行检索。此处案例选择对标题进行检索；

（3）在"search mode"选择检索模式，"exact search"表示精确检索，"fuzzy search"表示模糊检索。此处案例选择精确检索；

（4）检索结果如图 6-77 所示，在法律期刊共检索到 34 个结果，并查找到一个相关术语。

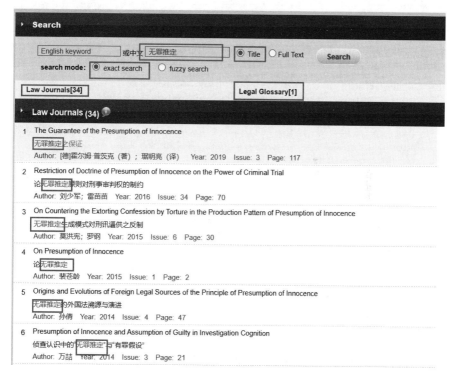

图 6-77　在北大法律英文网中检索"无罪推定"的结果

2. 如何根据发行机关、主题与发布日期检索法律新闻？

（1）点击"Legal News"进入法律新闻检索板块；

（2）在"Issuing Authority"中选择发行机关，此处案例选"National People's Congress"（全国人大）。

（3）在"Subject"中选择主题，此处案例选"Civil law"（民法）。

（4）在"Publish Date"中填写发布日期，如填"09012015"-"09012020"（前两位为月份，第三四位为日期，后四位为年份）。

（5）检索示例与结果如图6-78所示，标题后有"Chinese"样式的表示有中文文本可对照。

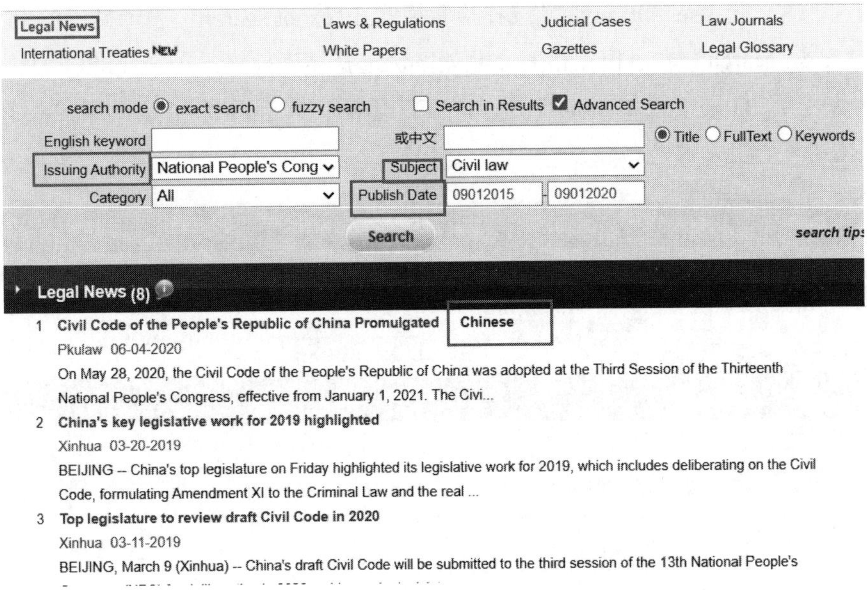

图6-78 在北大法律英文网法律新闻板块中的检索示例

3. 如何根据领域与状态检索法律法规？

（1）点击"Laws & Regulations"进入法律法规板块。

（2）在"Area of Law"中选择领域，如选择"Big Data"，表示选择"大数据"领域。

（3）在"Level of authority"中选择效力级别，此处案例选一级标题的"Administrative Regulations"，表示检索行政法规。

（4）在"Status"中选择时效性，此处案例选"Effective"，表示检索已生效法律。

（5）检索结果如图6-79所示。

图 6-79　在北大法律英文网法律法规板块中的检索结果

4. 是否支持检索语法进行高效检索？

北大法律英文网除了根据领域、主题、发行日期与发行机关等模块进行检索，还可通过检索语法高效检索出所需结果，如"和""或""非"检索语法，具体用法和示例请参照表 6-7。

表 6-7　在北大法律英文网中使用"和""或""非"进行高效搜索的符号与示例

关系	符号或单词	示例
和	and	Legal and system
	&	Legal & system
	*	Legal *system
或	or	Legal or system
	+	Legal + system
	|	Legal|system

（续表）

关系	符号或单词	示例
非	!	Legal!system
	-	Legal-system

5. 如何使用谷歌进行站点搜索？

（1）先锁定站点，在检索框中输入"site:lawinfochina.com"；

（2）如检索标题中含有"open market operations"的相关材料，在检索框中接着输入"intitle:"open market operations""即可，输入示例与检索结果如图 6-80 所示。

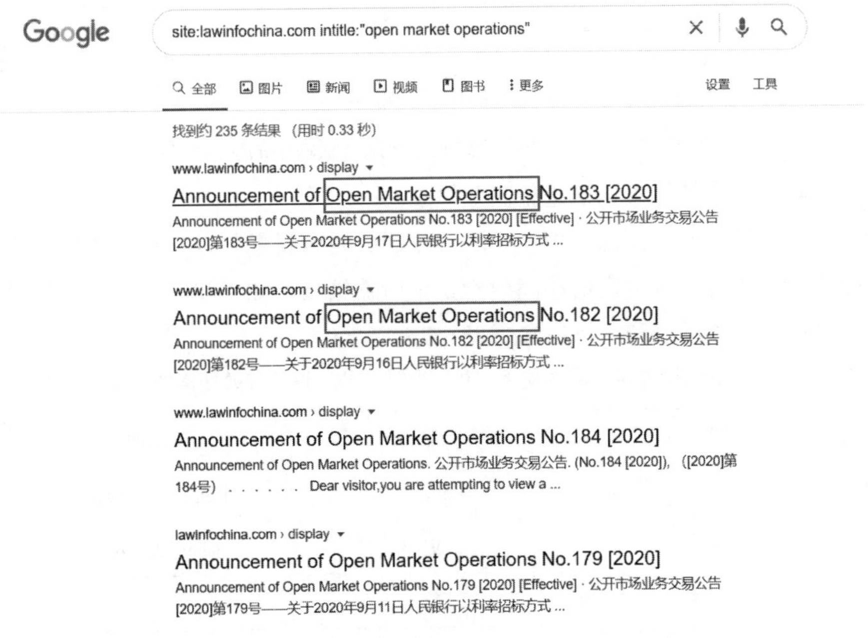

图 6-80　使用谷歌检索北大法律英文网中标题含"open market operations"的语料

（3）如检索正文中含有"patent protection"的相关材料，在检索框中接着输入"intext:"patent protection""即可，输入示例与检索结果如图 6-81 所示。

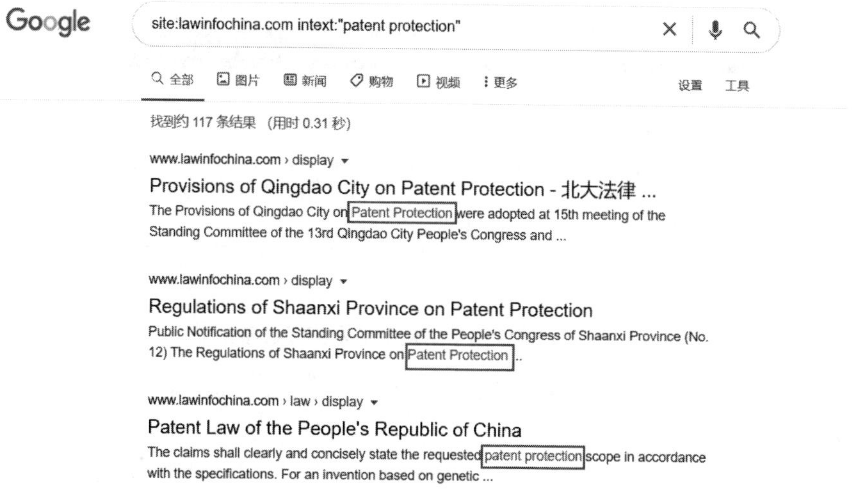

图 6-81　使用谷歌检索北大法律英文网中正文含"patent protection"的语料

二、知网翻译助手

（一）系统介绍

不同于一般的英汉互译工具，知网翻译助手[①]是以知网总库所有文献数据为依据，不仅提供英汉词语、短语的翻译检索，还可以提供句子的翻译检索。不但对翻译需求中的每个词给出准确翻译和解释，还给出大量与翻译请求在结构上相似、内容上相关的例句，方便译者得到恰当的翻译结果。

（二）案例演示

1. 如何获取某个领域学术翻译必备词汇？

（1）在初始界面点击"更多学术翻译必备词汇"，进入完整列表，如图 6-82 所示。

---

① http://dict.cnki.net/.

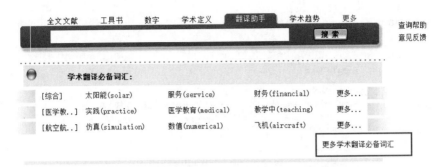

图 6-82 在知网翻译助手中检索学术翻译必备词汇步骤一

（2）定位到所查询领域，如"中药学"，并点击进入，如图 6-83 所示。

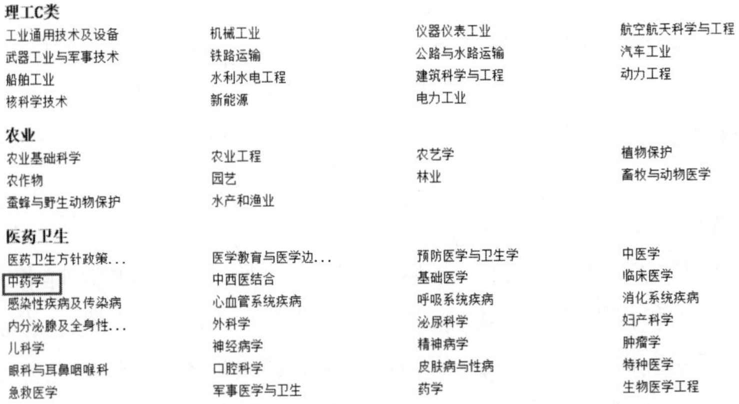

图 6-83 在知网翻译助手中检索学术翻译必备词汇步骤二

（3）生成按词频排序的词汇表，如图 6-84 所示。

中药学专业学术翻译必备词汇

编号	中文	英文	使用频度	中文查询频度	英文查询频度
1	影响	effect	16031	8799	1639
2	作用	effect	15641	3052	1639
3	含量	content	11896	2786	1588
4	测定	determination	9006	3138	1437
5	大鼠	rat	8736	336	476
6	中药	chinese	6765	808	136
7	水平	in	6321	1132	759
8	损伤	in	6189	478	759
9	观察	effect	5949	1662	1639
10	胶囊	capsule	5768	231	284
11	实验	experimental	5734	2051	630
12	回收率	recovery	5730	667	1003
13	机制	mechanism	5612	1534	1774
14	正常	normal	5488	695	785
15	保护作用	protective	4983	80	138
16	化学成分	chemical	4622	683	354
17	注射液	injection	4364	151	514
18	抑制	effect	4219	1874	1639
19	体外	vitro	3996	270	2559
20	提取物	extract	3710	389	1361

共46页 共[915]词汇 首页 上一页 1 2 3 4 5 6 7 8 9 10 11 下一页 尾页

图6-84　在知网翻译助手中检索学术翻译必备词汇的结果

2. 如何检索专业术语及其相关例句？

（1）检索框中输入关键词，如输入"姜黄素"，结果框将显示"字典""双语例句""英文例句""文摘"等全部结果。也可在导航栏点击"字典"，进入字典界面，如图6-85所示，可以得到术语翻译，括号后的数字表示检索结果条数。需要注意的是，该网站不是所有对应翻译都是准确的，还需要多加甄别。

图6-85　在知网翻译助手中检索"姜黄素"的词典结果

（2）点击导航栏的"双语例句"，进入双语例句界面，如图6-86所示，可查看中英双语例句，而且例句按照术语翻译进行分类，点击短句来源可查阅完整原文，点击更多可查看完整检索结果。

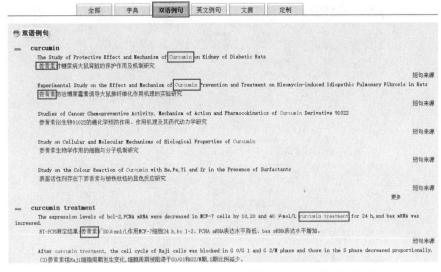

图6-86 在知网翻译助手中检索"姜黄素"的双语例句结果

（3）"双语例句"页面底部还可进行自定义例句检索，如想查看译文中含有"cell"的双语例句，检索结果如图6-87所示。

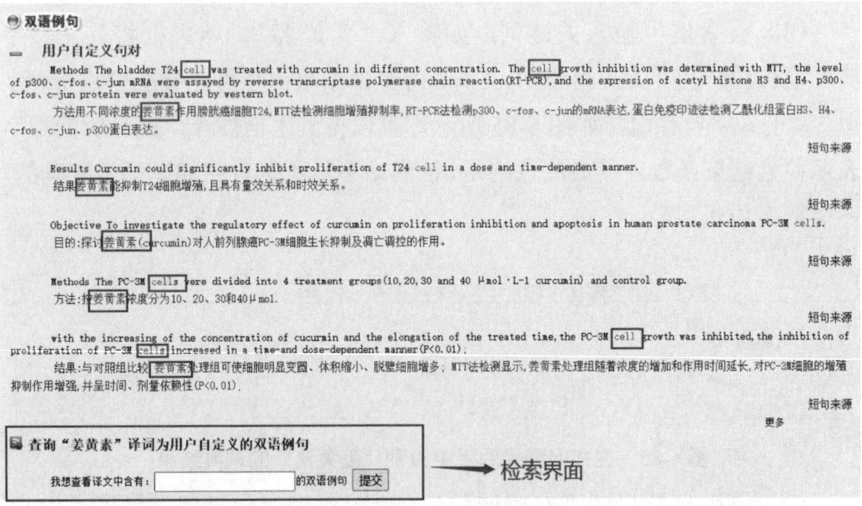

图6-87 在知网翻译助手中检索原文含"姜黄素"且译文含"cell"的双语例句

（4）点击导航栏的"文摘"，还可查阅与术语相关的文摘，如图6-88

所示。

> **相关文摘**
>
> A method has been described for colorimetric determination of microgram amounts of boron in uranium dioxide. The sample containing boron was dissolved byphosphoric acid and hydrogen peroxide then transferred into a quartz distillation flask. The boron in the solution was separated from foreign elements in the form oftrimethyl borate by distilling in the presence of methyl alcohol and absorbed byalkaline absorbant. After evaporated to dryness and deprived water, the boron in amedium of sulfuric acid and acetic acid... 显示全部
> 本文介绍二氧化铀中微量硼的比色测定方法。试样用磷酸、过氧化氢溶解,所得溶液转入石英蒸馏瓶中,在甲醇存在下,硼以硼酸甲酯的形式与基体及其它杂质元素分离。碱性吸收溶液经苯乙酸酚氏中硼与形成红色络合物,在550毫微米波长处进行比色测定。方法测定范围为0.05—0.30微克,二氧化铀样品含硼量在0.11和1.36ppm时,精密度分别为±14.7%和±6.2%。当加入0.1微克的硼时,回收率为80～110%。
>
> In order to suit the present condition of basic level laboratories, we againsimplified the curcumin method which had been modified by our research groupin 1978. The principal simplified aspects may be described as follows: 1). The available boron in soil is extracted by putting the plastic bottleinto a boiling water bath aud boiling it for fifteen minutes, instead of usingthe guqrtz flask with a condenser tube and boiling it for 5 minutes. 2). In the procedure of vapouring and colour-forming, the quartz dish... 显示全部
> 简化姜黄素法是在本院农化教研室改进的姜黄素法的基础上作了些简化:1.用塑料瓶配软质玻璃管作空气冷凝在沸水浴中加热15分钟代替用石英三角瓶在石英冷凝管下文火煮沸5分钟提取土壤有效硼。2.蒸干显色过程中以突蒸发皿代替石英蒸发皿。对取自个省、有效硼含量为0.08-0.87ppm的十八个土样,用原法与简化法的测定结果进行t检验,所有t值均小于0.05,表明差异不显著,进行F检验结果,除有一个F值大于0.05外,其余均小于0.05,表明精密度亦不亚于原法。回收率达88.1-106.6%,是比较满意的。实验设备价格低廉,避免使用一系列昂贵而又容易损坏的石英器皿。操作也方便,适于基层实验室采用。
>
> The protective effect of Curcuma Longa Rhizome (CLR) on ischemic myocardium was studied in rats and rabbits. The electrocardiographic pattern of ischemic myocardium induced by pituitrin 0.4 iv, was effectively protected by CLR fluidextract (p<0.01). In isolated rabbit heart, the coronary arterial spasm induced by pituitrin 0.4, could be effectively antagonized by CLR fluidextract, and the coronary outflow was dramatically increased. It was found by means of 86Rb method, that there was a significant increase... 显示全部
> 本文研究了姜黄对兔和大鼠实验性心肌缺血和对离体兔心灌流量的影响,姜黄的主要有效成份姜黄素对营养性心肌血流量的影响和毒性试验。结果表明,姜黄对兔和大鼠实验性心肌缺血有保护作用,对离体兔心有直接扩张冠脉、显著增加冠脉流量的作用,姜黄素有显著增加营养性心肌血流量的作用。

图6-88　在知网翻译助手中检索"姜黄素"的相关文摘结果

第三节　常用句库

句库是以句为单位的语料库,主要作为翻译工具使用。对于自然语言研究工作者,由于其通常包含了海量的句库语料,可以为机器翻译提供重要的数据支持。下面将展开介绍句酷和通译典。

一、句酷

(一) 系统介绍

句酷[①]致力于帮助非英语母语者寻找地道表达,提高译文准确性。句酷的双语例句库语料量大、覆盖面广、真实地道,目前支持中英、中日、日英三种语言对的检索。不仅可以查找双语例句,同时具备词典功能,提供高频搭配供译者选择。

---

① http://www.jukuu.com/.

（二）案例演示

1. 如何丰富译文表达？

（1）在检索框输入关键词，如"restorative"，点击"句酷一下"，检索结果如图6-89所示，除了可以直接查看双语例句，还可以利用右栏的"释义分布"丰富译文表达。

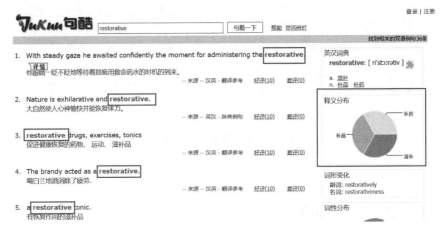

图6-89　在句酷中检索"restorative"的释义分布

（2）汉译英同样适用，如输入"坚持"，检索结果如图6-90所示。

图6-90　在句酷中检索"坚持"的释义分布

2. 如何查找地道搭配？

（1）检索框中输入关键词，以检索"purpose"为例，点击"句酷一下"检索结果如图6-91所示，右栏会显示常见动词、常见介词等搭配，可以利用此功能来查找常搭配。

（2）也可以寻找汉语搭配，比如想检索"合同"一般接什么动词，检索框输入"合同"，点击句酷一下，检索结果如图6-92所示。

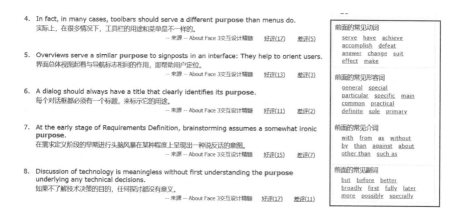

图 6-91　在句酷中检索"purpose"的常见搭配

图 6-92　在句库中检索"合同"的常见搭配

3. 如何检索含有关键词特定译法的例句?

句酷支持同时输入中文和英文关键词,系统会匹配同时出现中文和英文关键词的例句,比如检索框输入"possible 选择",检索结果如图 6-93 所示。

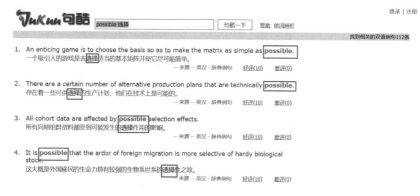

图 6-93　在句酷中检索"possible 选择"的例句

二、通译典

(一) 系统介绍

通译典①翻译句库是目前国内最大的翻译例句库，通译典开发小组编撰句库的目的是为广大翻译工作者提供翻译参考。为方便用户，该句库分为以下细类：单位简介常用套语、产品（设备）使用说明书（包括保修卡等）、商务文书（包括外贸函电常用语、合同格式用语等）、法律文书（主要是中国法律英译）、经济金融（相关术语及词组）、社会文化、政治、体育娱乐、工程技术、自然科学、社会科学、生命科学、行业术语、口语表达（包括常用口语表达、英语成语、谚语等）、习语名句（古汉语、古诗文）、学习英语等。

(二) 案例演示

1. 如何进行多个关键词联合检索？

（1）通译典支持同时输入中文和英文关键词，中文关键词以空格或逗号隔开。如检索既含"跨文化"又含"翻译"的例句，在检索框中输入"跨文化 翻译"或者"跨文化，翻译"即可，检索结果如图6-94所示。

图6-94 在通译典中检索"跨文化 翻译"的结果

---

① http://www.tdict.com/.

（2）英文关键词以逗号分隔，如果没有逗号，则多个单词亦视为一个连续的查询词。如检索既含"culture"又含"translation"的例句，检索框需输入"culture, translation"，检索结果如图 6-95 所示。

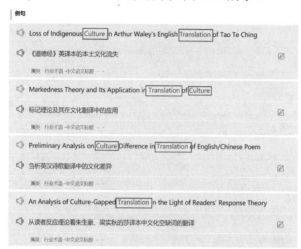

图 6-95　在通译典中检索"culture, translation"的结果

2. 如何进行排除检索？

（1）排除查询格式为：查询词 [- 排除词]，同时支持多个排除词；

（2）以检索原文包含"failure"，译文不包含"失败"和"故障"的条目为例，在检索框中输入"failure[- 失败，故障]"，检索结果如图 6-96 所示。

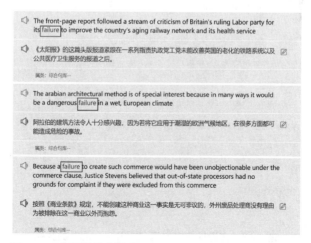

图 6-96　在通译典中检索"failure[- 失败，故障]"的结果

3. 如何使用搭配功能符进行检索？

（1）"[adv]"表示副词，只适用于英文。如输入"increase[adv]"，表示检索副词修饰"increase"的句子，副词可以在后也可以在前，检索结果如图 6-97 所示。

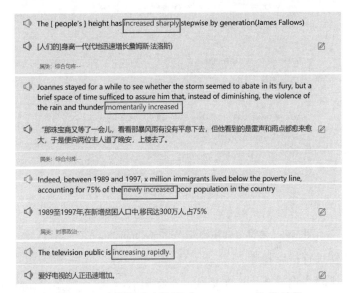

图 6-97　在通译典中检索"[adv]increase"的结果

（2）"[adj]"表示形容词，只适用于英文。如输入"[adj]demand"，系统将检索"形容词+demand"的句子，检索结果如图 6-98 所示。

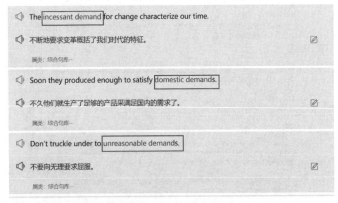

图 6-98　在通译典中检索"[adj]demand"的结果

(3)"[num]"代表数字,中英文兼用。如输入"公元[num]年",结果将包含有"公元**年"的句子,检索结果如图6-99所示。

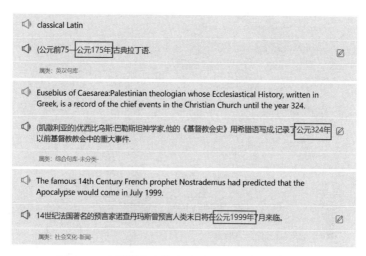

图6-99 在通译典中检索"公元[num]年"的结果

4. 如何使用通配符进行检索?

(1)通配符"*"可以代表任意字母(零个或多个),如输入"ir*ly",检索结果如图6-100所示。

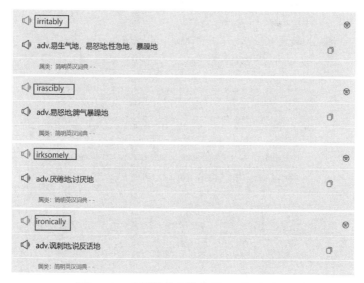

图6-100 在通译典中检索"ir*ly"的结果

（2）通配符"*"还表示零个或多个单词，使用时需要与关键词用空格间隔。如检索"sever * with"，检索结果如图6-101所示。

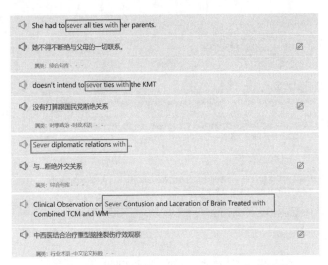

图6-101　在通译典中检索"sever * with"的结果

（3）通配符"_"表示一个单词，需要检索两个单词则输入"_ _"，如检索"on _ _ scale"，检索结果如图6-102所示。

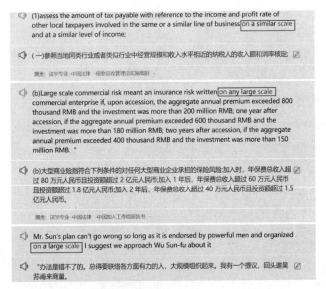

图6-102　在通译典中检索"on _ _ scale"的结果

5. 如何检索人名与地名的翻译？

（1）下拉词典选框，选择人名译典；

（2）在检索框中输入人名，如"Jacqueline"，可以根据属类缩小检索范围，检索结果如图 6-103 所示。

图 6-103　在人名译典中检索"Jacqueline"的结果

（3）下拉词典选框，选择地名译典；

（4）在检索框中地名，如输入"Gadsden"，检索结果如图 6-104 所示，译文为"加兹登"，属类为"世界地名 - 美国"。还可分别点击中英词条的右侧，查阅百度百科与维基百科。

图 6-104　在地名译典中检索"Gadsden"的结果

6. 如何检索缩写词翻译？

（1）下拉词典选框，选择缩写词典；

（2）在检索框中输入缩写词，如"OEM"，点击检索，在结果页面锁定相关属类，如"IT"，再筛选最适合的翻译，检索结果如图 6-105 所示。

图 6-105　在缩写词典中检索"OEM"的结果

第四节　语料库的创建与检索

随着信息技术的飞速发展，语料库的创建与检索也日益成熟。自制语料库往往是单个领域的语料库，更具针对性，对专业领域的翻译可以起到很大的帮助。本节先从语料清洗、语料清洗、格式转换三个步骤介绍语料库的自制过程，接着介绍如何使用 AntConc、CUC_ParaConc 与 BFSU ParaConc 三个语料检索工具进行检索。

一、如何进行语料清洗？

语料清洗是制作语料库重要的一环，语料未清洗完全会影响到语料质量与后期的语料对齐。语料清洗主要分为：补全缺失内容、格式清洗、内容清洗、逻辑清洗。以下主要介绍 Microsoft Word、EmEditor 和文本整理器这三款软件如何进行语料格式清洗。Microsoft Word 可以基于通配符做一些简单的语料清洗，EmEditor 可以使用正则表达式，进行更高级的查找与替换，文本整理器则是一款操作简单却拥有丰富清洗功能的免费软件。

（一）使用 Microsoft Word 进行语料清洗

1. 使用特殊格式符号清除多余空行。导入文件到 Word 之后，打开"查找替换"，点击"替换"；在查找内容一栏输入两个段落标记"^p"（或者点击"更多—特殊格式—段落标记"进行插入），在替换一栏输入一个段落标记"^p"，点击"全部替换"。以上步骤为清除单个空行，如果存在连续多个空行，需要进行多次操作。输入示例如图 6-106 所示，替换结果如图 6-107 所示。

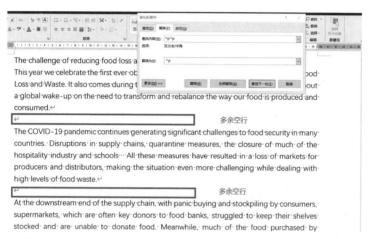

图 6-106　在 Microsoft Word 中使用特殊格式符号清除空行的步骤

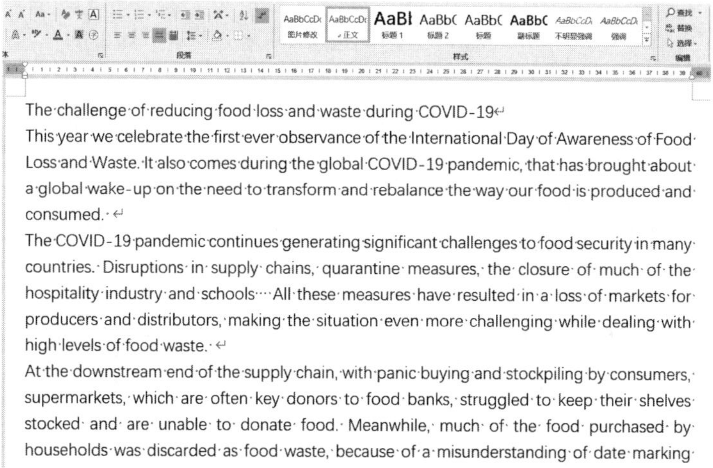

图 6-107　在 Microsoft Word 中清除空行的结果

2. 使用通配符清除多余空行。在 Microsoft Word 中，换行回车符的通配符为"^13"，在查找栏输入"^13{1,}"，即匹配一个以上（不包括一个）的换行回车符，替换栏输入"^13"，即匹配一个换行回车符，点击"全部替换"。输入示例如图 6-108 所示，清除结果与使用特殊格式符号标记最终清除结果一致。

图 6-108　在 Microsoft Word 中使用通配符清除空行的步骤

3. 将软回车替换为硬回车。同样是打开"查找替换"，点击"替换"。在查找内容一栏输入手动换行符"^l"（或者点击"更多—特殊格式—手动换行符"进行插入），在替换一栏输入一个段落标记"^p"，点击"全部替换"。输入示例如图 6-109 所示，替换效果如图 6-110 所示。

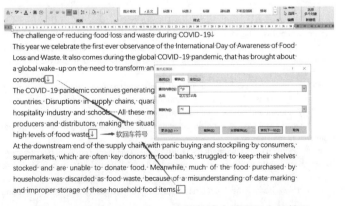

图 6-109　在 Microsoft Word 中将软回车转硬回车的符号

The challenge of reducing food loss and waste during COVID-19

This year we celebrate the first ever observance of the International Day of Awareness of Food Loss and Waste. It also comes during the global COVID-19 pandemic, that has brought about a global wake-up on the need to transform and rebalance the way our food is produced and consumed.

The COVID-19 pandemic continues generating significant challenges to food security in many countries. Disruptions in supply chains, quarantine measures, the closure of much of the hospitality industry and schools…All these measures have resulted in a loss of markets for producers and distributors, making the situation even more challenging while dealing with high levels of food waste.

At the downstream end of the supply chain, with panic buying and stockpiling by consumers, supermarkets, which are often key donors to food banks, struggled to keep their shelves stocked and are unable to donate food. Meanwhile, much of the food purchased by households was discarded as food waste, because of a misunderstanding of date marking and improper storage of these household food items.

图 6-110　在 Microsoft Word 中将软回车转硬回车的结果

4. 如果从网上提取或下载的资料保留为多个文档，可以将相同类型的语料导入到单个文档中，进行批量处理，操作步骤如图 6-111 所示。

图 6-111　在 Microsoft Word 中导入多个文档的文字

（二）使用 EmEditor[①] 进行语料清洗

1. 点击"文件"中的"打开"，导入需要进行清洗的 txt 格式文件，如图 6-112 所示。

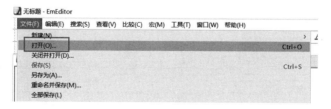

图 6-112　在 EmEditor 中导入 txt 文件

---

① https://www.emeditor.com.

2. 如果导入的文本如图 6-113 所示，需要清除多余空行，否则会影响后期文本对齐。

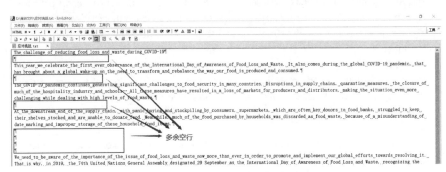

图 6-113　在 EmEditor 中未清除空行前的示例

3. 勾选"使用正则表达式"，在"查找"栏输入 (\n)+，"\n"表示换行符，"+"表示匹配一次或多次，整个式子表示匹配一个换行符或多个换行符，输入示例如图 6-114 所示，处理结果如图 6-115 所示。

图 6-114　在 EmEditor 中清除空行的输入示例

图 6-115　在 EmEditor 中清除空行的结果

4. 如果导入文本如图 6-116 所示，需要将软回车变为硬回车，因为软回车分行不分段，会影响后期语料对齐的段对齐。

图 6-116　EmEditor 中的软回车符号

5. 因为在"查找 / 替换"模式下正则表达式与转义符的"\r"（回车符），"\n"（换行符），"\r\n（换行回车符）"都是相同的含义，所以无法做替换。需要切换到"在文件中替换"，如图 6-117 所示。

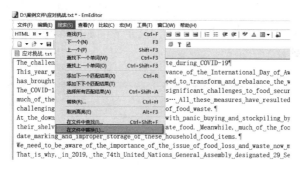

图 6-117　在 EmEditor 中打开"在文件中替换"功能

6. 打开"在文件中替换"之后，在"查找"栏输入"\n"，在"替换"栏输入"\r\n"，文件类型选择"当前文件"，并点击"替换全部"，输入示例如图 6-118 所示，处理结果如图 6-119 所示。

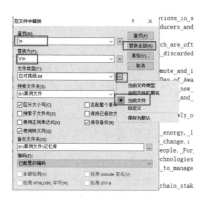

图 6-118　在 EmEditor 中将软回车转硬回车的操作步骤

```
The_challenge_of_reducing_food_loss_and_waste_during_COVID-19¶
This_year_we_celebrate_the_first_ever_observance_of_the_International_Day_of_Awareness_of_Food_Loss_and_Waste._It_also_comes_during_the_global_COVID-19_pandemic,_that_
has_brought_about_a_global_wake-up_on_the_need_to_transform_and_rebalance_the_way_our_food_is_produced_and_consumed.¶
The_COVID-19_pandemic_continues_generating_significant_challenges_to_food_security_in_many_countries._Disruptions_in_supply_chains,_quarantine_measures,_the_closure_of_
much_of_the_hospitality_industry_and_schools···_All_these_measures_have_resulted_in_a_loss_of_markets_for_producers_and_distributors,_making_the_situation_even_more_
challenging_while_dealing_with_high_levels_of_food_waste.¶
At_the_downstream_end_of_the_supply_chain,_with_panic_buying_and_stockpiling_by_consumers,_supermarkets,_which_are_often_key_donors_to_food_banks,_struggled_to_keep_
their_shelves_stocked_and_are_unable_to_donate_food._Meanwhile,_much_of_the_food_purchased_by_households_was_discarded_as_food_waste,_because_of_a_misunderstanding_of_
date_marking_and_improper_storage_of_these_household_food_items.¶
We_need_to_be_aware_of_the_importance_of_the_issue_of_food_loss_and_waste_now_more_than_ever_in_order_to_promote_and_implement_our_global_efforts_towards_resolving_it._
That_is_why,_in_2019,_the_74th_United_Nations_General_Assembly_designated_29_September_as_the_International_Day_of_Awareness_of_Food_Loss_and_Waste,_recognizing_the_
fundamental_role_that_sustainable_food_production_plays_in_promoting_food_security_and_nutrition._Doubtless,_this_new_International_Day_faces_a_lot_of_challenges_to_
achieve_our_goals_of_"Responsible_consumption_and_production",_which_will_contribute_to_the_fight_for_Zero_Hunger_and_against_Climate_Change.¶
```

图 6-119　在 EmEditor 中将软回车转硬回车的结果

（三）使用文本整理器进行语料清洗

文本管理器是一款非常容易上手的软件，因为它的基本功能已经十分清楚地展示在了界面左侧和下方的工具栏当中。左侧工具栏当中主要分了三个内容"整理空格、段落""整理标点符号"以及"工具"，既可处理单个问题文本，也可批量整理文本，其主界面如图 6-120 所示。

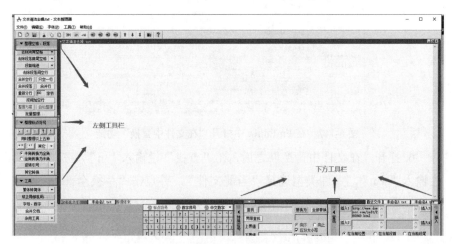

图 6-120　文本整理器的主界面及工具栏展示

1. 在界面的左上角选择打开需要进行清洗的文本，如图 6-121 所示。也可以将需要进行清洗的文本直接通过"复制"操作，"粘贴"到界面当中。

2. 导入文本之后，我们可以根据自己对文本的不同需求，点击工具栏当中的工具对文本进行相应操作。除此之外，这款软件还支持用户设定专属的整理方案，从而达到一键操作的目的。如图 6-122 所示，点击"整理方案"，软件会弹出图 6-123 的设置界面，在点击对应清洗功能之后点击

"添加"即可。如果需要多次使用这一整理方案，可点击"保存此方案"进行保存，以方便下次使用。最后，点击"开始整理"即可对文本进行一件清洗。

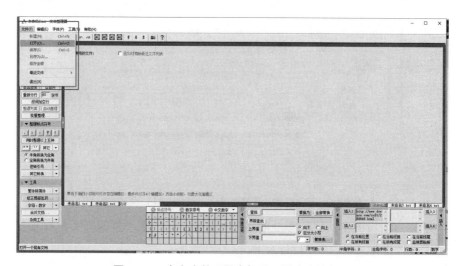

图 6-121　在文本整理器中打开所需清洗的文本

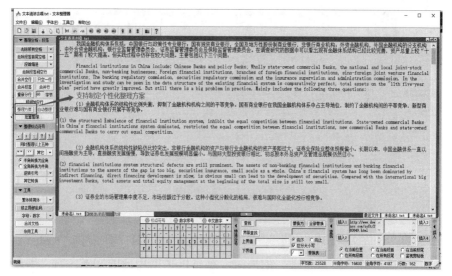

图 6-122　在文本整理器中设置"整理方案"对文本进行"一键清洗"，步骤一

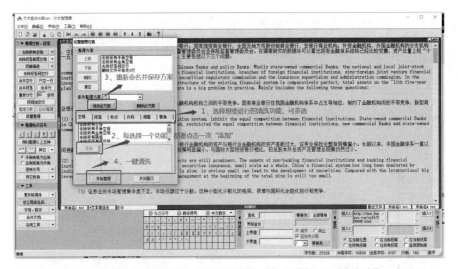

图 6-123　在文本整理器中设置"整理方案"对文本进行"一键清洗",步骤二

3. 点击左侧工具栏的"批量整理"之后,可搭配"整理方案"对多个文本进行批量清洗,如图 6-124 所示。

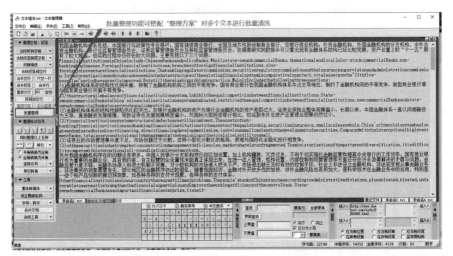

图 6-124　在文本整理器中运用"批量整理"对多个文本进行同时清洗,步骤一

4. 在进行"批量整理"的同时,还可以根据用户的需求,对"整理方案"进行修改。最后点击"开始整理"即可完成批量清洗文档,如图 6-125 所示。

第六章·语料库检索

图 6-125　在文本整理器中运用"批量整理"对多个文本进行同时清洗,步骤二

5. 清洗后与未经清洗文本之间的对比效果如图 6-126 所示。

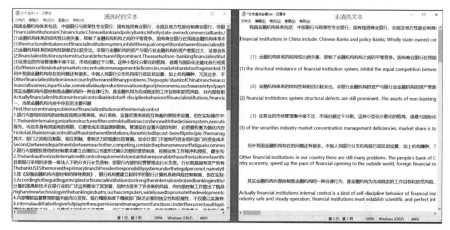

图 6-126　经文本整理器清洗完毕的文本与未清洗文本的效果对比

二、如何进行语料对齐?

语料对齐方式主要有桌面版、在线版和 CAT 工具版。CAT 工具版一般都只支持软件内部使用。

(一) 使用 ABBYY Aligner 进行语料对齐

1. 分别导入中英文档进行对齐,并设置好语言,如图 6-127 所示。

图 6-127 在 ABBYY Aligner 中选择语种及导入文档

2. 如果导入的双语语料如果存在错漏现象,可以直接双击文本进行简单的添加修改;

3. 点击 Align(或快捷键"F5")对两个文本进行分句对齐。对齐结果如图 6-128 所示,并未一一对齐,其中系统认为可能存在问题的字段会高亮显示。

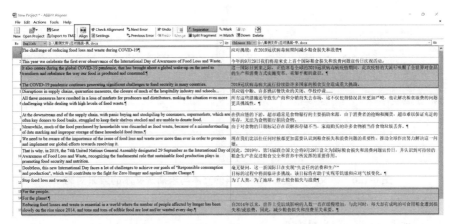

图 6-128 在 ABBYY Aligner 中进行句段对齐

4. 选中需要合并的单元格,点击"Merge"(或快捷键"Ctrl+M")进行合并处理,选中需要删除的单元格,点击"Delete"(或快捷键 Ctrl+Del)进行删除,选中需要上移或下移的单元格,点击"Up"或"Down"进行上移或下移,处理结果如图 6-129 所示。

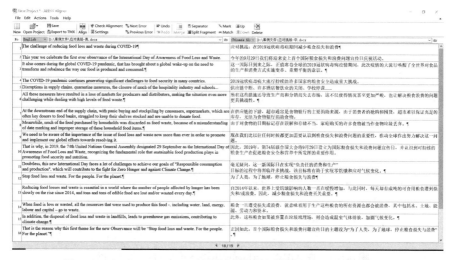

图 6-129　ABBYY Aligner 的语料分段处理效果图与工具功能介绍

5. 该软件也支持双语文本进行"段落对齐"。在分别导入双语文本之后，如果需要进行段落对齐，需要我们在段落后面手动按下键盘"enter"键来插入分隔符，如图 6-130 所示。接着可以按照以下步骤完成段落对齐：首先在最上方菜单栏处点击"Actions"，然后点击"Align Paragraphs"。或者在手动插入分隔符之后，直接使用快捷键"F8"。进行"段落对齐"之后的效果如图 6-131 所示。

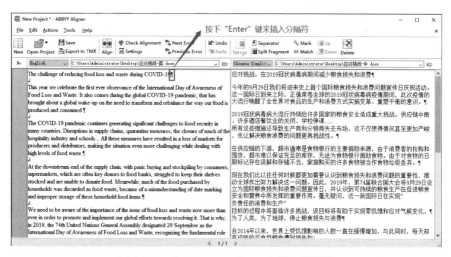

图 6-130　在 ABBYY Aligner 中插入分隔符

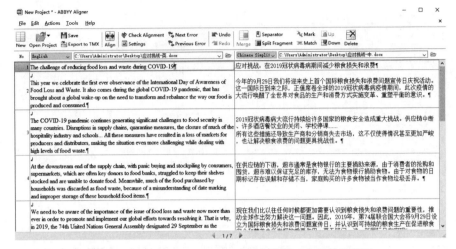

图 6-131　在 ABBYY Aligner 中进行段落对齐的效果展示

6. 检查完毕后，我们就可以点击"Export to TMX"导出 .tmx 格式文件，语料对齐完毕。

（二）使用 Déjà Vu X3[①] 进行对齐

1. 点击初始界面的"对齐"，再点击"对齐工作文件"，进入对齐界面，如图 6-132 所示。

图 6-132　在 Déjà Vu X3 中进入对齐界面

2. 点击"创建一个新的对齐工作文件"，如图 6-133 所示。

---

① https://atril.com/product/deja-vu-x3-free/.

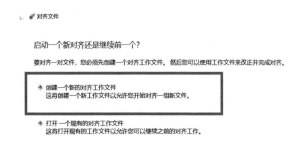

图 6-133　在 Déjà Vu X3 中创建新的对齐工作文件

3. 点击"浏览"指定对齐文件的存储位置,在"文件名"中指定该对齐文件的文件名,如图 6-134 所示。

图 6-134　在 Déjà Vu X3 中指定文件存储位置与名称

4. 点击"下一步",点击"添加",分别导入源语文件与目标语文件,如图 6-135 所示。

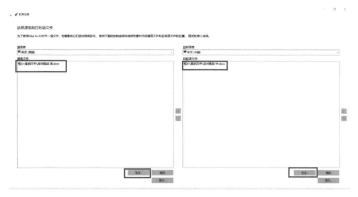

图 6-135　在 Déjà Vu X3 中添加源语文件与目标语文件

5. 点击"下一步",进入对齐调整界面,如图 6-136 所示。根据需要选择工具栏的"合并""拆分""上移""下移""删除"进行调整。按住"Shift",点击需要调整的开头句段与结尾句段可实现连续行选取,按住"Ctrl",点击任意行可实现跨行选取。

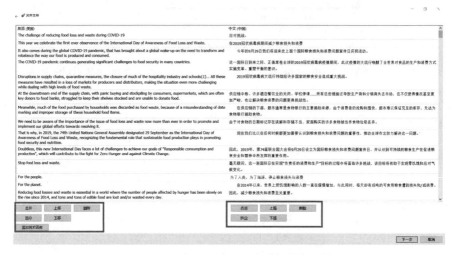

图 6-136　在 Déjà Vu X3 中进行对齐调整

6. 点击"浏览",将文件保存到记忆库中,语料对齐结束,如图 6-137 所示。

图 6-137　在 Déjà Vu X3 中将对齐的翻译保存到记忆库中

(三)使用 Tmxmall 在线对齐[①] 进行语料对齐

1. 双文档对齐

(1)分别导入中英文档进行对齐,并设置好语言,如图 6-138 所示。

---

① https://www.tmxmall.com/aligner。

图 6-138　在 Tmxmall 在线对齐中导入双文档

（2）如果导入的双语语料存在错漏现象，可以直接双击文本进行简单的添加修改。

（3）按住 ctrl 或 shift 键，选取想要调整的首段和末端，通过工具栏的"上移"（Ctrl+↑）、"下移"（Ctrl+↓）、"合并"（Ctrl+M）、"拆分"（Ctrl+Enter）、"调换"（X）、"插入"（Ctrl+I）、"删除"（DELETE）等操作将双语文档段落数调整至一致，调整段落前如图 6-139 所示，调整结束后如图 6-140 所示。

图 6-139　Tmxmall 在线对齐中未调整段落的示例

图 6-140　Tmxmall 在线对齐中已调整段落的示例

（4）单击对齐，系统会自动执行句对齐，对齐成功如图 6-141 所示。

图 6-141　在 Tmxmall 在线对齐中进行句对齐

（5）检查完毕后，导出文件，格式可选 tmx、xlsx、docx 和 txt，导出界面中源语言和目标语言可以调换，如图 6-142 所示。

图 6-142　在 Tmxmall 在线对齐中导出文档

2. 单文档对齐

（1）导入如图所示的中英对照文档，并设置好语言，系统会根据语言自动生成左右对照文本，如图 6-143 所示。

图 6-143　在 Tmxmall 在线对齐中导入单文档

第六章·语料库检索

（2）其他同双文档对齐步骤一样。

三、如何进行格式转换？

由于很多软件导出的对齐文件格式为 .tmx[1]，但是检索软件一般支持的是纯文本格式 .txt，所以我们需要在检索前需要将 .tmx 对齐文件转为 .txt 文件。接下来，将介绍 Heartsome TMX Editor 和 ApSIC Xbench 这两款软件来帮助大家完成格式转换。

（一）使用 Heartsome TMX Editor[2] 进行格式转换

1. 打开已有的 .tmx 格式文件，如图 6-144 所示。

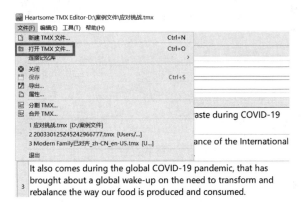

图 6-144　在 Heartsome TMX Editor 中导入 .tmx 格式文件

2. 可以对 .tmx 格式的语料进行一些小的调整和修改，如图 6-145 所示。

---

[1] 这是翻译记忆交换标准（Translation Memory eXchange），作为数据库存储以前翻译过的句子、段落或文本片段，这些成对的句段称为翻译单元（Translation Unit，TU），用于翻译实践流程中可显著提升翻译工作的质量和效率。

[2] Windows 版本：https://download.freedownloadmanager.org/Windows-PC/Heartsome-TMX-Editor/FREE-6.6.html；Mac版本：https://en.freedownloadmanager.org/Mac-OS/Heartsome-TMX-Editor-FREE.html。

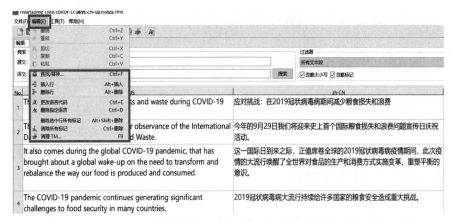

图 6-145 在 Heartsome TMX Editor 中编辑语料

3. 达到预想的效果之后，可以通过点击工具栏的导出键，将已经完成修改的 .tmx 格式语料导出为 .docx 格式文件，如图 6-146 所示。

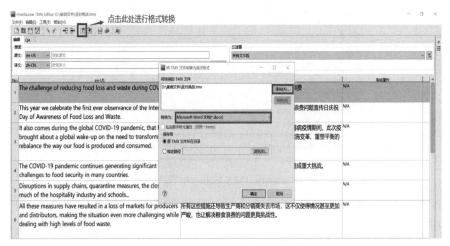

图 6-146 在 Heartsome TMX Editor 中将 .tmx 格式转为 .docx 格式

4. 导出后的文本如图 6-147 所示，展现出来的就是双语交叉的文本。

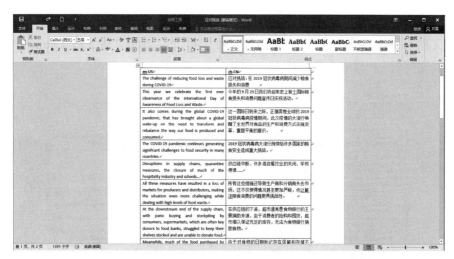

图 6-147 从 Heartsome TMX Editor 导出的 .docx 格式文本

5. 接下来需要将表格形式去除，提取出纯文本。如图 6-148 所示，首先需要用鼠标在表格当中随意一个地方单击一下，让光标出现在表格中；其次点击工具栏中的"布局"；接着点击"转换成文本"；最后选择"段落标记"作为文字分隔符。单击确定就能够去除表格，得到纯文本内容了。

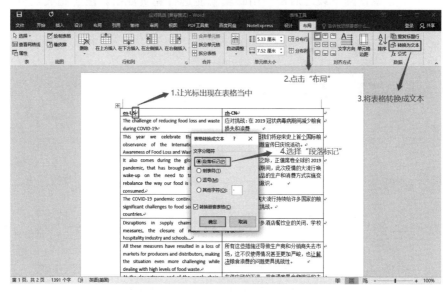

图 6-148 去除表格形式提取纯文本

6. 从 Word 中提取出纯文本之后，我们将它们复制粘贴到新建的文本文档当中，再把干扰信息"en-US"和"zh-CN"删除，就完成了 .tmx 格式文件向 .txt 格式文件的转换，如图 6-149 所示。

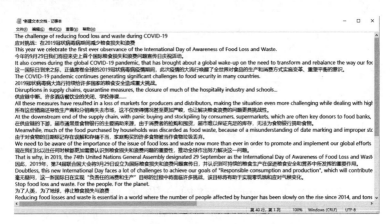

图 6-149　最终得到的中英文分离的 .txt 格式文本

（二）使用 ApSIC Xbench[①] 进行格式转换

1. 完成官网下载之后，使用邮箱就能进行免费注册。注册完成之后，首先通过点击菜单栏的"Project"，然后点击"New"来创建一个新的任务，如图 6-150 所示。

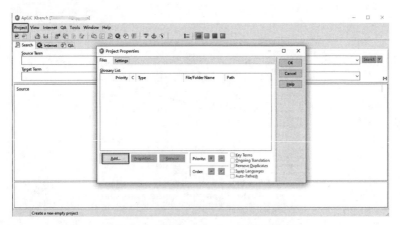

图 6-150　在 ApSIC Xbench 中新建任务

---

① https://www.xbench.net/.

2. 接下来可以直接把想要进行转换格式的 .tmx 格式文件直接拖到对话框中，或者如图 6-151 所示，点击"Add..."来添加文件。此处以 .tmx 格式文件为例，所以文件格式选择"TMX Memory"，然后点击"Next"。

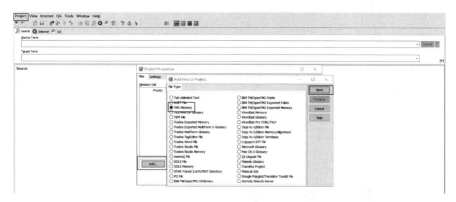

图 6-151　在 ApSIC Xbench 中选择文档属性

3. 后面的其他选项可以直接默认。在语言设定这个对话框中可以根据自己的需要进行设定，如图 6-152 所示。

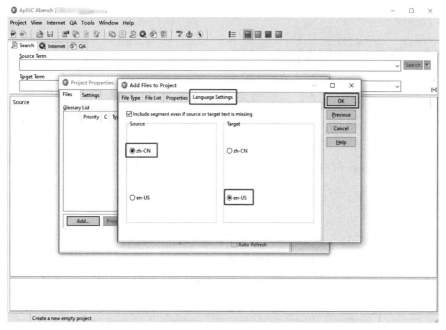

图 6-152　在 ApSIC Xbench 中设置输出的语言顺序

349

4. 接下来点击"OK"就能够导出一个 .txt 格式文本了。如果出现了多余的信息，可以将 txt 文本内容复制到 excel 表格里面，去除多余的信息，再分别选择中英文并复制到 .txt 格式文本中。这样一来就能得到干净的双语对照文本了，如图 6-153 所示。

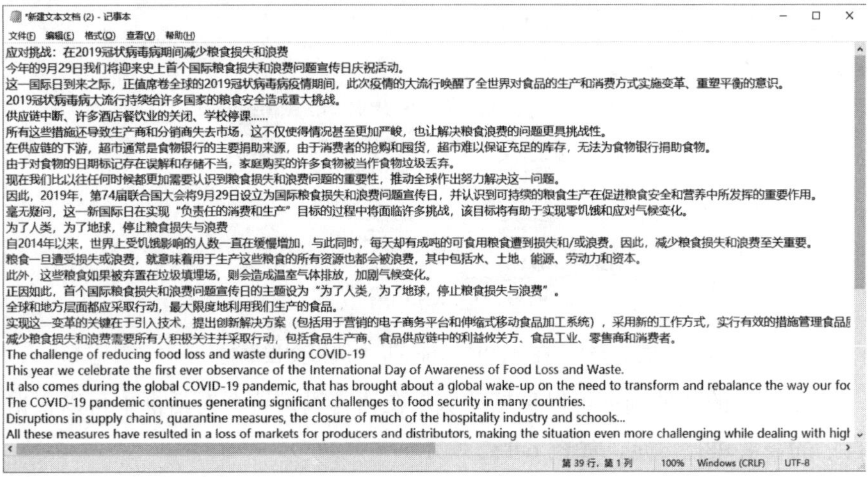

图 6-153　最终得到的双语对照 .txt 格式的文本

四、如何进行语料库检索？

面对庞大的语料库，学会如何高效检索对于语言学习和语言研究都是十分必要的。单语语料库检索软件 AntConc 功能强大，包括索引、词丛及 N 元模式、搭配、词单等七大功能；双语语料库检索软件 CUC_ParaConc、BFSU ParaConc 和 Search and Replace 可进行模糊或精确检索。四款软件均能给英语学习者和语言研究者提供强大的语料检索参考，助力于英语学习和语言研究。

（一）使用 AntConc 进行语料库检索

AntConc[①] 是一款单语语料库检索软件，用于研究语言文字等方面的研究，具有索引、索引定位、文件查看、词丛及 N 元模式、搭配、词单、

---

① https://www.laurenceanthony.net/software/antconc/.

关键词单等功能。下文以检索《中华人民共和国食品卫生法》英文版关于"hygiene"的相关语料为例，主要讲解索引功能。

1. 点击"File"，可导入一份或多份单语语料文本，如图 6-154 所示。注意：如果导入中文语料文本，请先下载 CorpusWordParser 等分词软件进行语料库分词；

2. 在"Search Term"里输入"hygiene"，点击"start"，共检索到 96 个索引条数。点击任意检索词结果"hygiene"可进入"File View"中查看该词在文件中所在的位置。同时，检索选项可设定为词（默认）或词的片段（取消勾选"Word"），也可勾选"Case"区分大小写；

3. "Search Window Size"可选择检索词两边显示的字符数。

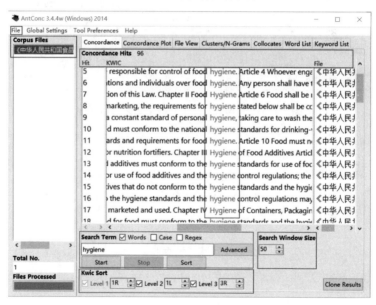

图 6-154　在 AntConc 中导入语料文本

4. "Kwic Sort"可进行上下文关键词分类，L（Left）代表左边，R（Right）代表右边，如"1R，1L，3R"为检索词右边第一，左边第一，右边第三个单词，选择完成后可点击 Sort 进行排序，如图 6-155 所示。

5. 若想检索多个关键词，可点击 Advanced，进入高级检索。第一个高级检索项可同时输入多个检索词，注意一行只能有一个检索词，如分别输入"hygiene""prohibited"和"standard"，点击"Apply"后再点击"Start"，便可同时检索出含有三个单词的文本,如图 6-156 和 6-157 所示。

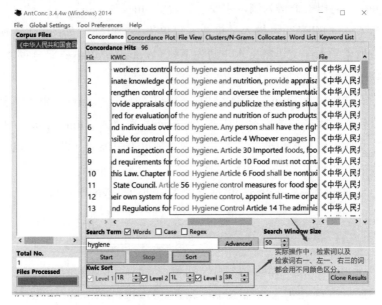

图 6-155　在 AntConc 中对检索结果进行排序

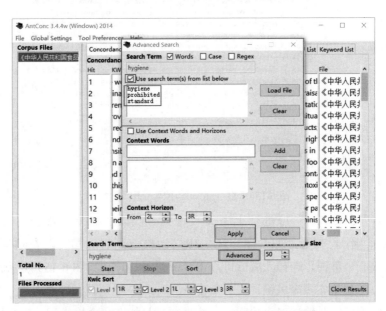

图 6-156　AntConc 中第一个高级检索项操作过程

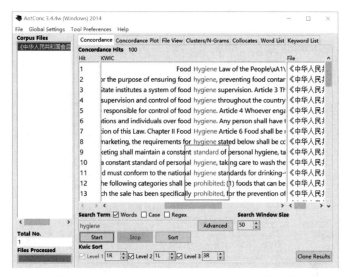

图 6-157　AntConc 中第一个高级检索项操作结果

第二个高级检索项是定义检索词的上下文词，如分别输入"supervision"和"care"，同时选择"Context Horizon"语境范围为"2L，3R"，点击"Apply"后再点击"Start"，便可检索出"hygiene"左二右三范围内含有"supervision"和"care"的文本，如图 6-158 和 6-159 所示。

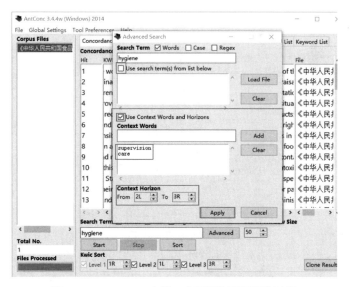

图 6-158　AntConc 中第二个高级检索项操作过程

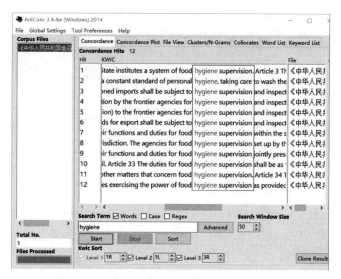

图 6-159　AntConc 中第二个高级检索项操作结果

6. 若不知道真正字符或者不想输入完整名字时，可选择使用通配符检索。点击"Global Settings"，选择通配符"Wildcard"选项"*"，可以使用"*"代替零个或多个真正字符，"*"可以置于词头、词中、词尾，如图 6-160 和图 6-161 所示。

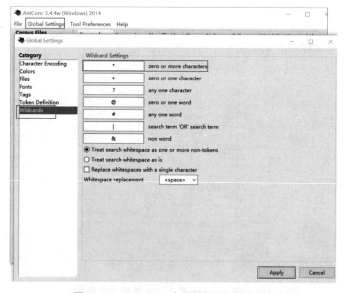

图 6-160　AntConc 中通配符的设定过程

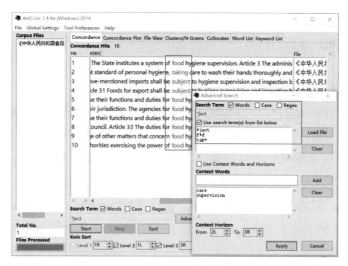

图 6-161　AntConc 中通配符的检索结果

7. 若想要进行更精确的检索，勾选"Regex"，可以选择正则表达式检索。如输入"\bA\w{6}\b.\d+"，其中"\b"匹配单词的开始或结束，"\w{6}"匹配 8 个字符，"."匹配除换行符以外的任意字符，"\d+"匹配 1 个或更多连续的数字。"\bA\w{8}\b.\d+"表示以"A"开头的共 7 个字母的单词加 1 个或多个连续的数字，检索结果如图 6-162 所示。

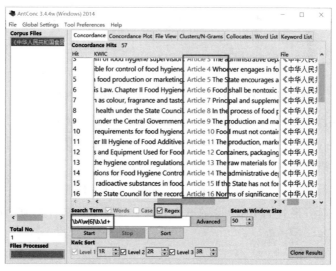

图 6-162　在 AntConc 中进行正则表达式检索

学会索引功能后，可自行探索词丛及 N 元模式、搭配、词单、关键词单的使用，掌握这些有助于对检索语料进行科学的统计分析。

（二）使用 CUC_ParaConc 进行语料库检索

CUC_ParaConc[①]（中国传媒大学平行语料检索）软件可用于检索双语、多语平行语料，支持对 Unicode、UTF8、ANSI 等编码的纯文本语料检索，支持多个国家的平行语料检索。多语检索可以实现 1 对 18 的平行语料。下面以英汉双语检索《中华人民共和国食品卫生法》为例。

1. 英汉双语检索中加载语料时，点击"1:1 parallel corpus search"，进入"English-Chinese bilingual search"，确定源文本目录和保存文本目录，如图 6-163 所示。

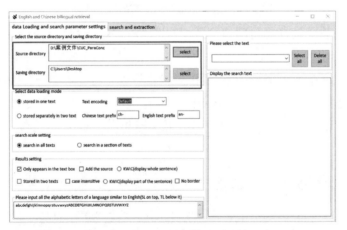

图 6-163　在 CUC_ParaConc 的英汉双语检索中加载语料

2. 英汉双语检索的语料可以是双语保存在一个文本中。文本的对齐形式可以分为四种：汉语在前，英语在后；汉语在后，英语在前；汉语整体在前，英语整体在后；汉语整体在后，英语整体在前。这四种形式的文本可以一同检索（所有文本需放在一个文件夹下），但需要注意这指的是四个有不同对齐形式的文本可以在一起检索，而不是一个有四种对齐形式的文本可以在一起检索。

---

① http://ling.cuc.edu.cn/RawPub/.

英汉双语检索的语料也可以是双语保存在两个文本中。在这种情况下文本的命名有要求，两个文本中至少一个文本的命名需要加前缀，而文件名则相同。比如现有汉语文本"红楼梦"和英文译本"红楼梦"，其命名规则举例如表6-8。

表6-8　CUC_ParaConc文件命名规则

| 汉语"红楼梦" | ch-hlm.txt | ch-hlm.txt | hlm.txt |
| 英语"红楼梦" | en-hlm.txt | hlm.txt | en-hlm.txt |

其中，"ch-"和"en-"为默认前缀，也可以选择自己定义，如"中文-""英文-"或"原语-""译语-"等。同时，双语分开保存的文本加载时，需放在一个文件夹下，并且要保证载入模式"Select data loading mode"为"stored separately in two text"，如图6-164所示。

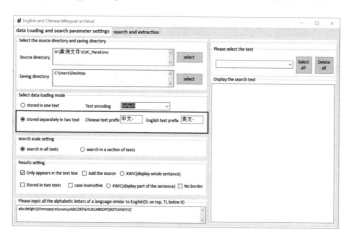

图6-164　在CUC_ParaConc的英汉双语检索模式中选择载入语料模式

3. 语料加载完成后进行参数设置。先在"search scale setting"设置检索规模。选择"search in all texts"表示在对整个文件夹语料进行检索，选择"search in a section of texts"表示对部分语料进行检索。选择前者可直接在"search and extraction"页面进行检索，选择后者则需在右侧界面下拉选框选择具体文本或者点击右侧"Select all"选择全部文本，如图6-165所示。

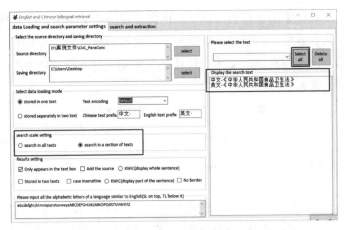

图 6-165　CUC_ParaConc 的英汉双语检索规模设置

4. 在结果设置中"Results setting"，默认选项"Only appears in the text box"表示检索结果将显示在软件的文本框中，去掉"Only appears in the text box"的勾号，检索结果直接保存为一个文本；选择"Stored in two texts"，检索结果分中文结果与英文结果保存在两个文本中；"Add the source"表示结果加出处；"case insensitive"表示不区分大小写；"KWIC"表示关键词居中显示，可选显示完整句子或者部分句子，"No border"表示无边框，只适用于部分显示的时候，结果设置选项如图 6-166 所示。

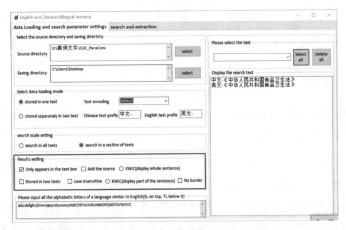

图 6-166　CUC_ParaConc 的英汉双语检索结果设置

5. 在字母设置中需要输入检索语言（拼音文字）的所有字母（包括大

小写），如图 6-167 所示。如果搜索时中文出现乱码，可以尝试把"Text encoding"设成"UTF-8"。

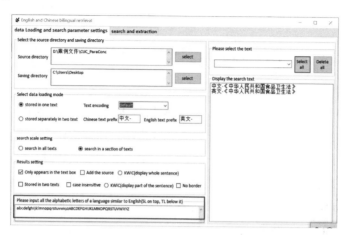

图 6-167　CUC_ParaConc 的英汉双语检索字母设置

6. 完成所有参数设置后，点击"search and extraction"进入检索界面。如在"English"检索框中输入"inspection"，可得到 29 条检索结果，"inspection"相对应的译文基本都是"验收"。输入行号，点击"View source"可以查看在原文本中的出处，如图 6-168 所示。

图 6-168　CUC_ParaConc 的英汉双语检索界面

7. 如果我们想要查看"inspection"除了"检验"的意思，可以在右上方的停用词表（左中右英）中输入一个或多个词，检索结果中将不会出现停用词表中的词，如输入"检验"，再次点击"Search"检索，发现"inspection"还可以译为"审查"和"检查"，如图 6-169 所示。

图 6-169　在 CUC_ParaConc 的英汉双语模式中进行精确检索

8. CUC_ParaConc 还支持正则表达式检索。回到初始页面，点击正则式检索"Blingual regular retrieval"，语料载入和参数设置过程同英汉双语检索，进入检索界面。下面以检索以"h"开头的单词为例。检索框输入"\bh\w*\b"，其中"\b"匹配单词的开始或结束，"\w*"匹配任意数量的字母或数字，检索结果如图 6-170 所示。

图 6-170　在 CUC_ParaConc 中进行正则式检索

（三）使用 BFSU ParaConc 进行语料库检索

BFSU ParaConc[①] 是北京外国语大学团队研发的双语语料库检索软件，只支持 ANSI 编码文本，不支持 Unicode 编码文本。下面以检索《中华人民共和国食品卫生法》为例。

1. 准备两份文本语料，要求分别以 *.ZH.txt 和 *.EN.txt 方式命名。软件不能智能自动对齐语料。文本内容必须严格行对齐，如果包含空行也必须有文本对应，即平行文件的对应行也是空的；

---

① http://corpus.bfsu.edu.cn/TOOLS.htm.

2. 点击"Choose Folder",载入语料,选择包含《中华人民共和国食品卫生法》.EN.txt 和《中华人民共和国食品卫生法》.ZH.txt 两个语料文本的文件夹,汉语文本可不进行分词处理,结果如图 6-171 所示。

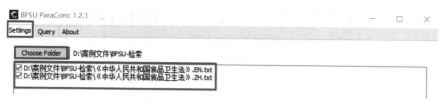

图 6-171　在 BFSU ParaConc 中载入语料

3. 开始检索语料,点击"Query",进入检索语料界面,上方两个长条文本框,可输入双语检索内容,下方一个大文本框用来展示检索结果。输入"prevent",不勾选"Lemmatize",检索出两条结果,结果如图 6-172 所示。

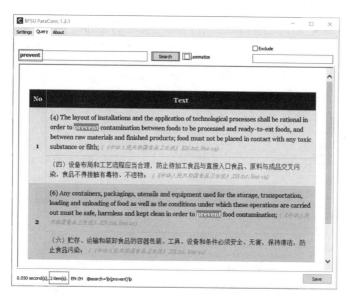

图 6-172　在 BFSU ParaConc 中检索不含词形还原的结果

4. 检索支持英文词形还原检索"Lemmatize",若勾选"Lemmatize",检索"prevent",检索结果增加两条,出现含"prevents/prevented/preventing/prevent"四种情况的平行句对,如图 6-173 所示。

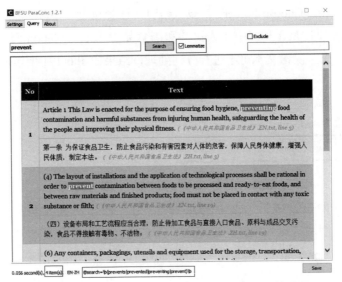

图 6-173　在 BFSU ParaConc 中检索含词形还原的结果

5. 检索支持检索结果不含某单词，勾选"Exclude"即可启用，若不勾选，检索结果显示所有对应"prevent"的译文，如"防止""阻碍"等；若勾选，并在另一文本框中输入"防止"，检索结果则不显示含有"防止"的译文句对，如图 6-174 所示。

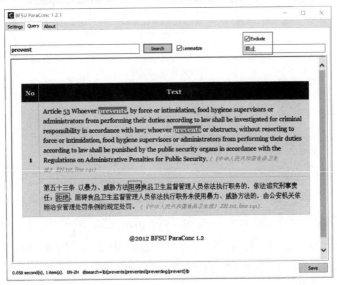

图 6-174　在 BFSU ParaConc 中勾选 Exclude 的检索结果

6. 中文检索方法同上，区别在于中文检索时没有"Lemmatize"选项。

7. BFSU ParaConc 同样支持正则表达式检索。

8. 点击右下方"save"，如图 6-175 所示结果可存为 tab 符分隔的文本文件，便于后续分析。

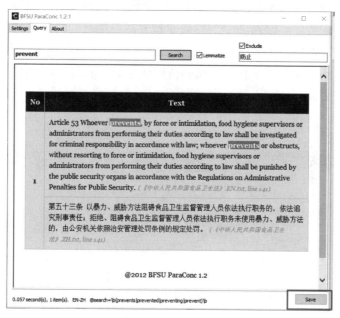

图 6-175　在 BFSU ParaConc 中保存文件

（四）使用 Search and Replace 进行口语语料库检索

Search and Replace[①] 是一款功能强大的查找与替换工具。其中的搜索功能可用于口语语料库检索。这款工具可搜索 Zip 压缩文件中的文件，支持搜索特殊字符条件表达式。

1. 进入"字幕库"网站下载双语字幕语料，保存待使用。

2. Search and Replace 初始界面有四个文本框，分别为"搜索""替换""过滤"和"路径"。首先选择"路径"，点击右侧"..."载入准备好的口语语料"老友记＋破产姐妹＋唐顿庄园字幕语料"，如图 6-176 所示。

---

① http://www.funduc.com/search_replace.htm.

图 6-176　在 Search and Replace 中选择"路径"项

3. 设置待过滤文件,在"过滤"框中输入"*.ass"表示搜索范围为所有 .ass 格式文件,输入"*.*"则表示搜索尽可能有的文件名称和文件格式的文档。同时,可点击"过滤"框右侧"...",选择"包含"或"排除"一个或多个文件,可进行更加精确范围的搜索,如图 6-177 所示。注意:字幕文件为"*.ass"和"*.srt"格式。

图 6-177　在 Search and Replace 中精确选择"过滤"项

4. 完成初始设置后,可在"搜索"一栏中输入词或词条进行检索。输入"骑马"进行搜索,出现检索词"骑马"的出处及其所在影视剧中出现的时间段和对应台词,如图 6-178 所示。若想进一步精确搜索,点击"标记"一栏,可选择"区分大小写""搜索子目录""整词匹配""正则表达式""搜索 Zip 文件"和"忽略空格"等选项。

图 6-178　在 Search and Replace 中检索"骑马"的结果

第七章　网络搜索

翻译中常遇到新词、潮词、专业词，本地或在线词典及语料库词条少、更新慢、类别单一，无法满足翻译需求。网络资源实时更新，信息量大，但从浩如烟海信息中准确、快速查找信息，应具备使用搜索引擎、搜索技巧、搜索资源的能力。

本章将分别介绍百度、Google、Bing、Yandex等主要搜索引擎，并推荐几款特色搜索引擎，通过案例演示，比较不同搜索引擎的优劣差异，帮助译者利用不同搜索引擎快速精准搜索。

第一节　百度搜索

一、系统介绍

百度[①]由李彦宏与徐勇共同创办，成立于 2000 年 1 月 1 日，并于 2001 年 10 月 22 日正式发布百度搜索引擎。百度是全球最大的中文搜索引擎，除了拥有搜索网页、新闻、图片、视频、文件功能外，还设置百科、贴吧、知道等特色板块。百度搜索比较稳定，但信息庞杂，需借助高级搜索技巧获取精确结果。

二、案例演示

同 Google 等其他搜索引擎一样，百度也有许多高级搜索技巧，译者应灵活掌握各种技巧，利用恰当方法快速获取准确信息。下文将结合具体案例介绍常用百度搜索语法。

（一）如何确定词语的正确译文？

"甩锅"一词现在"比喻转移话题或把过错推诿于人""推卸责任"。因此，可将"锅"译成"the blame (to)"，那么如何译动词"甩"？

1. 百度搜索"the blame to"，查找常用搭配动词，不加半角双引号。虽搜索到约 840 万个结果，但很多结果没有完全匹配关键词，有的只包含部分关键词，无效结果居多，影响搜索的精确性，如图 7-1 所示。

---

① http://www.baidu.com.

图 7-1　在百度中搜索 the blame to（不加半角双引号）

2. 加上半角双引号，采用精确搜索语法，相关搜索结果只有 92 个，但搜索结果与搜索词完全匹配，大幅提高了搜索效率，如图 7-2 所示。

图 7-2　在百度中搜索 "the blame to"（加半角双引号）

3. 经进一步搜索与筛选发现，与"the blame to"搭配的动词有 take、shift、share、put、transfer、pass 等，其中最常用的动词搭配是 shift 或 transfer。据此，"甩锅"一词可译成"shift the blame to..."或"transfer the blame to..."。

（二）如何在特定类型网站搜索？

要确定一个词或短语的地道译文，需借助语料库，但如何找到中文或英文语料库呢？这需利用"site"语法限定搜索结果的网站来源。如："edu.cn"是中国的教育类网站；"gov.cn"是中国的政府类网站；"tsinghua.edu.cn"是清华大学的网站。

1. 搜索关键词"语料库"，使用"site"搜索语法，输入"关键词+site: 网站域名"，将网站域名改成"edu"，搜索结果中大部分是英文语料库，译者可根据需要，选择合适语料库，如图 7-3 所示。

图 7-3 利用百度在教育网站中搜索英文语料库

2. 将搜索词后面的域名改成"edu.cn"，其中"cn"代表中国网站，搜索结果中大部分是中文语料库相关信息，少数为其他语料库，译者可据此筛选，如图 7-4 所示。

图 7-4 利用百度在中国教育网址中搜索中文语料库

（三）如何搜索限定范围的信息内容？

"人类卫生健康共同体"是习近平主席在第 73 届世界卫生大会开幕式上提出的一个重要概念，该如何翻译"人类卫生健康共同体"一词呢？

1. 搜索"人类卫生健康共同体"，配合半角双引号和"intitle"搜索语法可快速匹配包含关键词的信息，提高搜索效率，如图 7-5 所示，搜索结果中均是标题中包含关键词的双语内容。

图 7-5 在百度中搜索"人类卫生健康共同体"的双语内容

2. 点击其中一个结果查找"人类卫生健康共同体"的相关译文,"人类卫生健康共同体"的正确译文为"a global community of health for all",如图 7-6 所示。

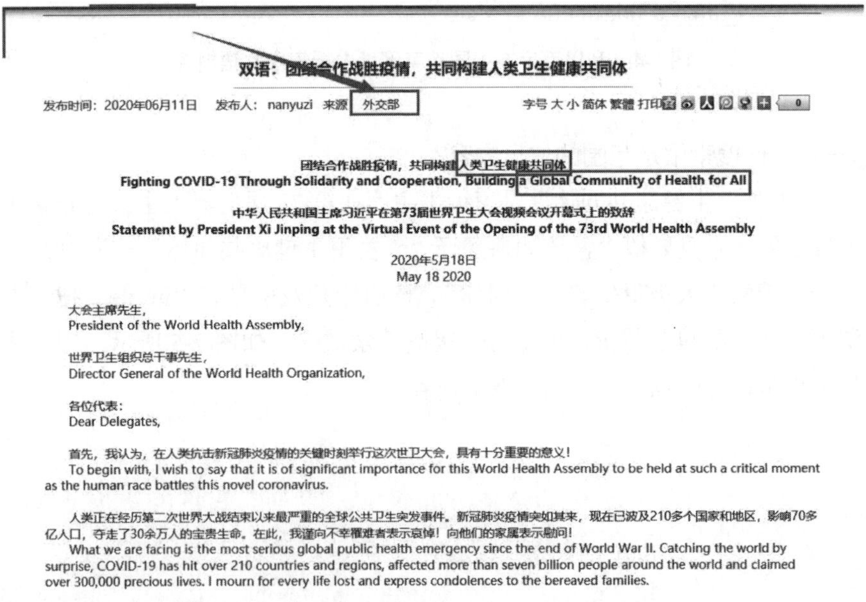

图 7-6 在百度中打开搜索结果详情页

注意：使用"intitle"搜索语法时，搜索词与 intitle 指令之间要有空格，冒号必须是英文半角，冒号与指定关键词之间无空格。

（四）如何搜索特定格式文档？

"filetype"是百度强大、实用的搜索语法，主要限定搜索内容的格式，目前支持 .ppt/.xls/.doc/.rtf/.pdf/.kmz/.kml/.def/.ps 等文档格式。

如快速找到与"新冠肺炎疫情"相关的术语，此时可使用"filetype"语法迅速定位特定文档格式的结果，支持搜索 .pdf/.doc/.ppt 等文档格式。

1. 搜索 .pdf 格式的"新冠肺炎相关词汇"信息，便可获得 .pdf 格式的相关文档，如图 7-7 所示。

图 7-7　在百度中搜索"新冠肺炎相关词汇"的 .pdf 格式文档

2. 搜索 .doc 格式文档，便可获得 .doc 格式相关的文档，如图 7-8 所示。

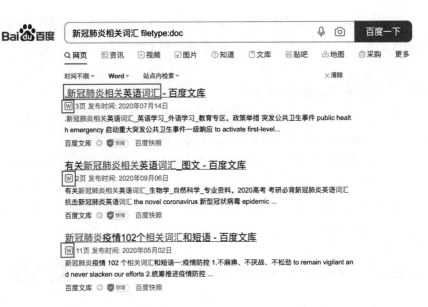

图 7-8 在百度中搜索"新冠肺炎相关词汇"的 .doc 格式文档

使用"filetype"搜索语法时,搜索词须放在前面,且搜索词与此命令之间要加空格,命令(含冒号)与文档格式之间不用空格。也可对搜索词加上半角双引号(" "),增加搜索结果的准确性。

(五)如何搜索双语例句?

除上述搜索语法,百度还提供了双语例句功能,里面有 200 种语言选项,用户可通过访问百度双语例句网站[①] 查阅,下面演示如何查找中英双语例句。

1. 打开网页,百度双语搜索涵盖生物医药、电子科技、水力机械、网络文学和金融五个领域,还提供视频翻译、人工翻译和同传等内容,如图 7-9 所示。

---

① https://fanyi.baidu.com.

第七章 · 网络搜索

图 7-9　百度双语例句的搜索界面

2. 百度双语搜索具有自动检测语言功能，在搜索框在输入医学词汇"hypertension"，右侧框中会出现对应翻译结果，如图 7-10 所示。

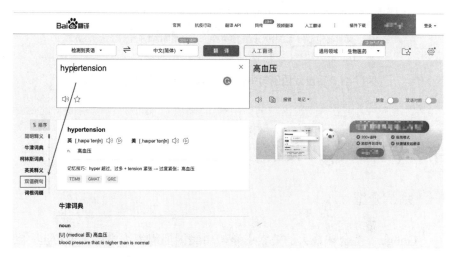

图 7-10　在百度双语例句中搜索含有"hypertension"的例句

3. "hypertension"意为"高血压"，在搜索界面左侧找到双语例句一栏，点击进入双语例句界面，如图 7-10 所示，提供多条《柯林斯高阶英汉双解学习词典》例句，据此找到所查单词的应用语境，如图 7-11 所示。

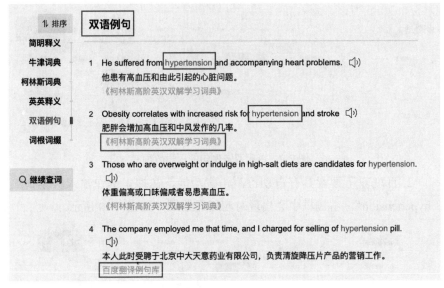

图 7-11 百度双语例句中含有"hypertension"的例句结果

第二节 Google 搜索

一、系统介绍

Google[①] 是全球最大的搜索引擎,由美国斯坦福大学博士生拉里·佩奇(Larry Page)和谢尔盖·布林(Sergey Brin)创建。Google 的优点是信息量大、支持语种多、功能强大,提供了丰富的高级搜索功能,在数据库规模、涵盖范围、检准率、网络信息查全率方面强于百度搜索引擎。

Google 高级搜索语法有些与百度等其他搜索引擎相似,如半角双引号精确搜索及"filetype"特定文档格式搜索,使用方法请参阅本章其他部分。本节将通过案例演示介绍 Google 特色搜索语法。

---

① https://www.google.com.

二、案例演示

（一）如何搜索相似网站？

"related"是 Google 的一个特色搜索语法，用于搜索结构、内容相似的网站。比如 https://unsplash.com 是一个高清图片网站。搜索"related:https://unsplash.com"，即可获取与该网站相似的图片网站，如图 7-12 所示。

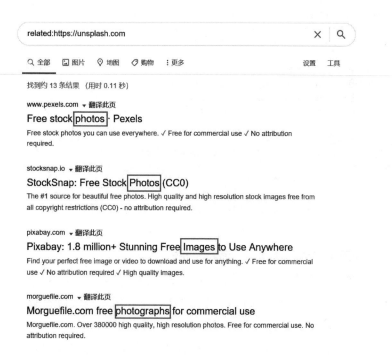

图 7-12　在 Google 中搜索"unsplash.com"的相似网站

再比如，想寻找与 China Daily[①] 相似的网站，搜索"related: http://www.chinadaily.com.cn"，如图 7-13 所示。

---

① http://www.chinadaily.com.cn.

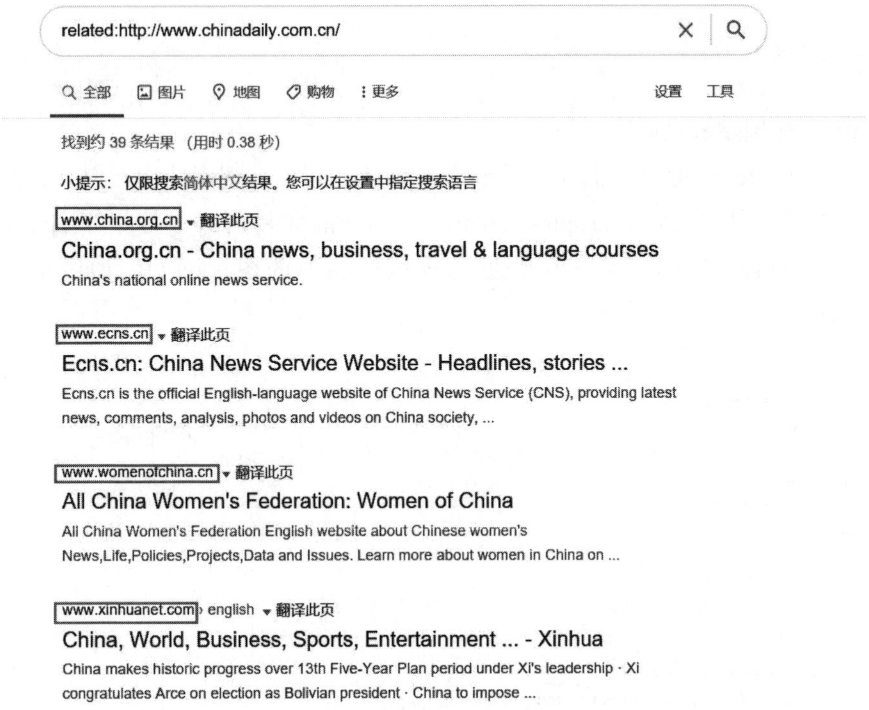

图 7-13　在 Google 中搜索与 China Daily 相似的网站

（二）如何利用关键词和诱导词搜索特定格式文档？

搜索特定文档类型需使用 Google 的高级搜索技巧"filetype"。"filetype"是 Google 强大、实用的搜索语法，主要限定搜索内容的格式，目前支持 .ppt/.xls/.doc/.rtf/.pdf 等文档格式。

例如，搜索经济金融类 .pdf 格式词典，可利用关键词"经济词典"诱导词"现金流 cash flow"，输入"经济词典 现金流 cash flow filetype:pdf"，就可获取相关 .pdf 格式文档，如图 7-14 所示。

图 7-14　在 Google 中搜索关键词为"经济词典"的 .pdf 格式文档

（三）如何在指定网站搜索？

搜索资料时，常需获取某个关键词在某一具体网址、某一国家网站或特定类型网站中的搜索结果。"site"语法是 Google 等搜索引擎常用的高级语法，可深入挖掘数据。

1. 在某一具体网址搜索

在某一具体网址搜索包含关键词的所有结果，要用的语法是"关键词+site: 完整网址"。

例如，"地摊经济"有助提升低收入者就业，让城市充盈温暖烟火气。如何翻译"地摊经济"？首先，可确定，这个词组中"经济"一词是"economy"，因此，"economy"可作为诱导词。其次，"新浪微博"网站[1]用户众多，包含大量语料。因此，利用"关键词 +site: 完整网址"这

---

① https://weibo.com/.

一语法和"新浪微博"网站查询"地摊经济"的译文。

（1）搜索"地摊经济 +economy site:weibo.com"，如图 7-15 所示。

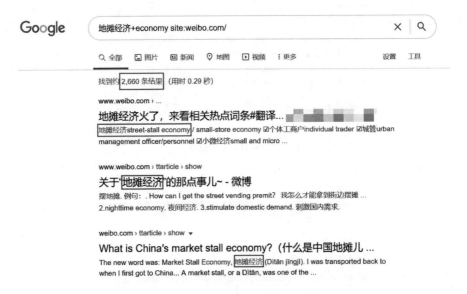

图 7-15　利用 Google 在新浪微博中搜索"地摊经济"的表达

（2）打开第一个结果就能看到"地摊经济"的英文译文为"street-stall economy"或"small-store economy"，如图 7-16 所示。注意：所有译文仅供参考，译者应尽可能查阅更多信息确定最终译文。

图 7-16　新浪微博中"地摊经济"的参考译文

2. 在某一国家网站搜索

在指定国家网站搜索包含关键词的所有结果，所用语法是"关键词+site: 国家网站代码"。搜索英国网站输入"site:uk"，搜索美国网站输入"site:us"，搜索加拿大网站，输入"site:ca"，搜索中国网站，输入"site:cn"。利用这一搜索语法可查阅"地摊经济"（street-stall economy）在国外的报道。

（1）如查阅"street-stall economy"在美国的报道，输入"street-stall economy" site:us，如图 7-17 所示。

图 7-17　利用 Google 搜索美国网站中"street-stall economy"的表达情况

（2）如查阅"street-stall economy"在英国的报道，输入"street-stall economy" site:uk，如图 7-18 所示。

图 7-18　利用 Google 搜索英国网站中"street-stall economy"的表达情况

3. 在特定类型网站搜索

在特定类型网站搜索包含关键词的结果，所用语法是"关键词+site:网站类型"。例如，"edu"代表教育域名，大部分高校网站都包含"edu"的域名，"org"代表国际组织网站，"gov"代表政府网站等。

（1）例如，搜索"地摊经济"或"street-stall economy"在教育类网站的结果（图中为半角双引号），如图 7-19 和图 7-20 所示。

图 7-19　利用 Google 搜索教育类网站中"地摊经济"的表达情况

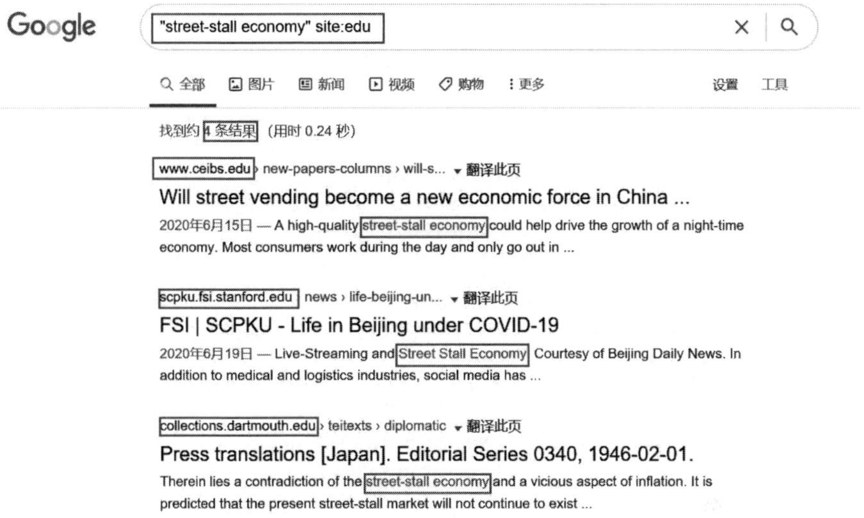

图 7-20　利用 Google 搜索教育类网站中"street-stall economy"的表达情况

（2）例如，搜索"地摊经济"或"street-stall economy"在组织类网站的结果，如图 7-21 和图 7-22 所示。

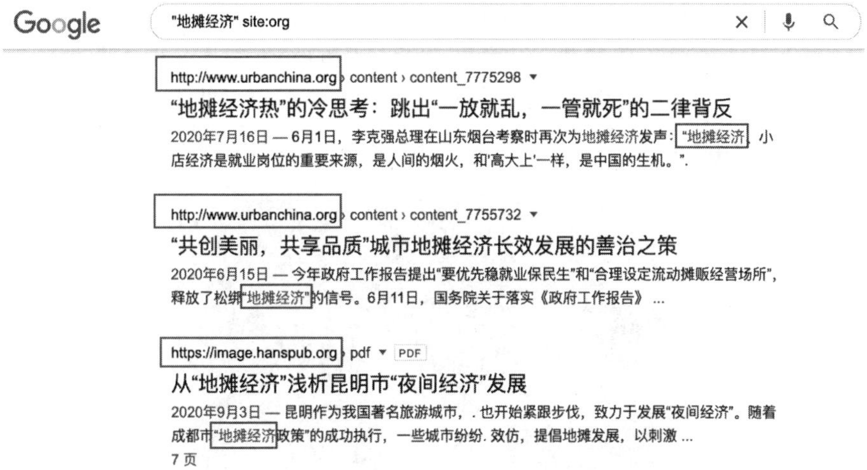

图 7-21　利用 Google 搜索组织类网站中"地摊经济"的表达情况

图 7-22　利用 Google 搜索组织类网站中"street-stall economy"的表达情况

（四）如何通过以图搜图确定术语译文？

翻译中常会遇到与文本内容相关的图片，图片中往往包含很多信息，译者常苦恼于对图片信息不熟悉，如人物姓名、地点位置信息、事件详情等，无法准确翻译相关文字。单靠普通搜索技术，在搜索框输入待搜索关键词和搜索语法可能无法直接定位图片信息。

图 7-23 是译者在翻译公交车起源材料中的一张图片，展示的是最早的公交车——公共马车，但如何借助这张图片获取更多背景知识，准确译出"公共马车"。

图 7-23　公共汽车的起源

1. 前往"Google 图片",将该图片上传并搜索,如图 7-24 所示。

图 7-24 "Google 图片"的网站入口

2. 打开首页右上侧"图片"的入口,看到"Google 图片"的首页。在"Google 图片"的搜索框右侧看到"照相机"的按钮,标识为"按图片搜索",如图 7-25 所示。

图 7-25 "Google 图片"的搜索按钮

3. 点击"照相机"按钮后提示上传待搜索的图片,可选择"粘贴图片网址"或"上传图片",如图 7-26 所示。

图 7-26 "Google 图片"的上传界面

4. 上传待搜索图片后,看到 Google 搜索的图片搜索结果,如图 7-27 所示。

翻译搜索指南

图 7-27　在 Google 中搜索相似图片

5. 点击图片可看到相似图片结果，如图 7-28 所示。

图 7-28　Google 中展示的更多相似图片

6. 点击图片可了解更多背景知识。参考图片信息，查到"公共马车"的译文是"omnibus"，如图 7-29。

图 7-29　在 Google 中点击相似图片查看更多详情

7. 检验"omnibus"是否是"公共马车"的英文译文，直接在 Google 图片搜索"omnibus"，搜索到许多图片与图 7-23 类似，证明"omnibus"是"公共马车"的译文，如图 7-30 所示。

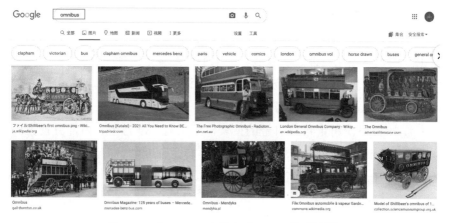

图 7-30　在 Google 中搜索"omnibus"的图片

上面"以图搜图"的例子表明 Google 除众多高级搜索语法，"图片搜索"等特殊搜索功能可帮助译者解决翻译难题。建议前往 Google 搜索的主页及搜索结果页，仔细查看 Google 搜索提供的其他搜索功能。

第三节　Bing 搜索

一、系统介绍

Microsoft Bing[①]（以下简称为"Bing"）是一款国际领先的搜索引擎，于 2009 年 5 月 28 日推出。Bing 搜索在中国分为国内版和国际版。

Bing 搜索，界面简洁精美，过滤掉多余广告，搜索功能获取广泛认可，但关键词搜索获取的信息浩如烟海，很多不符合要求。为缩小搜索范围和结果，需灵活运用各种搜索技巧。下面以 Bing 搜索国际版为案例，介绍常用的 Bing 搜索语法。

二、案例演示

（一）如何精确搜索？

在 Bing 搜索中，搜索引擎通常会将关键词拆分，以扩大搜索结果的范围，但搜索结果可能过于发散。使用半角双引号（""）搜索，结果完全匹配关键词。如译者研究国外神经机器翻译的相关资料时，搜索"neural machine translation"的相关英文资料。

1. 如果不使用半角双引号的搜索，结果有 889 万个，但部分搜索结果不是"neural machine translation"的内容，而是"machine translation""neural""translation"等个别词的结果，如图 7-31 所示。

[①] http://www.bing.com.

第七章 · 网络搜索

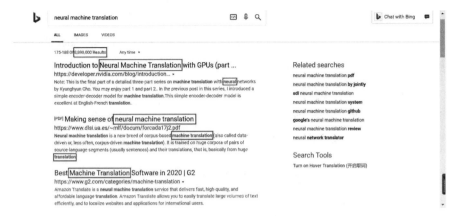

图 7-31　在 Bing 中搜索 neural machine translation（不加半角双引号）

2. 使用半角双引号的关键词搜索，结果有 165 万个，都包含 "neural machine translation" 的搜索结果，如图 7-32 所示。

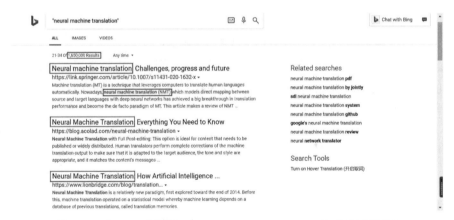

图 7-32　在 Bing 中搜索 "neural machine translation"（加半角双引号）

（二）如何在特定类型网站搜索？

译者翻译某个中文表达时，为了查询和验证英文表达是否地道，可利用 site 搜索语法：关键词 +site: 完整网址。该语法用于搜索某个英文表达在指定国家网站，如查英国英语输入 "site:uk"，查美国英语输入 "site:us"，查加拿大英语，输入 "site:ca"。

比如，搜索"大海捞针"这一俗语如何翻译？

1. 鉴于可推知，"针"译为"needle"，所以可尝试采用诱导词搜索的方法，输入："大海捞针" "needle"，返回搜索结果，即"needle in a haystack"，"捞"可译为"look for"或"find"，如图 7-33 所示。

图 7-33　在 Bing 中搜索"大海捞针"的译文

2. 进一步验证结果的可靠性，首先在美国网站验证"needle in a haystack"该用法是否普遍。输入 "needle in a haystack" site:us，返回基本符合搜索条件的结果，如图 7-34 所示。

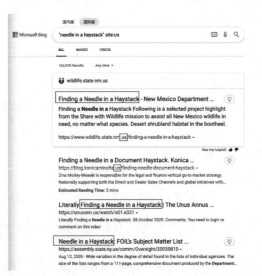

图 7-34　利用 Bing 搜索美国网站中"needle in a haystack"的表达情况

3. 在英国网站验证"needle in a haystack"的可用性。输入 "needle in a haystack" site:uk，同样，可获取基本符合本搜索条件的结果，如图 7-35 所示。

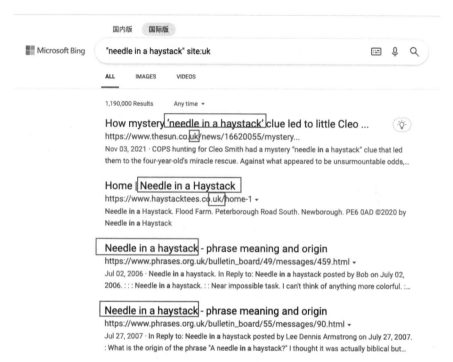

图 7-35　利用 Bing 搜索英国网站中"needle in a haystack"的表达情况

4. 点击进入相关网页中，经进一步验证，可确定"大海捞针"对应的表达是"look for/find a needle in a haystack"。

再如，"网红带货"一词成为热门营销模式，在汉译英时无法确定"网红带货"是否译为"influencer marketing"，可输入 "influencer marketing" site:us。点开相关网页检查是否和中文意思相符，便可确定译文是否可取，如图 7-36 所示。

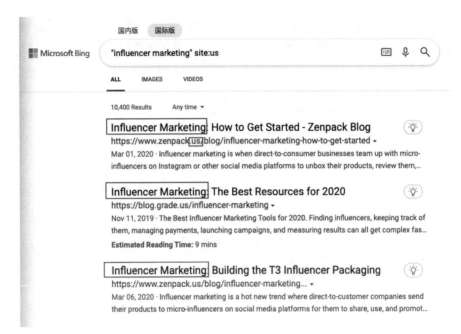

图 7-36　利用 Bing 搜索美国网站中"influencer marketing"的表达情况

（三）如何利用诱导词搜索译文？

诱导词查询法是 Bing 最常见的搜索技巧之一。译者使用诱导词目的是将搜索结果向某特定搜索需求引导，缩小搜索范围，利于快速获取所需内容。

比如，翻译一种交通违法行为"闯红灯"的"闯"字时，假设这是一个新术语，并且在权威术语库或词典找不到该词的正确译文，可尝试使用诱导词查询法搜索网络中可能的译文。

1."红灯"译为"red light"，译者可结合案例（一）的半角双引号尝试搜索"闯红灯""red light"，如图 7-37 所示。

第七章·网络搜索

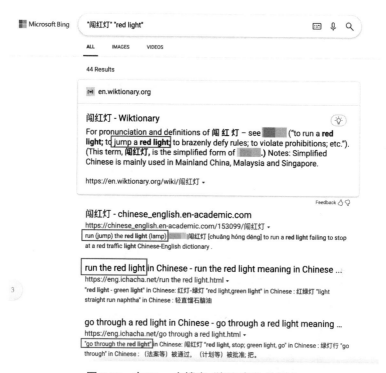

图 7-37　在 Bing 中搜索"闯红灯"的译文

2. 经仔细浏览相关网页结果，可获取"run/jump/beat the red light"的译文表达，然后根据案例（二）的方法可验证对应译文表达的地道性。进一步验证后，可确定"闯红灯"对应的译文是"run the red light"。

第四节　Yandex 搜索

一、系统介绍

Yandex 是俄罗斯重要的网络服务门户，有"俄罗斯 Google"之称。此搜索引擎俄语搜索能力强大，准确高效。下面介绍 Yandex 国际版[①] 的使用方法和技巧，包括高级搜索、以图搜图及搜索语法。Yandex 的国际版

---

① https://yandex.com.

界面如图 7-38 所示。

图 7-38　Yandex 的国际版界面

二、案例演示

（一）如何使用高级搜索？

1. Yandex 的高级搜索通过点击搜索框右侧的图标启用，点击后会跳出筛选项，第一项为引擎对用户所在位置的自动定位，可选择地区、时间、语种预筛选结果，缩小搜索范围，提高精准度，如图 7-39 所示。

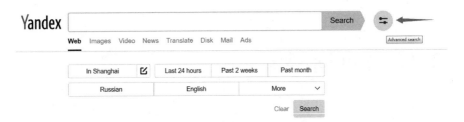

图 7-39　Yandex 的高级搜索选项

例如，浏览俄语国家新冠疫苗最新研制的报道，可通过英文表达搜索，但直接在搜索框内输入 covid-19 vaccine，搜索结果中既有英文又有俄文，且多为介绍型内容，如图 7-40 所示。

图 7-40　在 Yandex 中搜索 "covid-19 vaccine"

在高级搜索选项中勾选 "last 24 hours" 和 "Russia"，可筛选出时间为最近 24 小时、语种为俄语的内容，如图 7-41 所示。

图 7-41　在 Yandex 中使用高级搜索功能

（二）如何搜索俄语译文？

Yandex Images 是 Yandex 搜索引擎中的图片搜索功能，支持以文字搜图、以图搜图，如图 7-42 所示。

图 7-42　Yandex Images 界面

例如，搜索"鸳鸯锅"俄语译文。首先，分别用"鸳鸯锅"和英文"double-flavor hotpot"在 Yandex Translate 中翻译，得到两种不同译文，分别是"Утка-мандаринка горшок"和"горячая кастрюля с двойным вкусом"。

为验证这两种俄语表达是否正确，分别将其输入 Yandex Images 搜索框中，"Утка-мандаринка горшок"的搜索结果如图 7-43 所示，图片显示都为鸳鸯鸟，与火锅无关，而"горячая кастрюля с двойным вкусом"的搜索结果如图 7-44 所示。

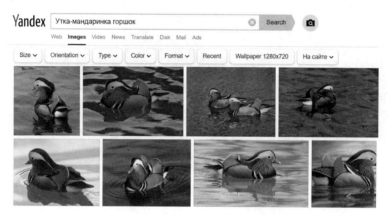

图 7-43　Yandex Images 中第一种俄语表达得到的结果

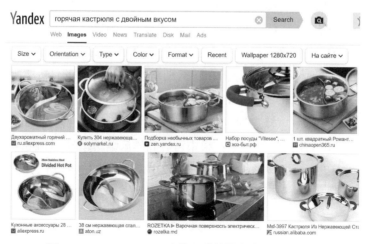

图 7-44　Yandex Images 中第二种俄语表达得到的结果

395

通过图片搜索验证，第二种译文"горячая кастрюля с двойным вкусом"是正确的。另外，还可在搜索结果中点击任意一张图片进入链接查看详情，如图 7-45 所示。

图 7-45　在 Yandex Images 中点击图片查看链接详情

（三）如何在特定类型网站搜索？

获取某个关键词在某一类型网站中的搜索结果，通过"inurl"语法搜索网址中包含特定关键词的网页，限定网址类型，大大缩小搜索范围，快速找到有用信息。比如，"cn""us""ru"等代表国家，"edu"代表教育机构类，"gov"代表政府类，"tech"代表科技类，"video"代表视频类等。

例如，想要了解机器翻译和译后编辑在俄罗斯的研究情况时，在搜索框中输入"machine translation & post-editing inurl:ru"，"&"语法表示"与"的逻辑关系，搜索同时包含前后两个关键词的内容，"inurl:ru"限定在俄罗斯网站搜索，在搜索结果中可看到译后编辑理论、译后编辑探讨、翻译实践人机交互、译后编辑培训等相关内容，如图 7-46 所示。

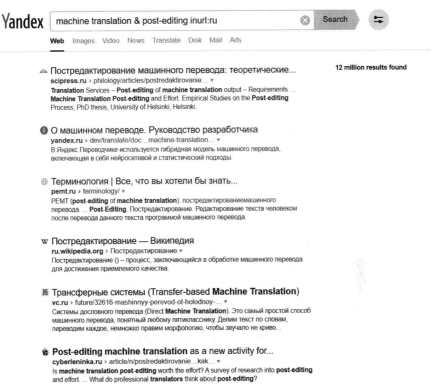

图 7-46　利用 Yandex 搜索俄罗斯网站中有关"机器翻译 & 译后编辑"的情况

(四) 如何搜索特定格式文档?

Yandex 国际版的大多数搜索语法与 Google、Bing 等搜索引擎通用,对于特定格式文档搜索,Yandex 使用的语法不同,使用"mine"语法,支持的文档格式有 .pdf/.ppt/.xls/.doc/.rtf 等。例如,搜索俄语版航运提单,在搜索框输入 "bill of lading" mime:pdf,并结合案例(一)中的高级搜索功能,在结果中找到相关俄语 .pdf 格式文档,如图 7-47 所示。

图 7-47 在 Yandex 中搜索 .pdf 格式的俄语版提单

第五节　特色搜索引擎

除前四节介绍的常见独立搜索引擎，本节将介绍五款特色搜索引擎，即秘迹搜索、WolframAlpha、YouGlish、搜狗搜索、Internet Archive，这些搜索引擎的独特功能可满足译者不同需求，有助于高效搜索所需信息，例如形近词、押韵词、单词真人发音、英文视频、网站历史更改资料等，补充了传统搜索引擎的功能。

一、秘迹搜索

（一）系统介绍

秘迹搜索[①] 是一款保护用户搜索信息的聚合搜索引擎，不会根据搜索

---

① https://mijisou.com.

关键词追踪用户，或通过历史搜索记录作广告推荐。秘迹搜索聚合 Bing、百度、360、搜狗等中文搜索引擎的搜索结果，提供私密搜索、匿名访问服务，其底层技术基于元搜索引擎 Searx。主打用户隐私保护的同类搜索引擎还有国外的 DuckDuckGo[①]，以及国内的多吉搜索（DogeDoge）[②]。

（二）案例演示

1. 如何只显示特定搜索引擎结果？

秘迹搜索聚合了多个搜索引擎的搜索结果，如在翻译化工领域的文本时，遇到专业术语"abel pensky tester"，想要了解这一词组的相关背景知识，并希望搜索结果中只出现英文结果相对全面的 Bing 搜索，可使用"!语句"，淘宝、京东、知乎等网站还能借助此功能实现"直达搜索"。

（1）在搜索框中输入"abel pensky tester"，出现多个搜索引擎聚合的搜索结果，如图 7-48 所示。

图 7-48　在秘迹搜索中搜索"abel pensky tester"

（2）如需进一步搜索 Bing 搜索的结果，在搜索框中输入"!bing abel

---

① https://duckduckgo.com.
② https://www.dogedoge.com.

pensky tester",按下回车键进一步筛选出 Bing 搜索的结果,如图 7-49 所示。搜狗、360 搜索等其他搜索引擎都可使用搜索语句 "!sogou+ 关键词"、"!360sousuo+ 关键词",指定搜索引擎搜索。

图 7-49　利用秘迹搜索搜索 Bing 中 "abel pensky tester" 的术语情况

（3）除指定搜索引擎,秘迹搜索还提供 "直达搜索" 功能。在搜索框中输入 "!引擎 搜索词" 前往目标站点搜索。例如,输入 "!zhihu abel pensky tester",页面将前往知乎搜索界面,如图 7-50 所示。在搜索框中输入 "!"（不区分中英文）将提示该功能所支持的网站。

图 7-50　秘迹搜索中的 "直达搜索" 功能演示

2. 如何在搜索中保护隐私？

承接翻译项目时，有时需要同客户签订保密协议，保证不泄露尚未公开的翻译文本。例如在翻译未公开的科技资讯时，译者需上网搜索"微软 车载语音助手"。秘迹搜索不会记录译者任何信息，包括输入的关键词、用户浏览器的 IP 地址等。

（1）打开秘迹搜索网站，在搜索框中输入"微软 车载语音助手"。搜索结果会过滤广告，网址后还附有搜索结果的来源，如图 7-51 所示。

图 7-51　秘迹搜索中的"私密搜索"功能演示

（2）在搜索结果查找到需要的信息后，点击网址后的"匿名访问"选项匿名访问目标网站，如图 7-52 所示。

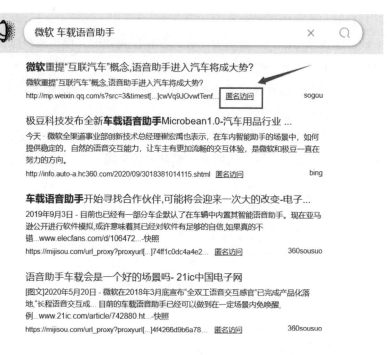

图 7-52 秘迹搜索中的"匿名访问"功能演示

二、WolframAlpha

(一)系统介绍

WolframAlpha(WA)[①]虽是计算知识引擎,但词汇和语言(Words & Linguistics)方面的特色功能给译者带来许多便利。除提供单词的定义和翻译,WolframAlpha 还能提供单词的同义词、反义词、上位词、下位词,检索押韵词、拼读罗马数字、计算词频等。此外,它还能为译者提供生命科学、化学、天文学、人文历史、文学等领域的专业知识。

(二)案例演示

1. 如何搜索英文单词的押韵词和形近词?

翻译中文诗歌时,要在英文译文中还原诗的押韵,例如翻译"春花秋

---

① https://www.wolframalpha.com/.

月何时了？往事知多少"，试图还原"了"和"少"的音韵对应，或是还原原诗的形式美，然而传统搜索引擎的信息庞杂，无法立即定位到有效信息，这种情况就可借助 WolframAlpha 搜索引擎。

（1）在搜索框中输入"words that rhyme with+ 英文单词"，可检索押韵词。例如，输入"words that rhyme with flowers"，系统将在 Results 中罗列与"flowers"同韵尾的单词，如"powers"、"devours"等，由此可根据下句联想出对应的英文单词"hours"，两个单词分别同原文的"花"和"往事"对应，如图 7-53 所示。

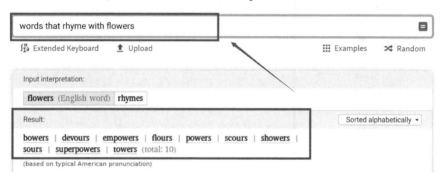

图 7-53　在 WolframAlpha 中搜索"flowers"的押韵词

（2）未达到预期效果，译者可将"flowers"更换成其他单词，例如搜索"words that rhyme with moon"，在搜索时只需要替换最后一个单词。

（3）译者搜索"flowers"的形近词，例如以"-wer"结尾的单词，可在搜索框中输入需要的单词模板"＿＿wer"，就可获取"answer"、"avower"等形近词，如图 7-54 所示。

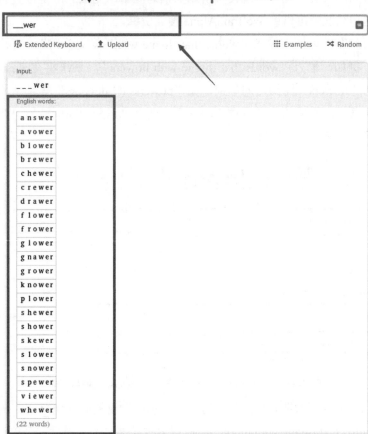

图 7-54　在 WolframAlpha 中搜索 "flower" 的形近词

2. 如何搜索英文单词的同义词、上位词和下位词[①]？

翻译工业说明书时，英文单词中有的范围较大，如 "regulator"，在查询单词含义和例句后，仍质疑单词在此处的用法和含义，进一步了解 "regulator" 的上下位关系。

（1）在 WolframAlpha 搜索框中输入 "word+ 待检索的英文单词"，

---

① 上位词（Broader Terms）指概念上外延更广的主题词，例如，"水果"是"苹果"的上位词；下位词（Narrower Terms）指概念上内涵更窄的主题词，例如，"桃花"是"花朵"的下位词。

可搜索单词的词义和其他相关信息。例如，在搜索框中输入"word regulator"，搜索结果将显示"regulator"的词义、发音、音节组成、历史词频等基本信息，如图 7-55 所示。

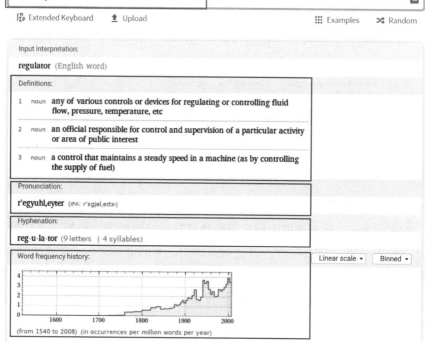

图 7-55　在 WolframAlpha 中搜索"regulator"的定义、发音及词频历史

（2）下拉网页可浏览更多与该单词相关的信息，包括同义词、上下位词、同韵脚形近词、相同字母异序词、搭配短语等，结果显示"regulator"的下位词包括"ballcock""escape valve""floodgate"等，如图 7-56 所示。

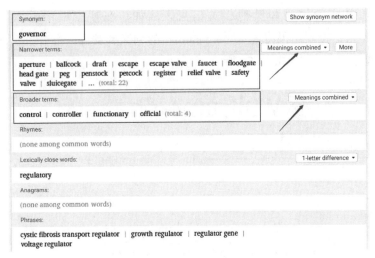

图 7-56 在 WolframAlpha 中搜索 "regulator" 的同义词、下位词和上位词

三、YouGlish

(一) 系统介绍

YouGlish[①] 是主要用于检索不同语言发音的视频搜索引擎,该引擎基于 YouTube 的视频数据库,方便检索单词、人名或短语句子的真人发音。输入关键词后,网站提供相关的视频片段,还提供不同语言不同口音的单词原声例句,支持调节播放速度、搜索和保存视频中出现的所有原声例句等。

(二) 案例演示

1. 如何搜索单词的真人发音视频?

口译时遇到长难单词、单词连读或者发音相近的单词,可通过 YouGlish 快速检索英文单词或词组在实际运用中的发音视频。例如,在医学翻译中,"afferent nerve"和"efferent nerve"分别是"传入神经"和"传出神经",在语境中经常一起出现,但两个单词无论发音还是含义都十分相近,容易造成混淆。在这种情况下,译者可通过包含"afferent"和

---

① https://youglish.com.

第七章·网络搜索

"efferent"的真人发音视频听辨学习，还可进一步了解单词的常用语境。

（1）译者可在 YouGlish 搜索框上方语言选项中，选择"for English"，在搜索框中输入"afferent efferent"，点击右侧"Say it!"搜索，如图 7-57 所示。

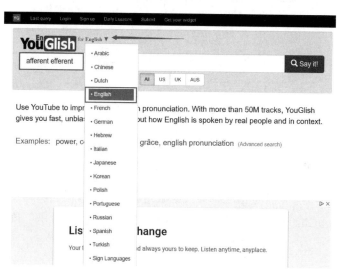

图 7-57　在 YouGlish 中输入关键词并设置搜索语言

（2）网站显示所有搜索结果的第一项，并定位到单词所在的句子播放。译者可调整视频播放速度，或快速切换到其他包含关键词的例句，如图 7-58 所示。

图 7-58　YouGlish 中包含"afferent efferent"的原声例句视频

（3）在字幕右下角更多选项里，查看例句上下文的语境，还可保存例句，点击例句里的单词将出现单词的释义、近义词、使用例句、翻译等，在了解发音同时，还能熟悉单词实际用法，如图 7-59 所示。

图 7-59　在 YouGlish 中查看"afferent efferent"的上下文语境

2. 如何搜索与特定话题相关（或限定范围）的视频材料？

在 YouGlish 检索原生例句时，还能限定搜索结果范围。例如，遇到不熟悉的地名"Montreal"，可在 YouGlish 搜索这一单词和旅游相关的语言情景。

（1）译者需在搜索框中输入"关键词 # 相关话题"。如搜索旅游相关视频中出现的加拿大蒙特利尔市，需要输入"Montreal #travel"，获取该话题标签下的所有视频，如图 7-60 所示。

图 7-60　在 YouGlish 中搜索含"Montreal"发音的旅行视频

（2）除给关键词增加话题标签搜索，可通过词性（名词、动词、形容词、副词）、短语形式（疑问句、感叹句）、性别（男性、女性）等限定搜索范围，可叠加使用限制条件。例如，"spread:n"搜索"spread"作名词的例子，"spread?"搜索疑问句中"spread"的发音，"spread:f"搜索女性发音，如图7-61所示。

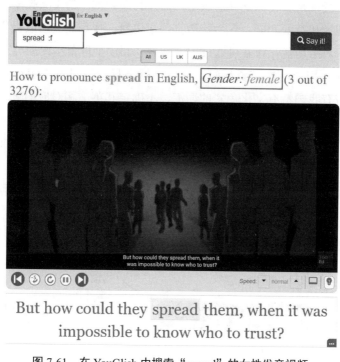

图7-61　在YouGlish中搜索"spread"的女性发音视频

四、搜狗搜索

（一）系统介绍

搜狗搜索①是一款互动式搜索引擎，用人工智能新算法分析用户查询意图，在内容生态方面不断发展，目前支持微信公众号和文章搜索、知乎搜索、英文搜索及翻译、搜狗医疗搜索（明医）等。其中，搜狗微信搜索

---

① https://weixin.sogou.com.

接入微信搜索平台，满足译者对个性化信息的搜索需求；搜狗知乎搜索接入知乎平台的问答数据库，便于译者搜索知乎的信息。

（二）案例演示

翻译中文文本时，会遇到一些具有中国特色的词语，经常需要粗翻后再进一步查证是否存在这样的表达，而搜狗搜索推出的英文搜索功能可同时实现翻译和查证功能。作为跨语言搜索引擎，搜狗英文搜索提供自动翻译、双语对照功能，译者可通过中文搜索、阅读全球范围内的英文信息。

例如，翻译博物馆资料时，遇到"越窑青瓷"以及"越窑青釉葫芦瓶"等带有我国特有文化色彩的词汇，不确定其英文相对应的表达，而在传统搜索引擎中不准确的英文关键词无法得到准确的搜索结果。

1. 在搜索框中输入关键词"越窑青瓷"，点击搜索选项"英文"或者前往搜狗英文界面搜索。

2. 中文关键词在搜狗英文搜索中，会通过理解上下文语境自动翻译成英文，并提供英文、译文和双语搜索结果，如图 7-62 所示。

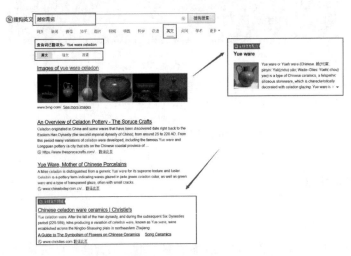

图 7-62　在搜狗英文中搜索"越窑青瓷"

3. 搜索结果还包括"全球信息聚合"和"全球官方网站"，聚合和突出显示有效信息。译者点击搜索结果中的网站，在网页中通过快捷键（"CTRL+F"）快速定位"gourd"，如图 7-63 所示。通过 China Today 网站给出的英文介绍，可初步确定"越窑青釉葫芦瓶"的参考译文为"A Yue Gourd Vase with Greenish Glaze"，但该译文也仅供参考，译者应尽可能查阅更多信息确定最终译文。

图 7-63　搜狗英文中"越窑青釉葫芦瓶"的译文

五、Internet Archive

（一）系统介绍

Internet Archive[①] 是一个非盈利性的数字图书馆，提供图书、电影和音乐资源，以及大量的存档网页。该网站定期收录并且永久保存全球网站上可抓取的信息，包括的资源有网页、电子书、视频、音频、软件、图片等。

（二）案例演示

Internet Archive 现存有 3300 亿网页和页面快照，译者可在此查找大部分网站的历史资料。例如，在做网页本地化时，需要查找同类网站的历史界面作为参考资料，但是许多经典网站因年代久远，已经停止运营。例如，查找早期虚拟线上社区 GeoCities 网站，该网站存有大量早期的个人

---

① https://archive.org.

设计主页，但是在 2009 年就停止运营。这种情况下，译者可借助 Internet Archive 的网站搜索工具 Wayback Machine。

1. 打开 Internet Archive 网站，在 Wayback Machine 搜索框中输入 GeoCities 网址 "http://geocities.yahoo.com/home/"，单击回车键搜索，如图 7-64 所示。

图 7-64　在 Internet Archive 中输入待查找网址

2. 搜索结果中可选择的存有网页快照的日期由不同颜色和大小的圆圈标注，如图 7-65 所示。圆圈颜色包括蓝色、绿色、橙色、红色，分别代表爬虫所捕获的网络服务器良好、网页重定位、客户端错误、服务器错误；圆圈大小对应该日期的网页快照次数，圆圈越大，次数越多。

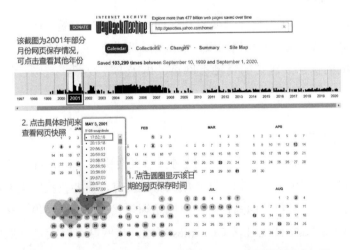

图 7-65　在 Internet Archive 中搜索 GeoCities 网站的历史记录

3. 将鼠标移至目标日期上，将出现该日期下所有网页快照的具体截取时间，点击任一时间，即可浏览 GeoCities 网站在该日期下特定时间点的网站页面，如图 7-66 所示。在搜索结果页面，译者还可在上方更改查询日期和网址，查看不同时期的网站页面。

图 7-66　Internet Archive 中失效网站 GeoCities 的历史页面

第八章　学术搜索

大数据时代，信息更新速度和信息量同步剧增。为了获取论文、图书和摘要等学术资料，读者往往会使用浏览器直接进行搜索，由于网络资源无所不包，使用传统方法进行学术搜索无异于大海捞针，而网络资源同时也具有参差不齐的特点，这就要求译者具备一定的甄别信息的能力。由此可见，在当今这个时代，译者的搜商直接关系到他在翻译中通过搜索获取有效信息的效率，也决定了译者能否在现代翻译行业中具备核心竞争力，有效地掌握搜索引擎、在线数据库和电子书库等学术搜索方法正成为一种不可或缺的翻译技术能力。

目前，国外的主流学术搜索平台主要包括 Google Scholar、Web of Science、Springer、Taylor & Francis、EBSCO 和 ZLibrary 等；国内的主流学术搜索平台主要有知网、百度学术、国家图书馆、读秀学术、全国图书馆参考咨询联盟和超星图书馆等。读者用户可以灵活使用这些系统上提供的各种检索功能，通过时间、标题、关键字、相关性、摘要、作者、出版物、文献类型、被引用次数、领域、期刊及会议等多维度筛选指标来提高搜索的精准性，也可使用引用、下载等实用功能，快速地定位到目标学术信息，从而满足各领域专业研究的学术搜索需求。

本章将重点介绍国内外主流的六大学术搜索平台（人文社科领域），其中包括中国知网、Web of Science、EBSCO、Google Scholar、百度学术、国家图书馆，并将根据这些平台的不同特色向读者详细展示其核心搜索功能，以期帮助读者掌握学术搜索技巧，提高搜商，从而更好地提升翻译技术能力、为翻译教学实践服务。

第一节 中国知网

一、系统介绍

中国知网[①],英文简称为 CNKI(China National Knowledge Infrastructure),取自"国家知识基础设施"的概念,由世界银行于 1988 年提出。经过多年努力,知网建成了世界上全文信息量最大的"CNKI 数字图书馆",旨在为全社会提供最丰富的知识信息资源共享和最有效的知识传播与数字化学习平台,知网首页如图 8-1 所示。

目前 CNKI 的知识总库主要收录的是中文的期刊、博硕士论文、会议论文、报纸全文、年鉴全文以及可供学习研究的工具书,以及一些英文的学术期刊、学位论文和会议的资料,用户可以利用"文献检索""知识元检索""引文检索"以及"高级检索"等多种检索方式搜索到自己想要的资料。

此外,除了"数据库"的使用,知网还提供有 CAJViewer 和 E-learning 两种文献阅读软件,支持不同格式的文献阅读。同时,还创设有机构馆和个人馆,为不同的使用对象提供不同的服务模式。

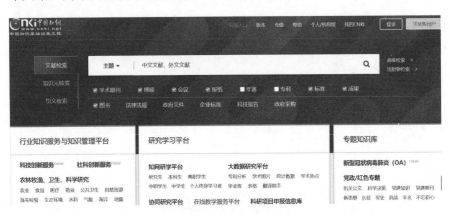

图 8-1 知网主界面

---

① https://www.cnki.net/.

二、案例演示

(一) 如何使用高级检索功能高效查找目标文献?

1. 通过主题词、期刊来源类别查找相关论文

(1) 以入选 CSSCI 的有关"人工智能"主题的期刊为例。点击知网首页搜索框右侧的"高级检索"按钮,进入检索页面,如图 8-2 所示。

图 8-2　知网中的"高级检索"页面

(2) 点击"高级检索"页面下方"总库"一行中的"学术期刊"一栏,如图 8-3 所示。

图 8-3　在知网"高级检索"功能中点击"学术期刊"

（3）在"主题"一栏输入"人工智能"，"来源类别"一栏可勾选"CSSCI"，然后点击"检索"按钮，如图8-4所示。

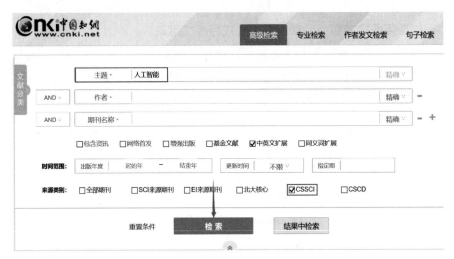

图8-4　在知网"高级检索"页面中检索关键词"人工智能"

（4）进入检索页面，便可查看"CSSCI"来源期刊提供的相关检索结果，如图8-5所示。

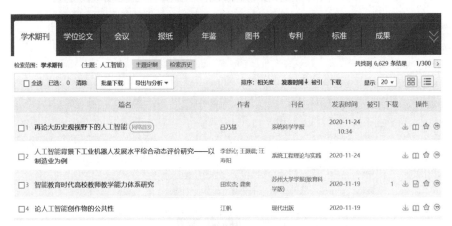

图8-5　在知网"高级检索"功能下查看检索结果

（5）在第4步的基础上，点击学术期刊检索结果页面右上角"详情"按钮，便可快速浏览每篇文章的摘要及关键词，如图8-6所示。

第八章 · 学术搜索

图 8-6 在知网的学术期刊页面点击"详情"按钮

（6）点击学术期刊检索结果页面的左侧"可视化"图标，如图 8-7 所示；点击后便可得到跟"人工智能"主题相关的期刊、来源类别、文献作者等的可视化图表，以"期刊"可视化图表为例，如图 8-8 所示。

图 8-7 在知网的学术期刊检索页面点击"可视化"图标

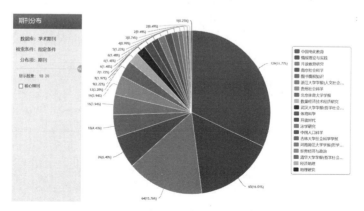

图 8-8 知网中与"人工智能"相关的期刊分布可视化图表

(7)同时，也可点击"导出与分析"选项下的"可视化分析"，它能够更加全面的满足文献分析的需求，如图 8-9 所示。

图 8-9　在知网中点击"可视化分析"

(8)如果想要进一步精确检索结果，可以增加筛选条件，利用"结果中检索"这个功能。例如在期刊名称一栏输入另一个关键词《中国翻译》，点击"结果中搜索"，如图 8-10 所示。

图 8-10　在知网的高级检索页面中点击"结果中检索"

(9)进入"结果中检索"页面，便可进一步查看更加精确的检索结果，如图 8-11 所示。

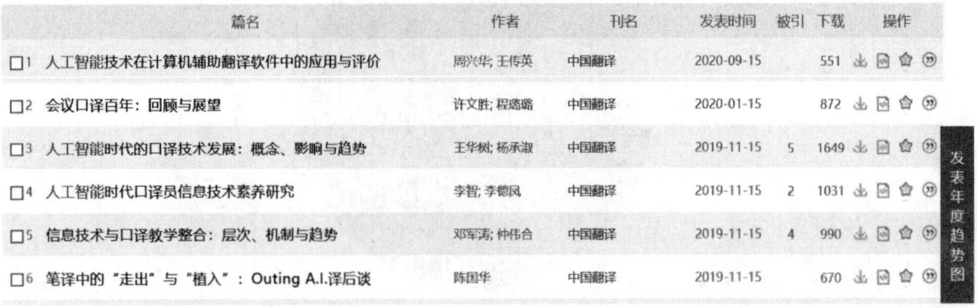

图 8-11　在知网的"结果中检索"中进行精确检索

2. 使用高级检索项下的"专业检索"查找目标文献

（1）点击"高级检索"按钮右侧的"专业检索"，即可进入专业检索页面。当译者想要检索以前看到过一篇字幕翻译的文章，但只依稀记得作者姓王或张，如图8-12所示。

图8-12　知网中的"专业检索"页面

（2）点击检索框，就会有相应下一步操作的提示，或者也可根据页面右上角"专业检索使用方法"进行操作，如图8-13所示（运算符的具体使用方法详见：全球学术快报2.0使用手册[①]）。

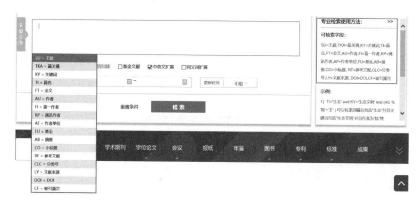

图8-13　知网中的"专业检索使用方法"提示

（3）在"专业检索"的检索框内，运用逻辑运算符号，输入 TI='字幕翻译' and (AU %'张'+'王')，但要注意所有符号和英文字母都必须使用英文半角符号，然后点击"检索"，如图8-14所示。

---

① http://piccache.cnki.net/index/helper/manuals.html#frame2-1-2.

图 8-14　在知网中利用逻辑运算符号检索

（4）输入检索式后，点击"检索"，便可通过设置模糊检索条件得到检索结果，为读者节省了大量的检索时间，如图 8-15 所示。

图 8-15　在知网中查看专业检索结果

（二）如何借助软件有效管理学术文献？

1. 下载 NoteExpress[①]，注册账号并登陆，其主界面如图 8-16 所示。

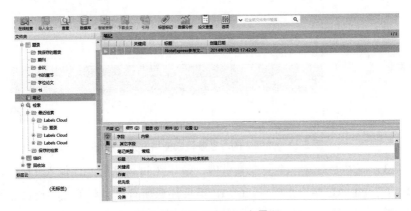

图 8-16　NoteExpress 主界面

---

① http://www.inoteexpress.com/aegean/index.php/home/ne/index.html.

2. 在知网首页的检索框内（即"文献检索"功能搜索框）输入想要检索的主题，以"机器翻译"为例，点击搜索，如图 8-17 所示。

图 8-17　在知网的"文献检索"功能中检索"机器翻译"

3. 进入"文献检索"结果页面后，在结果栏里选中想要引用的文献（即在文献名称前面的空白方框打勾），接着点击"题名"上方的"导出与分析"栏中"导出文献"，根据需要选择不同的引文格式，即可获得已选文献的引用信息，以 NoteExpress 格式为例，如图 8-18 所示。

图 8-18　在知网的文献检索结果页面点击"导出文献"

4. 在文献检索结果页面点击"导出文献"，进入参考文献格式引文的详情页面，引文格式还可以根据"发表时间"和"被引频次"排序，接着点击"复制到剪贴板"，如图 8-19 所示。

423

图 8-19　在知网的文献导出页面中点击"复制到剪贴板"

5. 打开 NoteExpress 软件，找到"题录"并右击，然后点击"导入题录"，如图 8-20 所示。

图 8-20　在 NoteExpress 页面中点击"题录"

6. 在"导入题录"选项框内点击"来自剪贴板"以及"更多"，并选择"存放位置"，如图 8-21 所示。

图 8-21　NoteExpress 中的"导入题录"页面

7. 点击"开始导入",便可成功导入文献题录,如图 8-22 所示。

图 8-22　在 NoteExpress 中成功导入文献题录

8. 右击题录前的红色圆点,便可根据需要选择不同的功能(如"下载全文"、"数据分析"等)对文献进行管理,如图 8-23 所示。

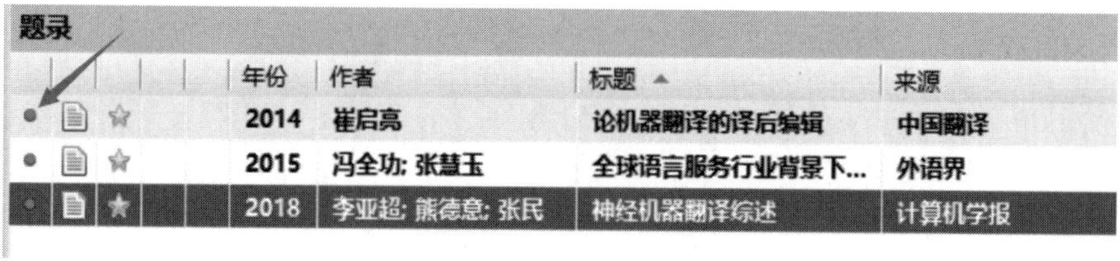

图 8-23　在 NoteExpress 中根据需求管理文献

(三)如何快速了解社会各界对论文选题的关注度?

1. 首先点击知网首页左侧的"知识元检索",接着在检索框内输入想要检索的关键词，并勾选检索框下方的"指数"项，以"法律翻译"为例，如图 8-24 所示。

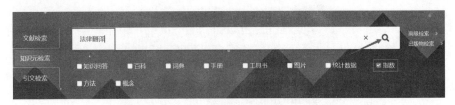

图 8-24　在知网的"知识元检索 - 指数"选项下检索"法律翻译"

2. 进入"知识元检索"下的"指数"检索结果页面，便可从历年社会各界对该选题的"关注度"图表判断选题价值，如图 8-25 所示。

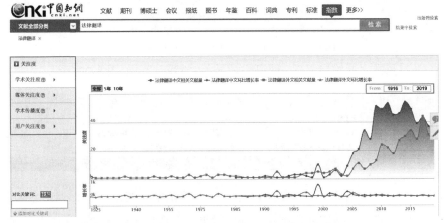

图 8-25　知网中"指数 - 法律翻译"选项下的检索结果

3. 下拉知网"指数"检索结果页面，可以看到跟"法律翻译"相关的"关注文献""学科分布""研究进程"等，如图 8-26 所示。

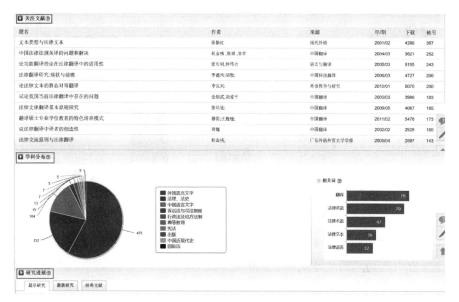

图 8-26　在知网中查看"指数"选项下的内容

4. 在"指数"检索结果页面左侧"关注度"一栏下方的"对比关键词"框内还可输入相关领域关键词，点击"比较"，来进行图表对比，以"文化翻译"为例，如图 8-27 所示。

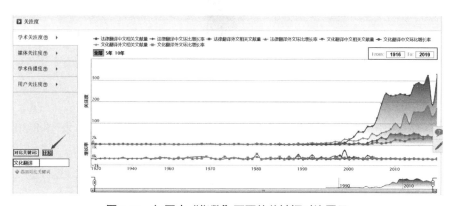

图 8-27　知网中"指数"页面的关键词对比图示

（四）如何快速检索不同领域的核心期刊？

1. 首先点击知网首页检索框右侧的"出版物检索"按钮，进入检索页面，如图 8-28 所示。

图 8-28　知网中的"出版物检索"页面

2. 在"出版物检索"页面，点击检索框上方的"出版来源导航"，在下拉框内选择"期刊导航"，如图 8-29 所示。

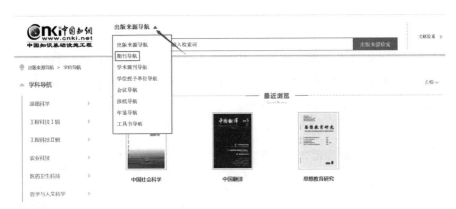

图 8-29　在知网中的"出版物检索"页面选择"期刊导航"

3. 点击"期刊导航"页面左侧的"核心期刊导航"按钮，如图 8-30 所示。

图 8-30　在知网中的"期刊导航"页面点击"核心期刊导航"

4. 在"核心期刊导航"选项下选择所需的相关领域的核心期刊,以"文化、教育、历史"为例,如图 8-31 所示。

图 8-31　在知网的"核心期刊导航"下选择所需领域

5. 点开"文化、教育、历史"下的任意一本期刊查看详情,以"《中国科技翻译》"为例,便可快速浏览该期刊的收录情况、影响因子、历年出版期刊、设置栏目以及统计与评价图表,如图 8-32 所示。

图 8-32　知网中核心期刊的详情页面

第二节　Web of Science

一、系统介绍

Web of Science 是 Thomson Reuters 公司开发的信息检索平台。通过该平台，用户可以检索关于自然科学、工程技术、生物医学、社会科学等各个研究领域的文献信息，文献类型包括期刊、会议录、图书、专利、数据集等，主界面如图 8-33 所示（新版本布局稍有调整）。用户可同时对多个数据库（Web of Science 核心合集、BIOSIS Previews、中国科学引文数据库、Derwent Innovations Index、Inspec、KCI-Korean Journal Database、MEDLINE、Russian Science Citation Index、SciELO Citation Index）进行单库或跨库检索，如图 8-34 所示。

第八章 · 学术搜索

图 8-33　Web of Science 主界面

图 8-34　Web of Science 平台数据库

Web of Science[①] 核心合集是基于 Web of Science 平台的国际权威学术文献文摘索引数据库。核心合集包含 9 个子库：

科学引文索引（Science Citation Index Expanded, 简称 SCI）
社会科学引文索引（Social Sciences Citation Index，简称 SSCI）

---

① http://apps.webofknowledge.com.

艺术与人文科学引文索引（Arts & Humanities Citation Index，简称 A & HCI）
自然科学会议文献引文索引（Conference Proceedings Citation Idex-Science，简称 CPCI-S）
社会科学以及人文科学会议文献引文索引（Conference Proceedings Citation index-Social Science & Humanities，简称 CPCI-SSH）
新兴资源引文索引（Emerging Sources Citation Index，简称 ESCI）
最新化学反应 (Current Chemical Reactions，简称 CCR）
化合物索引（Index Chemicus，简称 IC）

正式搜索之前，可对数据库进行选择。点击展开 Web of Science 首页上方的"所有数据库"，以选择"Web of Science 核心合集"为例，如图 8-35 所示。

图 8-35　在 Web of Science 中选择待检索数据库

点击展开页面左下方"更多设置"，即可查看 Web of Science 核心合集全部子库，用户可根据需要勾选数据库，如图 8-36 所示。

图 8-36　在 Web of Science 中进一步设置核心合集子库

二、案例演示

（一）如何使用基本检索功能查找文献？

1. 点击 Web of Science 首页左侧"基本检索"，可对主题、标题、作者、出版物名称、出版年、DOI 等进行检索。以检索关键词为例，在输入框输入关键词"neural machine translation"，检索字段选择"主题"，点击"检索"键，如图 8-37 所示。

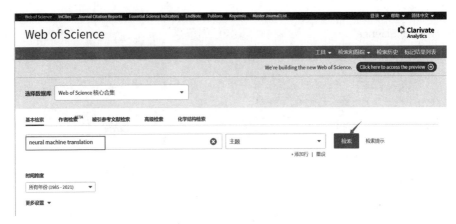

图 8-37　在 Web of Science 中输入关键词进行基本检索

2. 进入检索页面后，即可查看所有检索结果。论文标题下方可看到作者、出版商、出版年、摘要等相关信息，点击标题可进一步查看详细信息，如图 8-38 所示。

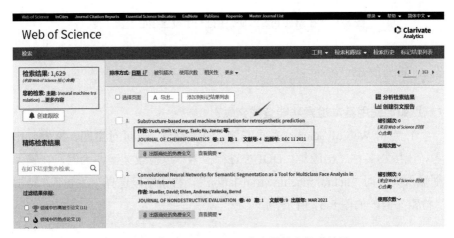

图 8-38　在 Web of Science 中查看基本检索结果

3. 进入论文详情页面后，可详细了解 DOI 号、出版期刊影响力、通讯作者地址及联系方式，如图 8-39 所示。

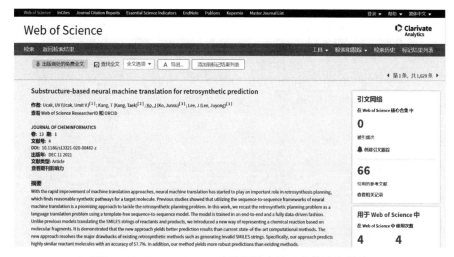

图 8-39 在 Web of Science 中查看检索结果中的论文详情

4. 论文详情页面右侧，可进行引文索引。点击被引频次上方数字，即可详细查看施引文献，如图 8-40 所示。

图 8-40 在 Web of Science 中查看检索结果中的引文索引

5. 回到论文详情页面右侧，点击引用的参考文献上方数字，即可查看全部参考文献，可追溯科研成果的理论基础和来源；点击引用的参考文献下方的"查看相关记录"，即可查看相关记录详情，寻找交叉学科的创新点和研究思路，具体操作如图 8-41 所示。

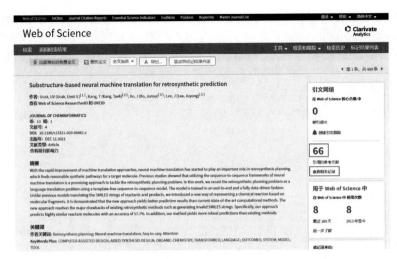

图 8-41 在 Web of Science 中查看检索结果的参考文献及相关记录

(二)如何使用高级检索功能高效查找目标文献?

1. 点击 Web of Science 首页中间的"高级检索",可使用字段标识、布尔运算符、括号和检索结果集创建检索式进行检索。页面最右侧有布尔运算符和字段标识介绍,如图 8-42 所示。

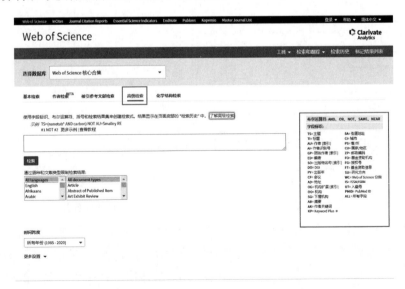

图 8-42 Web of Science 中的高级检索页面

2. 例如，查找最近 5 年在标题中包含检索词"Conference Interpreting"的英文期刊。在检索框中输入：TI="Conference Interpreting"，选择语言为"English"，文献类型为"Article"，时间跨度设置为"最近 5 年"，点击"检索"，如如图 8-43 所示。

图 8-43　在 Web of Science 中创建检索式进行高级搜索

3. 下滑至页面下方"检索历史"，点击检索结果列数字，可查看全部检索结果，如图 8-44 所示。

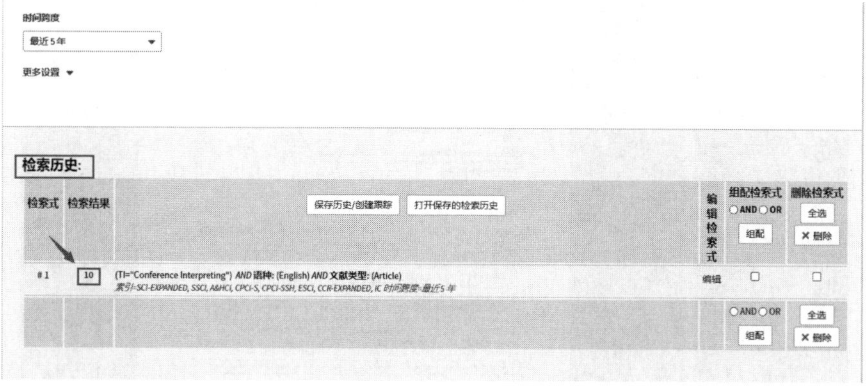

图 8-44　在 Web of Science 中查看高级检索结果

（三）如何借助插件快速获取文献全文？

1. Web of Science 的检索结果中会自动显示出版商是否提供了免费全文，点击"出版商处的免费全文"即可查看，如图 8-45 所示。

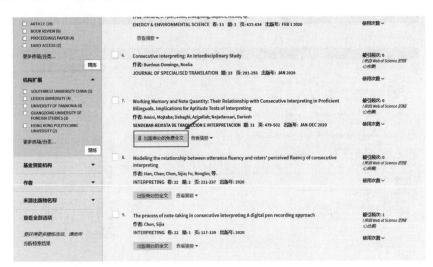

图 8-45 Web of Science 中的"出版商处的免费全文"功能

2. 点击后部分文献可直接查看并下载，如图 8-46 所示；部分文献则需要跳转至可供下载该文献的相应网站，然后在网站内进行下载，如图 8-47 所示。

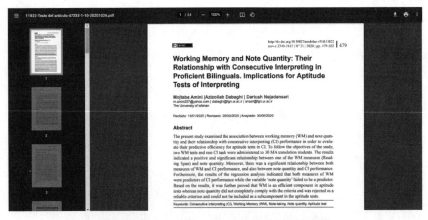

图 8-46 在 Web of Science 中直接查看部分文献

第八章 · 学术搜索

图 8-47　在 Web of Science 中跳转至文献下载网站

3. 借助 Web of Science 的插件 Kopernio[①]，可一键访问各大学术网站，快速获取文献全文。点击 Web of Science 页面顶端"Kopernio"后，会自动跳转至插件页面，如图 8-48 所示。

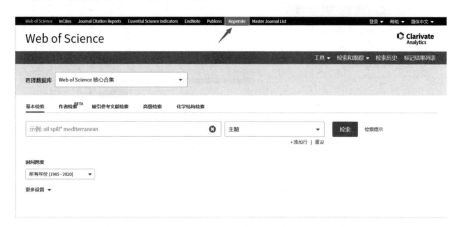

图 8-48　从 Web of Science 主界面进入 Kopernio 插件

4. 点击插件页面中间"免费加载到 Chrome"，如图 8-49 所示；根据指示下载并安装 Kopernio 插件，如图 8-50 所示。

---

① 此插件的最新名称为"EndNote Click"。

439

图 8-49　加载 Kopernio 插件至浏览器

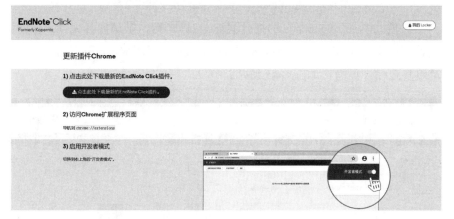

图 8-50　下载安装 Kopernio 插件

5. 安装完成后，回到 Web of Science 检索页面，点击文章标题，左下方会出现 EN 的紫色图标，即显示 Kopernio 插件正在自动搜索文献，如图 8-51 所示；将鼠标移至紫色图标即可查看是否已获取文献全文，如图 8-52 所示。

第八章 · 学术搜索

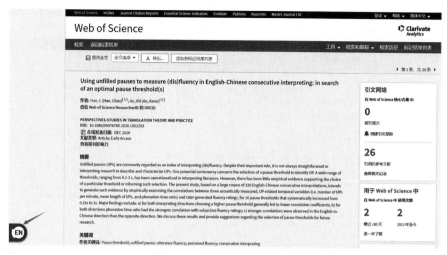

图 8-51　Kopernio 插件自动搜索文献全文

图 8-52　Kopernio 插件显示是否成功获取文献全文

6. 若成功获取文献全文，左下方则会出现"查看 PDF"的按钮，点击即可跳转全文进行浏览，如图 8-53 所示。

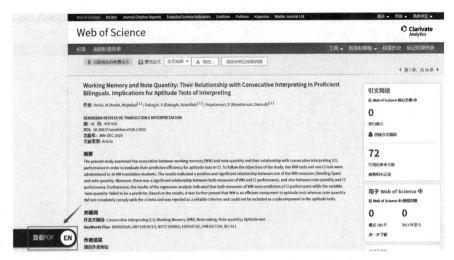

图 8-53 点击 Kopernio 的"查看 PDF"按钮浏览全文

7. 进入浏览页面后，右侧可选择下载 PDF、分享 PDF、导出到 Endnote、在期刊网站上查看文章、Get citation、Manage tags 等功能，如图 8-54 所示。

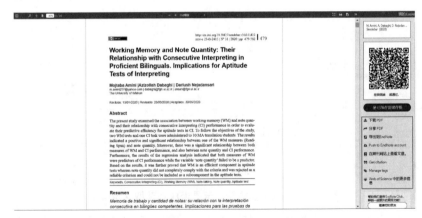

图 8-54 Kopernio 插件中的文献详情页

（四）如何快速高效得到有价值的科研信息？

1. 找到搜索结果页面上方的"排序方式"，点击"被引频次"，即可使检索结果按照被引频次降序排列，文献右方会显示具体"被引频次"，如图 8-55 所示。

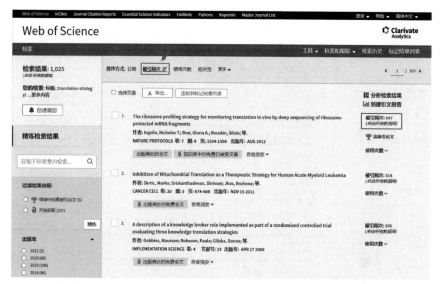

图 8-55 在 Web of Science 中通过"被引频次降序"快速筛选文献

2. 在"排序方式"处选择点击"使用次数",则可使检索结果按照使用次数降序排列,文献右方会显示 2013 年至今具体"使用次数",如图 8-56 所示;点击数字旁边的展开键,还可查看该文献近 180 天的"使用次数",如图 8-57 所示。

图 8-56 在 Web of Science 中通过"使用次数降序"快速筛选文献

图 8-57　在 Web of Science 中查看文献近 180 天内的使用次数

还可直接在检索结果页面左下方，勾选"领域中的高被引论文"，点击"精炼"，即可检索到过去 10 年中发表的论文里，被引用次数在同年同学科发表的论文中进入全球前 1% 的论文，如图 8-58 所示。

图 8-58　在 Web of Science 中查看领域中的高被引论文

检索结果中的所有论文右方会带有"高被引论文"的图标,以及被引频次、使用次数等其他详细信息,如图 8-59 所示。

图 8-59　Web of Science 中的高被引论文检索页面

(五)如何跟踪特定领域的最新研究进展?

1. 通过创建跟踪,可以实时跟踪最新研究进展。以定题跟踪为例,在检索结果页面左方点击"创建跟踪",如图 8-60 所示;注册并登陆电子邮箱以保存检索历史,如图 8-61 所示。

图 8-60　在 Web of Science 的检索页面中点击"创建跟踪"

保存检索历史

登录以在 Web of Science 中保存

电子邮件地址：

密码：

登录　｜取消

☐ 保持登录状态

忘记密码

注册

请先登录或注册以访问保存到 Web of Science 的检索历史。

将检索历史保存到 Web of Science 后，您就可以：

- 创建电子邮件跟踪。
- 用机构的任何一台计算机访问已保存的检索历史。
- 直接从 Web of Science 上打开保存的检索历史

保存至本地磁盘

保存检索历史至本地磁盘。保存后，关闭此窗口。

保存

图 8-61　在 Web of Science 中登录邮箱保存检索历史

2. 在"跟踪名称"内输入名称，以"Translation and Interpretation"为例，点击"创建跟踪"，在跟踪名称输入框中输入"Translation and Interpretation"，勾选"向我发送电子邮件跟踪"，点击"创建跟踪服务"，如图 8-62 所示。

图 8-62　在 Web of Science 中创建跟踪服务

3. 创建跟踪成功后，会显示跟踪名称、频率、电子邮件、附加选项、管理跟踪等信息，如图 8-63 所示。

第八章 · 学术搜索

图 8-63　在 Web of Science 中成功创建跟踪

4. 如果用户想要创建引文跟踪，则可以在论文详情页面点击右方"创建引文跟踪"，如图 8-64 所示；确定电子邮件地址后点击"保存"即可，如图 8-65 所示。

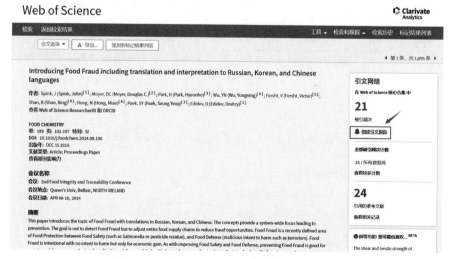

图 8-64　在 Web of Science 中创建引文跟踪

图 8-65　在 Web of Science 中成功创建引文跟踪

(六) 如何借助插件有效管理学术文献？

1. 点击 Web of Science 主界面上方处的"EndNote"，如图 8-66 所示；跳转至 EndNote Online 页面后，注册或登录账号，如图 8-67 所示。

图 8-66　在 Web of Science 中使用 EndNote Online 管理文献

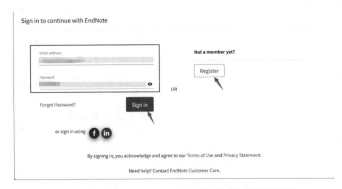

图 8-67　在 EndNote Online 页面注册或登录账号

2. EndNote Online 详情页面包括快速检索、使用指南以及语言选择等功能，如图 8-68 所示。

图 8-68　在 EndNote Online 页面中查看更多详情

3. 可在 Web of Science 平台导入文献，还是以"Translation and Interpretation"为例，通过基本操作进行检索后，可勾选所需论文，点击"导出"，选择"EndNote Online"，点击"导出"确定将检索结果导出至 EndNote Online，如图 8-69 所示。

图 8-69 在 Web of Science 中勾选文献进行导出

4. 此时 Web of Science 与 EndNote Online 同步，该论文旁边会出现 "EN" 小图标，如图 8-70 所示；点击小图标即可跳转 EndNote Online 页面查看文献，如图 8-71 所示。

图 8-70　在 Web of Science 中查看 EndNote Online 的跳转图标

图 8-71　在 EndNote Online 中查看同步文献

第三节 EBSCO

一、系统介绍

EBSCO[①] 是美国公司 Elton B. Stephens Company 的缩写，业务涉及信息服务、出版服务、制造业等，是行业领先的数据库资源、电子期刊、杂志订阅服务、电子书、图书馆资源的提供商。其资源包括 100 多种全文数据库和二次文献数据库，如 Academic Source Complete（综合学科参考类全文数据库，简称 ASC），Business Source Complete（商管财经类全文数据库，简称 BSC），LISTA with FullText（图书馆信息与科学技术数据库），PsycARTICLE（美国心理学会全文数据库），Environment Complete（环境科学全文数据库），Art &Architecture Source（艺术建筑全文数据库），等等，覆盖的学科范围极其广泛。

本节介绍的是 EBSCO 众多平台中的 EBSCOhost，因为此平台可以统一勾选 EBSCO 的各种全文数据库以及其他前沿数据供应商提供的数据库，往往是 EBSCO 学术搜索的起点，其页面如图 8-72 所示。

图 8-72　EBSCOhost 平台主界面

---

① https://www.ebsco.com/.

正式开始检索之前，可以通过限定数据库或指定出版物的方法，缩小检索范围，提高检索效率。首先，点击 EBSCOhost 输入框上方的"选择数据库"按钮，如图 8-73 所示。

图 8-73　在 EBSCOhost 主界面中点击"选择数据库"

点击"选择数据库"以后，弹出的窗口将显示用户有权限使用的数据库列表，将鼠标移动到数据库名称右侧的预览标志，可以看到相应数据库的简介；点击数据库名称左侧的方框或列表上方"全选/撤销全选"的方框，可设定需要检索的数据库范围，然后点击"确定"保存设置，如图 8-74 所示。

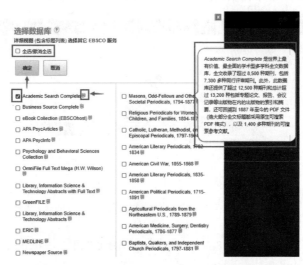

图 8-74　在 EBSCOhost 中预览及选择数据库

第八章 · 学术搜索

EBSCOhost 页面左上方的工具栏，可进一步选择"出版物"、"叙词表"（主题）、"参考文献"、"图像"，限定检索范围，如图 8-75 所示。

图 8-75　在 EBSCOhost 主界面查看左上方的工具栏

以报纸"China Briefing"为例，要将检索范围限定在这一报纸中，需要先点击"出版物"按钮，在出版物列表上方的输入框中填写具体名称，如输入"China"，可检索出该出版物，并在出版物名称左侧方框处勾选，即可指定在该出版物中进行后续的文献检索，如图 8-76 所示。

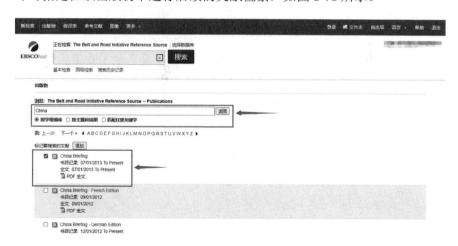

图 8-76　EBSCOhost 中的"出版物"功能演示

二、案例演示

(一) 如何运用通配符和特定符号来完善检索结果？

1. 通配符"*"表示若干字符，输入"英文词干+*"可表示一系列相似意义的关键字，便于充分展现检索结果。此处以"econo*"为例，检索结果中加粗显示的关键字有"economic""economy""econometric""economics"等，如图8-77所示。

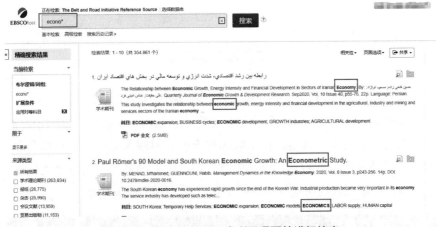

图8-77　在EBSCOhost中利用通配符进行检索

2. "DT+空格+数字"，如"DT 100"，表示最近的100天。输入关键字后，可通过输入"AND DT 100"或进入高级检索增加并列条件"DT 100"，检索到的是数据库中最近100天内的文献。如输入关键字"English writing"，加上条件"DT 100"，检索到的最近100天的文献有39篇，还可以选择按"最早日期"或"最近日期"排序，如图8-78所示。

第八章 · 学术搜索

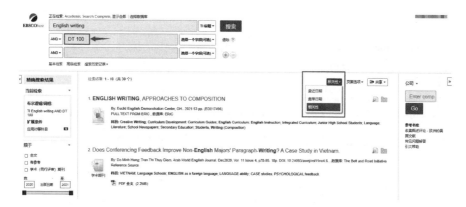

图 8-78　在 EBSCOhost 中设定文献的时间范围和排序

3."FM T"表示带有朗读和翻译的文献，注意字母"T"前面有空格。输入关键字之后，可继续输入"AND FM T"，或者进入高级搜索增加并列条件"FM T"，如图 8-79 所示；检索得到的文献拥有朗读和翻译功能，如图 8-80 所示。

图 8-79　在 EBSCOhost 中利用特定符号"FM T"检索文献

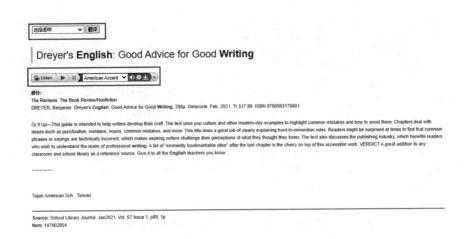

图 8-80　在 EBSCOhost 的检索结果中查看翻译和朗读功能

(二) 如何创建快讯以及时获取新文献？

1. 每次检索都有一定的关键字及检索条件，如果下次想获得相同检索条件下的新文献，就可以通过创建快讯（Alert），及时获取最新研究动态。以"translation AND education AND China"的检索式为例，点击检索结果列表右上方的"共享"按钮，如图 8-81 所示。

图 8-81　在 EBSCOhost 的检索结果页面选择"共享"按钮

2. 然后在出现的下拉框中选择"电子邮件快讯"，即通过电子邮箱获得检索结果的更新提醒，如图 8-82 所示。

第八章 · 学术搜索

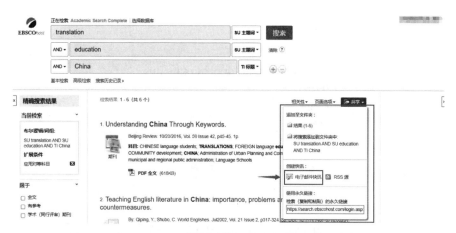

图 8-82　在 EBSCOhost 的创建快讯功能中选择"电子邮件快讯"

3. 在创建快讯的页面中，根据提示，登录个人账号，如图 8-83 所示；如没有账号，则需创建新账号，如图 8-84 所示。

图 8-83　在 EBSCOhost 的创建快讯页面中登录 EBSCOhost 个人账号

图 8-84 在 EBSCOhost 中创建新账号

4. 登录个人账号以后,自动回到创建快讯的页面,这时可以填写电子邮箱,设置提醒频率和结果格式等,再点击"保存快讯"即可,如图 8-85 所示。

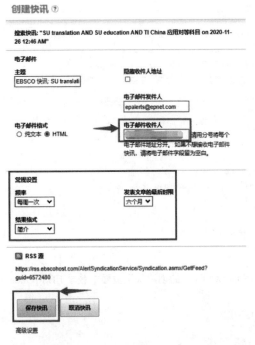

图 8-85 在 EBSCOhost 的创建快讯页面中完成相关设置

5. 同理，获取期刊的新卷期，也可以通过创建快讯来实现。以刊物"Forbes"为例，首先需要登录个人账号，注册账号的操作如前所述，已注册账号则直接登录，点击主界面右上方的"登录"按钮，登录以后，点击左上方工具栏的"出版物"按钮，如图8-86所示。

图 8-86　在 EBSCOhost 主界面点击工具栏的"出版物"

6. 在"浏览出版物"的输入框中输入出版物名称，如"Forbes"，再点击"浏览"找到该出版物，如图8-87所示。

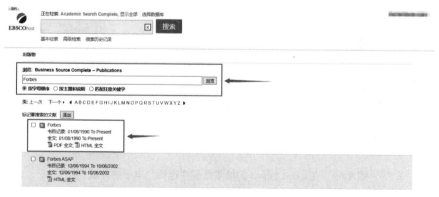

图 8-87　在 EBSCOhost 的"出版物"中检索关键词"Forbes"

7. 点击"Forbes"标题链接后，进入其详细信息页面，点击右上方的"共享"按钮，如图8-88所示。

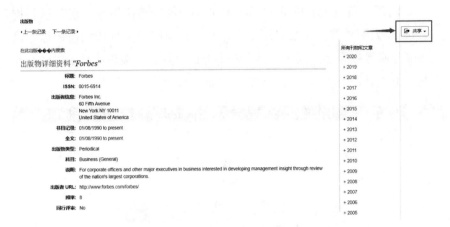

图 8-88　在 EBSCOhost 的检索结果中选择"共享"

8. 在 EBSCOhost 的 Forbes 详细页面中出现的下拉框中，点击"电子邮件快讯"，如图 8-89 所示。最后，进行创建快讯的具体设置，可参见本案例第 4 步。这样，该出版物的新卷期在数据库中更新时，用户即可收到电子邮件提醒。

图 8-89　在 EBSCOhost 的检索结果中选择"电子邮件快讯"

（三）如何重复利用检索条件高效查找相关文献？

利用"文件夹"功能检索同类文献

（1）平台的文件夹不仅能保存具体文献，还能保存检索条件，便于再次检索同等条件下的同类文献。以"text analysis"的检索条件为例，完成检索后，可通过"共享"按钮，再点击"将搜索添加到文件夹中"，将此次检索的永久链接保存至文件夹，如图 8-90 所示。

图 8-90　在 EBSCOhost 中将检索条件保存至"文件夹"

（2）日后需要再次进行相同检索的时候，可以点击"文件夹"，如图 8-91 所示；然后找到之前保存的检索链接，进而检索同类文献，如图 8-92 所示。

图 8-91　在 EBSCOhost 中进入"文件夹"

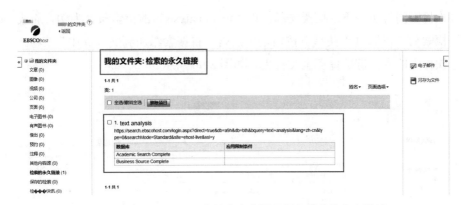

图 8-92　在 EBSCOhost 文件夹中查看已保存检索的永久链接

2. 利用"搜索历史记录"功能检索相关文献

（1）"搜索历史记录"功能中保存着所有的历史检索条件，可以在原检索条件的基础上进行组合或修改，从而找到与原检索结果相关的文献。点击搜索框下方的"搜索历史记录"，如图 8-93 所示。

图 8-93　在 EBSCOhost 的页面中点击"搜索历史记录"

（2）出现检索的历史列表，勾选一个或多个要运行的检索式，再点击列表上方的"AND 检索"或者"OR 检索"，进行组合搜索，如图 8-94 所示。

第八章·学术搜索

图 8-94　在 EBSCOhost 中利用搜索历史进行组合检索

（3）还可以点击右侧的"编辑"按钮，在原有检索条件下进行修改，如图 8-95 所示。

图 8-95　在 EBSCOhost 中修改历史搜索条件

第四节　Google Scholar

一、系统介绍

Google Scholar[①]（谷歌学术，简称 GS）是一个可以免费搜索学术文章的网络搜索引擎，由计算机专家 Anurag Acharya 开发，索引了出版文章中文字的格式和科目，能够帮助用户查找包括期刊论文、学位论文、书籍、

---

① https://scholar.google.com/.

预印本、文摘和技术报告在内的学术文献,内容涵盖自然科学、人文科学、社会科学等多种学科。谷歌学术的广告标语是"站在巨人的肩膀上",这也是对所有学术工作者的肯定,他们在过去的几个世纪中贡献了各自领域的知识,并为新的智能成就奠定了基础。目前,Google 公司与许多科学和学术出版商进行了合作,包括学术、科技和技术出版商,例如 ACM、Nature、IEEE、OCLC 等。这种合作使用户能够检索特定的学术文献,通过 Google Scholar 从学术出版者、专业团体、预印本库、大学范围内以及从网络上获得学术文献,包括来自所有研究领域的同级评审论文、学位论文、图书、预印本、摘要和技术报告。Google Scholar 的主界面如图 8-96 所示。

图 8-96　Google Scholar 主界面

Google Scholar 提供四十多种语言供用户选择使用,转换语言可点击主界面左下方,用户可根据个人需要选择合适的语言,如图 8-97 所示。

图 8-97　Google Scholar 中的语言详情页面

由于 Google Scholar 仅为文献检索工具，不提供文献免费下载，点击文献链接，即进入文献期刊所在网站，如果用户所在机构已经购买此期刊，可直接下载。

二、案例演示

（一）如何通过 DOI 码检索目标文献？

1. DOI 码的全称为 Digital Object Unique Identifier，即数字对象唯一标识符，每一篇论文都有一个对应的 DOI 码。每个 DOI 码都是唯一的，通常出现在 URL 网页或论文 PDF 上。DOI 码包括两个部分，由"/"隔开。"/"之前的部分以"10."开头，紧接机构代码，"/"之后的部分由登记结构自行分配。以 DOI 码"10.1021/jacs.8b10848"为例，如图 8-98 所示。

图 8-98 在 Google Scholar 主界面的搜索栏输入 DOI 码

2. 搜索结果页面出现目标论文，如图 8-99 所示，点击可进入论文详情。

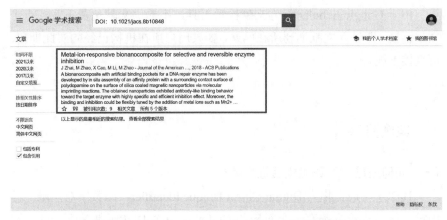

图 8-99　在 Google Scholar 中查看 DOI 码的搜索结果

（二）如何使用高级搜索功能高效查找目标文献？

1. 在 Google Scholar 主界面找到高级搜索，点击主界面左上方菜单栏，如 8-100 所示。

图 8-100　在 Google Scholar 主界面中点击菜单栏

2. 继续点击"高级搜索"选项，进入高级搜索页面，如图 8-101 所示。

图 8-101　在 Google Scholar 菜单栏中点击"高级搜索"

3. 在高级搜索页面，以论文"Subtitling: Diagonal translation"为例，输入关键词"Subtitling"，作者"Henrik Gottlieb"，文章名"Perspectives: Studies in translatology"，如图 8-102 所示，再点击搜索；搜索结果如图 8-103 所示。

图 8-102　在 Google Scholar 的"高级搜索"页面输入相关信息

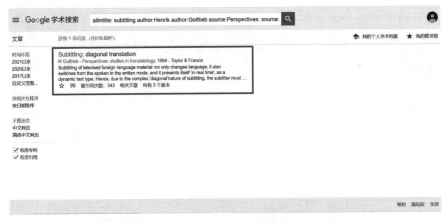

图 8-103　在 Google Scholar 中查看高级搜索结果

4. 点击搜索结果下方"引号"图标，用户可直接复制需要的论文引用格式，或点击下方的文献管理软件，直接下载对应的论文引用格式，方便后期导入文献管理软件，如图 8-104 所示。

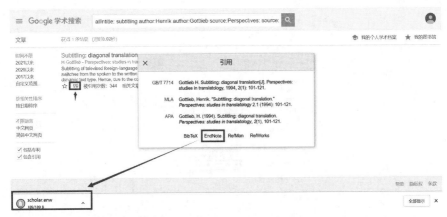

图 8-104　在 Google Scholar 搜索结果页面点击论文"引号"图标

5. 点击搜索结果进入论文详情页，如图 8-105 所示。

第八章 · 学术搜索

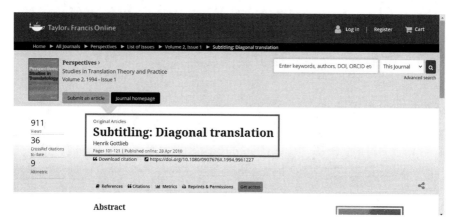

图 8-105　在 Google Scholar 的搜索结果中查看论文详情

（三）如何在 Google Scholar 中创建个人学术档案？

1. 在 Google Scholar 主界面找到"我的个人学术档案"，点击主界面左上方图标，如 8-106 所示。

图 8-106　在 Google Scholar 主界面中点击"个人学术档案"

2. 登录 Google 账号后，进入"个人学术档案"，如图 8-107 所示。填好信息后，就可以在"个人学术档案"中看到用户已发布的文章，并会根据用户最新发布文章进行实时更新。同时可看到文章发布杂志、年份、版号等信息，方便用户对已发表文章进行整理。

469

图 8-107　在 Google Scholar 中查看"个人学术档案"

3. 在"个人学术档案"中对"感兴趣的领域"进行编辑，不同的词语之间可用逗号隔开，如图 8-108 所示。设置完成后，用户头像旁边最下面一行就会出现相应的领域关键词，点击可以看到与用户领域相同的学术专家所发表的文章。

图 8-108　在 Google Scholar"个人学术档案"中设置"感兴趣的领域"

（四）如何使用"我的图书馆"功能管理文献？

1. 在 Google Scholar 主界面搜索框中输入关键词，以"Audiovisual Translation"为例，点击搜索后出现大量相关结果。对于想要进一步阅读的文章，可以点击搜索结果下方的五角星符号，保存至"我的图书馆"，如图 8-109 所示。

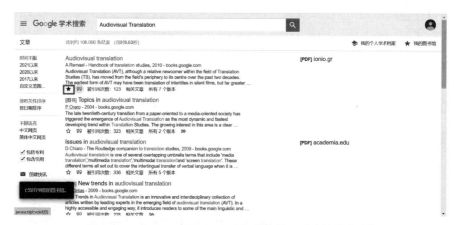

图 8-109 在 Google Scholar 中收藏文献至"我的图书馆"

2. 保存的文献可在 Google Scholar 主界面上方"我的图书馆"中进行查看，如图 8-110 所示。

图 8-110 在 Google Scholar 的"我的图书馆"中查看收藏的文献

3. 通过"管理标签"对文献进行分类。点击"管理标签"，添加用户想要的分类，以"Audiovisual Translation"为例，如图 8-111 所示。

图 8-111 在 Google Scholar 的"我的图书馆"中创建标签

4. 回到"我的图书馆"页面，点击文献前的小方框进行选中，再点击标签符号，为文献选中想要添加的标签，点击"应用"，即完成分类，如图 8-112 所示。

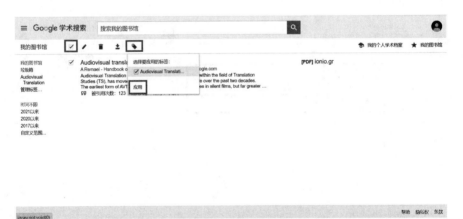

图 8-112 在 Google Scholar 的"我的图书馆"中为收藏文献添加标签

5. 在主界面"我的图书馆"下方，有个"统计指标"选项，如图 8-113 所示；点开后，用户就可以查看近期所有期刊的 h5 指数和 h5 中位数，并找到最近热门期刊的研究热点，如图 8-114 所示。

图 8-113　在 Google Scholar 主界面左侧点击"统计指标"

图 8-114　在 Google Scholar 中查看"统计指标"的详情页

（五）如何对感兴趣的领域或作者创建跟踪？

1. 搜索感兴趣的领域，以"Multimodal Discourse Analysis"为例，点击搜索结果页面侧栏中的信封"创建快讯"图标，如图 8-115 所示。

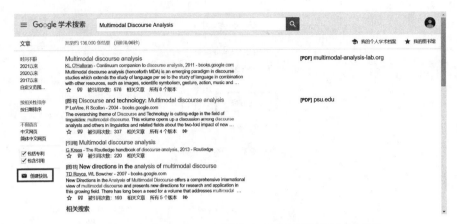

图 8-115　在 Google Scholar 中点击页面左侧的"创建快讯"

2. 在"快讯"中,输入接收邮件的邮箱,点击"结果数量"可以设置快讯数量结果,最后点击"创建快讯"即可。如图 8-116 所示。

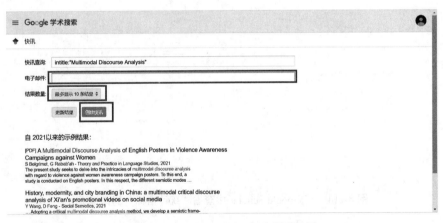

图 8-116 在 Google Scholar 中创建快讯

3. 同理,对感兴趣的作者创建文献追踪。以作者"Rico Sennrich"为例,在搜索页面输入名字,点击作者的"个人学术档案",如图 8-117 所示。

第八章·学术搜索

图 8-117　在 Google Scholar 中搜索作者的学术档案

4. 点击进入作者"个人学术档案",可以看到作者最新发表的文章以及各项指数,了解作者最新研究进展,如图 8-118 所示。

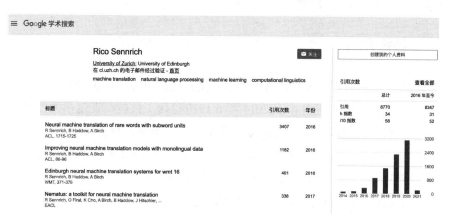

图 8-118　在 Google Scholar 中查看作者的个人学术档案

5. 点击信封"关注"图标,对快讯内容进行筛选,输入接收邮箱,点击"完成",即可完成文献跟踪,如图 8-119 所示。

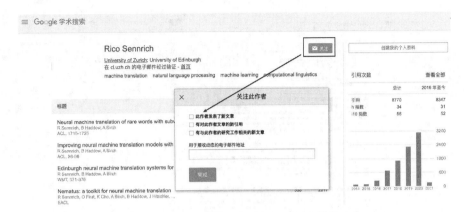

图 8-119　在 Google Scholar 中对作者创建跟踪

第五节　百度学术

一、系统介绍

百度学术搜索[①]（简称百度学术）是百度旗下专门提供中英文文献检索的学术资源搜索平台，于 2014 年 6 月初上线。目前，百度学术提供中外文学术文献检索结果全文链接（提供收费、免费两种链接提示）、提供时间/标题/关键字/摘要/作者/出版物及类型/被引频次等检索标识限定，帮助用户提高学术文献检索结果查全率和查准率，同时为用户提供了个人学术管理和可视化功能，包括研究热点分析可视化和学术成果可视化等。百度学术主界面如图 8-120 所示。

---

① http://xueshu.baidu.com.

第八章·学术搜索

图 8-120　百度学术主界面

二、案例演示

(一) 如何使用高级搜索功能高效查找目标文献？

1. 打开百度学术主界面，点击搜索框左侧的"高级搜索"进入高级搜索页面，如图 8-121 所示。

图 8-121　百度学术高级搜索页面

2. 已知作者姓名和文献关键词，按照要求把信息输入到对应信息框内，以"常丽""翻译质量评估模型"为例，在对应信息框内输入信息，并点击"搜索"，如图 8-122 所示。

图 8-122　在百度学术高级搜索页面输入待搜索内容

3. 进入高级搜索结果页面即可查看结果列表。在此页面左边可根据"时间""领域""获取方式"等条件进行进一步筛选；将光标移至右上角"按相关性"，会显示更多选项，便可根据需求调整搜索结果，如图 8-123 所示。

图 8-123　在百度学术的搜索结果页面进一步设置筛选条件

4. 筛选确定目标文献后，可以在文献题目下方查看文献的来源和被引量等信息，并进行"收藏""引用""批量引用"及"免费下载"等操作，如图 8-124 所示。

图 8-124　在百度学术搜索结果页面进行收藏、引用等操作

5. 点击文献标题进入目标文献的详情页面，可以查看作者、摘要、关键词、DOI 码、引用走势等具体信息，如图 8-125 所示。

图 8-125 百度学术的文献详情页面

6. 在目标文献的详细信息页面，点击"免费下载"，可以看到此文献

的下载途径，以"从'对等'看赖斯和豪斯的翻译质量评估模型"为例，点击其免费下载途径"爱学术"，如图 8-126 所示。

图 8-126　在百度学术文献详情页面点击"爱学术"

7. 点击"爱学术"后，便可直接跳转至其网站，直接阅读目标文献，如需下载即可在此页面向下拉光标，点击右下方出现的"免费下载"选项，如图 8-127 所示。该网站每日为用户提供免费下载次数，仅需微信扫码登录即可免费下载所需文献。

图 8-127　从百度学术跳转至"爱学术"网站

（二）如何使用开题分析功能掌握目标领域的研究现状？

1. 首先打开百度学术主界面，点击"开题分析"，如图 8-128 所示。

图 8-128　在百度学术主界面点击"开题分析"

2. 进入百度学术开题分析页面后，可在"关键词"搜索框输入目标领域的关键词，以关键词"翻译技术"为例（如有多个关键词，中间需要用分号分开），点击"放大镜"图标进行搜索，如图 8-129 所示。

图 8-129　在百度学术开题分析页面输入关键词

进入分析页面，可看到关键词的概念解释以及不同维度的研究领域可视化分析，分析部分包括五个板块，如表 8-1 所示。

表 8-1　可视化分析的五个板块

研究走势	用于展示理念学界研究该问题发表的论文数量以及论文发表走势。可以看到历年对该问题研究的热度。
关联研究	用于展示理念学界对该问题的相关研究以及历年的论文发表数量。可以看到与该问题相关的研究方向以及研究的热度。
学科渗透	用于展示该问题的跨学科研究机器衍生出的交叉学科。可以看到渗透学科机器对应的研究主题。
相关学者	用于展示该问题相关优秀文献源自哪些学者。
相关机构	用于展示在该领域内成果斐然的研究机构。可以看到研究机构名称及其所发表的文献。

点击某个板块可进行查看，以"研究走势"为例，如图 8-130 所示。

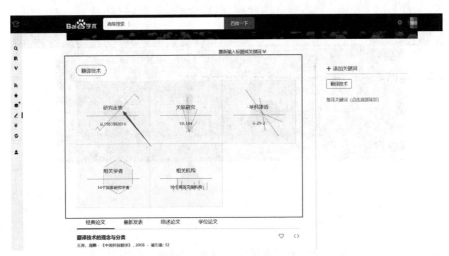

图 8-130　在百度学术中利用"开题分析"功能查看研究走势

进入"研究走势"分析页面，可以清楚看到"研究走势"历年的研究走势热度变化，如图 8-131 所示。

第八章·学术搜索

图 8-131　百度学术中的相关领域研究走势分析图

按照相同步骤，可查看"研究走势""关联研究""学科渗透""相关学者"以及"相关机构"各个板块，以获取丰富信息来分析研究领域发展趋势。

（三）如何通过一篇文献深度挖掘其相关文献？

1. 打开百度学术主界面，以《论机器翻译系统的评价体系》一文为例，输入题目，点击"百度一下"，如图 8-132 所示。

图 8-132　在百度学术主界面输入文献名进行搜索

2. 进入已知文献详细信息页面，下拉光标，可以看到"相似文献"以

483

及"引证文献"两个板块,将光标置于任一板块上,下方即列出符合条件的文献名,通过点击所需文献名可进入其详细信息页面,以"相似文献"中的"机器翻译系统的自动评价及诊断方法研究"为例,如图8-133所示。

图8-133 在百度学术文献详情页面选择相似文献

3. 回到已知文献信息详情页面,在页面右侧"研究点分析"下方列出的本文献相关研究中选取所需研究点进行点击查看,以"机器翻译"为例,如图8-134所示。

图8-134 在百度学术文献详情页面选择目标研究点

4. 进入"研究领域可视化分析与相关文献深度挖掘"页面，可以看到"经典论文""最新发表""综述论文"以及"学位论文"四个板块，将光标置于其中一个上面，符合此条件的文献列表立即弹出，通过点击所需文献名称即可查看详细信息，以"经典论文"中的"机器翻译研究"为例，如图 8-135 所示。

图 8-135　在百度学术可视化分析页面的"经典论文"列表选中所需文献

5. 进入所选经典文献详细信息页面，可按照需求查看相关信息或按照案例（一）中提及步骤免费下载所需文献，如图 8-136 所示。使用以上相同步骤可搜索最新发表、综述论文以及学位论文，以便更仔细深入地探索已知论文所涉及领域的发展动向等信息。

图 8-136　在百度学术中查看所选经典论文的信息详情页面

(四)如何通过"文献互助"功能免费获取目标文献?

1. 打开百度学术,在搜索到目标文献后,可以选择使用"文献互助"功能获取文献资源。以"翻译技术的理念与分类"为例,搜索进入该文献详情页面点击"求助全文",如图 8-137 所示。

图 8-137 在百度学术目标文献详情页面点击"求助全文"

2. 在"求助原文"选项下找到"我要求助"并点击,如图 8-138 所示。

图 8-138 在百度学术文献详情页面点击"我要求助"

3. 可选择使用手机百度 APP 扫码、微信扫码或者百度账号支付财富值三种方法求助,如图 8-139 所示。以"微信扫码"为例,扫码之后,微信自动关注"百度学术"公众号,并成功发布求助。

图 8-139　在百度学术文献互助页面通过微信扫码发起求助

4. 操作完成后,平台会在收到网友助力的文献资源时发送通知,请用户查看并下载文献。按照通知内的链接进入百度学术文献互助中心,如图 8-140 所示。

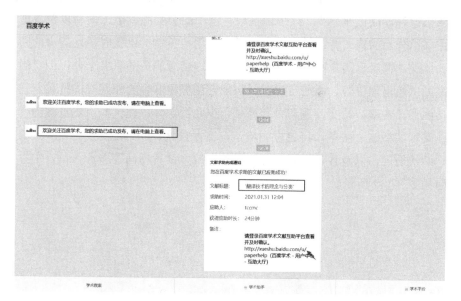

图 8-140　在百度学术公众号中查看文献求助结果

5. 进入百度学术互助中心,查看"求助完成",点击"下载全文",便可直接下载文献至本地,如图 8-141 所示。

图 8-141　在百度学术互助中心点击"下载全文"

第六节　国家图书馆

一、系统介绍

中国国家图书馆(简称"国图")是国家总书库、国家书目中心、国家古籍保护中心和国家典籍博物馆,联合国内多家公共图书馆推出"数字图书馆移动阅读平台",该平台收录有电子图书资源、电子期刊以及各地图书馆分站的优质特色数字资源,旨在为用户免费提供随时随地随身的阅读体验。读者云门户网站是国家数字图书馆资源服务的重要平台,拥有国家图书馆自建资源、商购资源以及与地方图书馆联合合作建设的资源,包括图书、古籍、论文、期刊、音视频、少儿资源等,提供数字化资源的在线阅读(播放)服务、特色资源检索、文津搜索、OPAC 检索三大检索的一站式访问,以及各类专题资源、活动资源、读者指南等服务入口,主界面如图 8-142 所示。

第八章 · 学术搜索

图 8-142　国图读者云门户主界面

其中，文津搜索是国家图书馆核心检索平台，提供国家图书馆自建和外购资源的元数据搜索服务，用户可以一站式检索国家图书馆的馆藏书目、自建特色资源、部分外购数字资源，本节将重点介绍国家图书馆的文津搜索功能，如图 8-143 所示。

图 8-143　国图读者云门户主界面"文津搜索"

二、案例演示

（一）如何通过部分已知信息搜索目标文献？

1. 以部分名称为"语料库"，作者为"胡开宝"，出版时间为 2011 年的某本书籍为例，在文津搜索页面的搜索框输入"语料库"，点击"搜索"按钮，进入搜索页面，如图 8-144 所示。

图 8-144 在文津搜索页面的搜索框中输入"语料库"

2. 在文津搜索页面搜索框下方的"全部检索字段"一栏中选择"题名",页面左侧的"查看指定类型"一栏中选择"图书","著者"一栏中选择"胡开宝","年份"一栏中选择"2011",进行搜索,如图 8-145 所示。

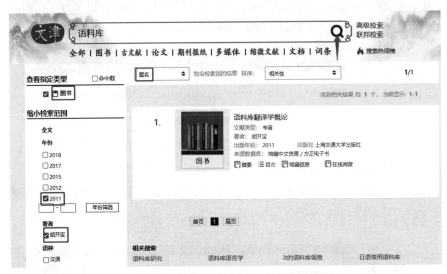

图 8-145 在文津搜索页面的搜索框中选择筛选条件

3. 进入搜索页面后,可查看结果列表,书名下方还可以看到书籍的文献类型、出版社、来源数据库、摘要等信息,点击书籍名称可进一步查看详细信息,如图 8-146 所示。

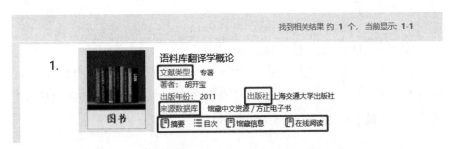

图 8-146 在文津搜索页面中查看目标文献的搜索结果

4. 点击进入目标书籍的详细信息页面，在此页面左侧可以看到该书籍的关键词、ISBN 码等信息，点击"文献传递"按钮可以将该书籍通过邮件发送至邮箱，点击"在线阅读"按钮可以在线阅读该书籍。在此页面右侧，有"延伸检索"和"更多相似资源"选项，可以在百度和 Google 中查看相关资源以及有关语料库的文献，如图 8-147 所示。

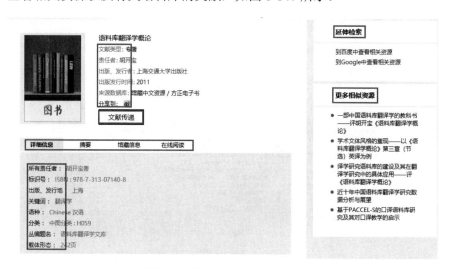

图 8-147　在文津搜索页面的搜索结果中查看目标文献的详细信息

（二）如何使用高级检索功能检索目标文献的相关信息？

1. 打开文津搜索页面，点击右下角的"高级检索"按钮，如图 8-148 所示。

图 8-148　在文津搜索页面中点击"高级检索"

2. 以 2015 年后发表且关键词为"本地化翻译"的论文为例，使用"高级检索"中的"逻辑检索"，其中"文献类型"选择"论文"，"检索条件"中"全部字段"选择"关键词"，检索框输入"本地化翻译"，"出版年份"输入"2015"。同时为了缩小检索范围、提高检索精度，可勾选"来源库"中的"知网-中国学术期刊全文数据库"和"只显示"选项，点击"检索"，如图 8-149 所示。

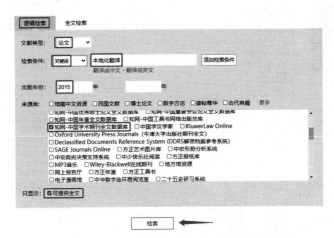

图 8-149 在文津搜索的高级检索页面中输入相关信息

3. 进入检索页面后，可查看结果列表，共找到 17 个相关结果，在论文题目下方可看到文献类型、来源等信息，点击论文题目可进一步查看详细信息，如图 8-150 所示。

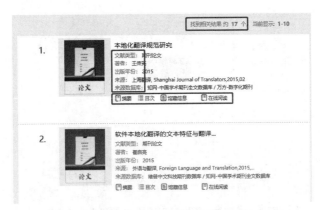

图 8-150 在文津搜索的高级检索页面中查看搜索结果

（三）如何使用"搜索热词榜"功能？

1. 国家图书馆的文津搜索提供"搜索热词榜"，点击榜单的任意检索词可直接进行检索。点击文津搜索页面右下角的"搜索热词榜"，如图 8-151 所示。

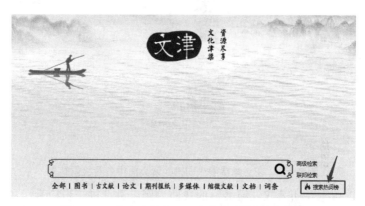

图 8-151　在文津搜索页面中点击"搜索热词榜"

2. 进入搜索热词榜页面，该页面上方有"热词排行""热点阅读"和"人气资源库"三栏。其中"热词排行"包括"日排行""周排行"和"总排行"三个部分。以"热词总排行"第一的"红楼梦"为例，点击"红楼梦"，如图 8-152 所示。

图 8-152　在文津搜索热词榜页面中点击热词排行内容

3. 进入检索页面后可查看结果列表，在该页面左侧可看到检索结果的类型、年份以及数量等信息，如图 8-153 所示。

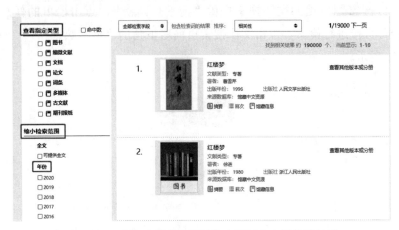

图 8-153　在文津搜索热词榜检索页面中查看检索结果

4. 以曹雪芹所著《红楼梦》的戏曲为例，进行进一步检索，在页面左侧"类型"一栏选择"多媒体"，"著者"一栏选择"曹雪芹"，"全部检索字段"一栏选择"题目"，即可找到目标戏曲，如图 8-154 所示。

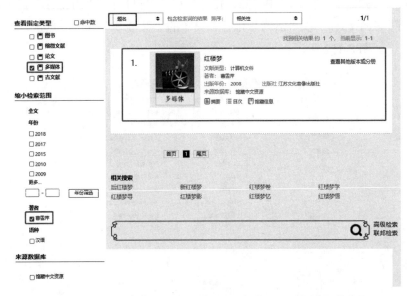

图 8-154　在文津搜索热词榜检索页面中进一步检索并查看结果

5. 进入目标戏曲的详细信息页面，在页面左侧可以看到该戏曲的所有责任者、关键词、标识号、馆藏信息等详细信息，点击"文献传递"按钮可以将该戏曲通过邮件发送至邮箱，如图 8-155 所示。

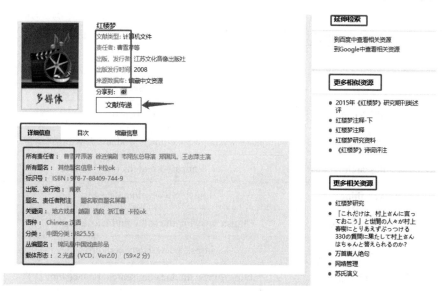

图 8-155　在文津搜索热词榜检索结果中查看目标戏曲的详细信息

附 录

一、常用桌面搜索工具

名称	官方网站
ApSIC Xbench	https://www.xbench.net
Desktop Search	https://www.copernic.com/en/products/desktop-search/
dtSearch	https://dtsearch.com/
Everything	https://www.voidtools.com
FileLocator Pro	https://www.mythicsoft.com/filelocatorpro/
Listary Pro	https://www.listary.com/pro
Search and Replace	https://www.funduc.com/search_replace.htm
TextSeek	https://www.textseek.net/cn/
Wox	https://www.getwox.com/
光速搜索	http://finder.shzhanmeng.com/
归海桌面搜索	https://seadesktopsearch.com/
火柴（原火萤酱）	https://huochaipro.com/

二、常用词典资源

分类	名称	官方网站
桌面/网页版词典	Forvo	https://forvo.com/
	LDOCE（朗文当代英语词典）	https://www.ldoceonline.com

附 录

（续表）

分类	名称	官方网站
桌面/网页版词典	Macmillan Dictionary（麦克米伦词典）	http://www.macmillandictionary.com
	Merriam-Webster（韦氏词典）	https://www.merriam-webster.com/
	Onelook	https://www.onelook.com/
	Online Etymology Dictionary（词源在线）	https://www.etymonline.com/
	Oxford Learner's Dictionaries（牛津词典）	https://www.oxfordlearnersdictionaries.com/
	Rhymer	https://www.rhymer.com/
	Urban Dictionary（城市词典）	https://www.urbandictionary.com
	Vocabulary	http://Vocabulary.com
	Wikirhymer	https://wikirhymer.com/
	金山词霸	http://www.iciba.com/
	人人词典	http://www.91dict.com/
	视频词典（Vidtionary）	http://www.vidtionary.com/
	优词词典	http://www.youdict.com/
手机版词典	百度翻译	https://fanyi.baidu.com/appdownload/download.html
	必应词典 (Bing Dictionary)	http://cn.bing.com/
	彩云小译	https://caiyunapp.com
	谷歌翻译（Google Translate）	https://translate.google.com
	海词词典	https://dict.cn/

(续表)

分类	名称	官方网站
手机版词典	金山词霸	http://cp.iciba.com/mobile/
	朗文英语	http://www.pc6.com/iphone/218345.html
	欧路词典	https://www.eudic.net/v4/en/app/eudic
	搜狗翻译	https://fanyi.sogou.com/download/pc/introduce
	网易有道词典	http://cidian.youdao.com/mobile.html
	新牛津英汉双解大词典	http://www.pc6.com/iphone/274689.html

三、常用术语库

名称	官方网站
AGROVOC Multilingual Thesaurus（联合国粮农组织多语言术语库）	https://agrovoc.uniroma2.it/agrovoc/agrovoc/en/?clang=vi
ANC（美国国家语料库）	http://www.anc.org/
BNC（英国国家语料库）	http://www.natcorp.ox.ac.uk/
BOE（柯林斯英语语料库）	http://www.collinslanguage.com/language-resources/dictionary-datasets/
EURODICAUTOM（欧洲共同体委员会术语库）	http://iate.europa.eu
Eurotermbank（欧盟术语银行）	https://www.eurotermbank.com
FAST（多向应用主题术语数据库）	http://fast.oclc.org/
IATE（欧盟互动术语数据库）	http://iate.europa.eu
ISO Online Browsing Platform	https://www.iso.org

附　录

（续表）

名称	官方网站
Magic Search	http://magicsearch.org/
MICROSOFT LANGUAGE PORTAL（微软语言门户）	http://www.microsoft.com/language/zh-cn/default.aspx
TERMITE（国际通信联盟多语言术语数据库）	http://www.itu.int/terminology/index.html
TermOTAN（北约官方术语数据库）	https://nso.nato.int/nso/
TermWiki	http://cn.termwiki.com/
UNTERM（联合国术语库）	https://unterm.un.org/
WIPO IP PORTAL	https://ipportal.wipo.int/
WTOTERM（世界贸易组织术语库）	http://wtoterm.wto.org/multiterm
北京语言大学 BCC 汉语语料库	http://bcc.blcu.edu.cn/
国家教育研究院术语库	http://terms.naer.edu.tw/download/
明代职官中英辞典	https://escholarship.org/uc/item/2bz3v185
世界卫生组织术语库	https://www.who.int/substance_abuse/terminology/zh/
术语在线	http://www.termonline.cn/index.htm
中国关键词	http://keywords.china.org.cn/index.htm
中国规范术语	http://shuyu.cnki.net/index.aspx
中国核心词	https://www.cnkeywords.net/index
中国特色话语对外翻译标准化术语库	http://210.72.20.108/app/index1.jsp
中华思想文化术语库	http://shuyuku.chinesethought.cn/

四、常用语料库

第一部分　单语语料库

外语资源

名称	官方网站
American National Corpus (ANC)	http://www.anc.org/data/oanc/
Australian National Corpus (AusNC)	https://www.ausnc.org.au/
British Academic Spoken English Corpus (BASE)	https://www.sketchengine.eu/british-academic-spoken-english-corpus/
British Academic Written English Corpus (BAWE)	http://www.reading.ac.uk/AcaDepts/ll/app_ling/internal/bawe/sketch_engine_bawe.htm
British National Corpus (BNC)	http://www.natcorp.ox.ac.uk/
Corpus Concordance English	https://lextutor.ca/conc/eng/
Corpus of Contemporary American English (COCA)	https://www.english-corpora.org/coca/
Corpus of Historical American English (COHA)	https://www.english-corpora.org/coha/
Corpus of Global Web-Based English (GloWbE)	https://www.english-corpora.org/glowbe/
Hong Kong Corpus of Spoken English (HKCSE)	http://rcpce.engl.polyu.edu.hk/HKCSE/
Linggle	https://www.linggle.com/
Louvain Corpus of Native English Essays (LOCNESS)	https://www.learnercorpusassociation.org/resources/tools/locness-corpus/
Louvain International Database of Spoken English Interlanguage (LINDSEI)	https://uclouvain.be/en/research-institutes/ilc/cecl/lindsei.html

(续表)

名称	官方网站
Michigan Corpus of Academic Spoken English (MICASE)	https://quod.lib.umich.edu/cgi/c/corpus/corpus?c=micase;page=simple
National Geographic	https://www.nationalgeographic.com/
News on the Web (NOW Corpus)	https://www.english-corpora.org/now/
OLAC	http://search.language-archives.org/index.htm
Psychology Today	https://www.psychologytoday.com/intl
Santa Barbara Corpus of Spoken American English (SBCSAE)	https://www.linguistics.ucsb.edu/research/santa-barbara-corpus
Science	https://www.sciencemag.org/
SKELL	https://skell.sketchengine.co.uk/run.cgi/skell
SKETCH ENGINE	https://www.sketchengine.eu/#blue
The Bergen Corpus of London Teenage Language (COLT)	http://korpus.uib.no/icame/colt/
The Intelligent Web-based Corpus (iWeb)	https://www.english-corpora.org/iweb/
The Coronavirus Corpus	https://www.english-corpora.org/corona/
The Wikipedia Corpus	https://www.english-corpora.org/wiki/
WebCorp	http://www.webcorp.org.uk/live/

汉语资源

名称	官方网站
Academia Sinica Balanced Corpus of Modern Chinese	http://asbc.iis.sinica.edu.tw/index_readme.htm

（续表）

名称	官方网站
The Lancaster Corpus of Mandarin Chinese (LCMC)	https://www.lancaster.ac.uk/fass/projects/corpus/LCMC/
The Lancaster Los Angeles Spoken Chinese Corpus (LLSCC)	https://www.lancaster.ac.uk/fass/projects/corpus/LLSCC/index.htm
The PDC2000 Corpus	https://www.lancaster.ac.uk/fass/projects/corpus/pdc2000/default.htm
The PH Corpus	https://www.lancaster.ac.uk/fass/projects/corpus/phcorpus/phcorpus.htm
The UCLA Written Chinese Corpus	https://www.lancaster.ac.uk/fass/projects/corpus/UCLA/
北京大学古代汉语语料库 (CCL)	http://ccl.pku.edu.cn:8080/ccl_corpus/index.jsp?dir=gudai
北京大学现代汉语语料库 (CCL)	http://ccl.pku.edu.cn:8080/ccl_corpus/index.jsp?dir=xiandai
北京语言大学汉语语料库（BCC）	http://bcc.blcu.edu.cn/
哈工大信息检索研究室对外共享语料库（Sharing Resource of HIT-CIR）	http://ir.hit.edu.cn/demo/ltp/Sharing_Plan.htm
联合国文件数据库	https://www.un.org/zh/search/
厦门大学现代汉语语料库	http://nclds.xmu.edu.cn/ylk
搜文解字	http://words.sinica.edu.tw/
香港教育学院汉语共时语料库（LIVAC）	http://www.livac.org/search.php?lang=sc
语料库在线	http://corpus.zhonghuayuwen.org/CnCindex.aspx
中文语言资源联盟（Chinese Linguistic Data Consortium）	http://www.chineseldc.org/

第二部分 双语/多语语料库

名称	官方网站
BiCovid	http://bicovid.org/
LIVAC	http://www.livac.org/index.php?lang=sc
MyMemory	https://mymemory.translated.net/
Online BLC KWIC Concordancer	http://www.someya-net.com/concordancer/
The Babel English-Chinese Parallel Corpus	https://www.lancaster.ac.uk/fass/projects/corpus/babel/babel.htm
The PKU 863 Chinese-English Parallel Corpus	https://www.lancaster.ac.uk/fass/projects/corpus/863parallel/default.htm
The ZJU Corpus of Translational Chinese (ZCTC)	https://www.lancaster.ac.uk/fass/projects/corpus/ZCTC/
北大法宝	http://www.pkulaw.cn/
北京语言大学汉语语料库（BCC）	http://bcc.blcu.edu.cn/
《金融时报》中文网	https://m.ftchinese.com/channel/ce.html
联合国网站	https://www.un.org/
《纽约时报》中文网	https://cn.nytimes.com/
绍兴文理学院中国汉英平行语料大世界	http://corpus.usx.edu.cn/
外交部网站	https://www.fmprc.gov.cn/web/
医学英汉双语平行语料库	www.e-charm.com.cn/ylk.asp
中国日报网	http://www.chinadaily.com.cn/

（续表）

名称	官方网站
中华人民共和国商务部网站	http://www.mofcom.gov.cn/
中国网	http://www.china.org.cn/chinese/

五、常用句库

名称	官方网站
CNKI 翻译助手	https://dict.cnki.net/index
词都句库	http://www.dictall.com/sentence.jsp
海词句海	http://juhai.dict.cn/
句酷	http://www.jukuu.com/
译库 TMX	https://tmx.yeekit.com/#/home
中国译典句库	http://www.tdict.com/
Reverso	https://context.reverso.net/
TREX	https://tr-ex.me/
Linguee	https://cn.linguee.com/
Eltra.context	https://context.eltra.app/
Glosbe	https://glosbe.com/
Ludwig	https://ludwig.guru/

六、常用搜索引擎

分类	名称	官方网址
一般搜索引擎	Bing	http://www.bing.com
	DuckDuckGo	https://duckduckgo.com
	Google	https://www.google.com
	Yandex	https://yandex.com
	百度	http://www.baidu.com
	多吉搜索	https://www.dogedoge.com
	秘迹搜索	https://mijisou.com
特色搜索引擎	Dogpile	https://www.dogpile.com
	Internet Archive	https://archive.org
	WebCrawler	https://www.webcrawler.com
	WolframAlpha	https://www.wolframalpha.com
	YouGlish	https://youglish.com
	快搜虫部落	https://search.chongbuluo.com
	搜狗搜索	https://weixin.sogou.com
其他搜索引擎	Aconvert	https://www.aconvert.com
	Ask	https://www.ask.com
	Info.com	https://www.info.com
	Know Your Meme	https://knowyourmeme.com
	Movie Quotes	http://www.subzin.com/
	Peekier	https://peekier.com
	Quora	https://www.quora.com

(续表)

分类	名称	官方网址
其他搜索引擎	Semantic Scholar	https://www.semanticscholar.org
	Startpage	https://www.startpage.com
	WikiHow	https://zh.wikihow.com
	别忘双搜	http://www.biewang.com
	库问搜索	http://www.koovin.com
	联合搜索	https://www.gobaidugle.com
	万千合集站	http://www.hejizhan.com/html/search
	相似网站	https://www.similarsitesearch.com/

七、学术资源搜索平台

名称	官方网站
Google Scholar（谷歌学术）	https://scholar.google.com.hk/?hl=zh-CN
EBSCO	http://search.ebscohost.com/
Springer（施普林格出版社）	https://www.springer.com/
SAGE（世哲出版集团）	https://journals.sagepub.com/
Taylor & Francis（泰勒弗朗西斯出版集团）	https://www.tandfonline.com
Web of Science	http://apps.webofknowledge.com
ZLibrary	http://zh.b-ok.org
百度学术	https://xueshu.baidu.com/
超星图书馆	http://edu.sslibrary.com/
读秀	http://www.duxiu.com/

（续表）

名称	官方网站
国家图书馆	http://www.nlc.cn/
全国图书馆参考咨询联盟	http://www.ucdrs.net/
知网	https://www.cnki.net/

八、综合搜索平台

分类	名称	官方网站
百科搜索平台	360百科	https://baike.so.com/
	MBA智库百科	https://wiki.mbalib.com/wiki/%E9%A6%96%E9%A1%B5
	wikiHow	https://www.wikihow.com/Main-Page
	百度百科	https://baike.baidu.com/
百科搜索平台	不列颠百科全书（Britannica）	https://www.britannica.com/
	维基百科（Wikipedia）	https://www.wikipedia.org/
	中国搜索百科	http://baike.chinaso.com/
社交网络搜索平台	Facebook	https://www.facebook.com/
	Instagram	https://www.instagram.com/
	LinkedIn（领英）	https://www.linkedin.com
	Reddit	https://www.reddit.com/
	Twitter	https://twitter.com/
	微博	https://www.weibo.com/

(续表)

分类	名称	官方网站
图片搜索平台	360识图	http://st.so.com/
	Bing Images	https://cn.bing.com/images
	Google Images（谷歌图片）	https://images.google.com
	TinEye	https://tineye.com/
	Yandex Images	https://yandex.com/images/
	百度识图	https://graph.baidu.com/pcpage/index?tpl_from=pc
	搜狗图片	https://pic.sogou.com/
视频搜索平台	Coverr	https://www.coverr.co/
	Pexels	https://www.pexels.com/videos/
	Pixabay	https://pixabay.com/zh/videos/
	Videvo	https://www.videvo.net/
	YouTube	https://www.youtube.com/
视频搜索平台	哔哩哔哩	https://www.bilibili.com/
其他搜索	豆瓣	https://www.douban.com/
	果壳	https://www.guokr.com/
	简书	https://www.jianshu.com/
	小木虫	http://muchong.com/bbs/
	知乎	https://www.zhihu.com/
	CSDN	https://www.csdn.net/

九、常用快捷操作代码

第一部分　常用表达式

分类	代码	说明
常用的元字符	.	匹配除换行符以外的任意字符
	\w	匹配字母、数字、下划线或汉字
	\s	匹配任意的空白符
	\d	匹配数字
	\b	匹配单词的开始或结束，即指词的边界
	^	匹配字符串的开始
常用的限定符	*	重复零次或更多次
	+	重复一次或更多次
	?	重复零次或一次
	{n}	重复 n 次
	{n,}	重复 n 次或更多次
	{n,m}	重复 n 到 m 次
常用的限定符	*?	重复任意次，但尽可能少重复
	+?	重复 1 次或更多次，但尽可能少重复
	??	重复 0 次或 1 次，但尽可能少重复
	{n,m}?	重复 n 到 m 次，但尽可能少重复
	{n,}?	重复 n 次以上，但尽可能少重复
常用的反义代码	\W	匹配任意不是字母、数字、下划线或汉字的字符
	\S	匹配任意不是空白符的字符
	\D	匹配任意非数字的字符

(续表)

分类	代码	说明
常用的反义代码	\B	匹配不是单词开头或结束的位置
	[^x]	匹配除了 x 以外的任意字符
	[^aeiou]	匹配除了 aeiou 这几个字母以外的任意字符
其他补充代码	\a	报警字符 (打印它的效果是电脑嘀一声)
	\b	通常是单词分界位置，但如果在字符类里使用代表退格
	\t	制表符，Tab
	\r	回车
	\v	竖向制表符
	\f	换页符
	\n	换行符
	\e	Escape
	\0nn	ASCII 代码中八进制代码为 nn 的字符
	\xnn	ASCII 代码中十六进制代码为 nn 的字符
	\unnnn	Unicode 代码中十六进制代码为 nnnn 的字符
	\cN	ASCII 控制字符。比如 \cC 代表 Ctrl+C
	\A	字符串开头 (类似 ^，但不受处理多行选项的影响)
	\Z	字符串结尾或行尾 (不受处理多行选项的影响)
	\z	字符串结尾 (类似 $，但不受处理多行选项的影响)
	\G	当前搜索的开头

（续表）

分类	代码	说明
其他补充代码	\p{name}	Unicode 中命名为 name 的字符类，例如 \p{IsGreek}
	(?>exp)	贪婪子表达式
	(?<x>-<y>exp)	平衡组
	(?im-nsx:exp)	在子表达式 exp 中改变处理选项
	(?im-nsx)	为表达式后面的部分改变处理选项
	(?(exp)yes|no)	把 exp 当作零宽正向先行断言，如果在这个位置能匹配，使用 yes 作为此组的表达式；否则使用 no
	(?(exp)yes)	同上，只是使用空表达式作为 no
	(?(name)yes|no)	如果命名为 name 的组捕获到了内容，使用 yes 作为表达式；否则使用 no
	(?(name)yes)	同上，只是使用空表达式作为 no

第二部分　常用的分组语法

分类	代码	说明
捕获	(exp)	匹配 exp，并捕获文本到自动命名的组里
	(?<name>exp)	匹配 exp，并捕获文本到名称为 name 的组里，也可以写成 (?'name'exp)
	(?:exp)	匹配 exp，不捕获匹配的文本，也不给此分组分配组号
零宽断言	(?=exp)	匹配 exp 前面的位置
	(?<=exp)	匹配 exp 后面的位置
	(?!exp)	匹配后面跟的不是 exp 的位置
	(?<!exp)	匹配前面不是 exp 的位置

（续表）

分类	代码	说明
注释	(?#comment)	这种类型的分组不对正则表达式的处理产生任何影响，用于提供注释让人阅读

第三部分　常用的处理选项

分类	名称	说明
常用的处理选项	Ignore Case（忽略大小写）	匹配时不区分大小写。
	Multiline（多行模式）	更改 ^ 和 $ 的含义，使它们分别在任意一行的行首和行尾匹配，而不仅仅在整个字符串的开头和结尾匹配。（在此模式下 ,$ 的精确含意是：匹配 \n 之前的位置以及字符串结束前的位置）
	Single line（单行模式）	更改 . 的含义，使它与每一个字符匹配（包括换行符 \n）。
	Ignore Pattern Whitespace（忽略空白）	忽略表达式中的非转义空白并启用由 # 标记的注释。
	Right To Left（从右向左查找）	匹配从右向左而不是从左向右进行。
	Explicit Capture（显式捕获）	仅捕获已被显式命名的组。
	ECMAScript（JavaScript 兼容模式）	使表达式的行为与它在 JavaScript 里的行为一致。

参考文献

陈大平. 搜索引擎技术方式之探析 [J]. 长春理工大学学报（高教版）, 2009, 4 (10): 161-162.

陈沛. 搜商：人类的第三种能力 [M]. 北京：清华大学出版社, 2006.

顾恒轩, 杨青飏. 学术搜索引擎的现状与展望 [J]. 卷宗, 2019, 9(10): 124-125.

胡开宝. 语料库翻译学：内涵与意义 [J]. 外国语, 2012, 35 (5): 59-70.

黄泰山. 我的搜主意比你多 [M]. 北京：北京大学出版社, 2014.

康琴. 浅谈搜索引擎——以谷歌、百度、Bing、雅虎为例 [J]. 内蒙古科技与经济, 2010 (16): 141-142.

王华树, 王少爽. 术语管理指南 [M]. 北京：外文出版社, 2017.

王华树, 王少爽. 信息化时代翻译技术能力的构成与培养研究 [J]. 东方翻译, 2016(1): 11-15+73.

王华树, 张成智. 大数据时代译者的搜索能力探究 [J]. 中国科技翻译, 2018, 31(4): 26-29.

王华树, 李莹. 翻译技术简明教程 [M]. 北京：世界图书出版公司, 2019.

王华树. 翻译技术 100 问 [M]. 北京：科学出版社, 2020.

王华树. 翻译技术教程（上册）[M]. 上海：商务印书馆, 2017.

王华树. 计算机辅助翻译概论 [M]. 北京：知识产权出版社, 2019.

王军礼. 网络资源在翻译中的应用 [J]. 中国科技翻译, 2007 (2): 36-40.

王祎, 宁素云. 如何在互联网上进行信息检索——Internet 搜索技术综合篇 [J]. 科技信息 (学术研究), 2006 (8): 382.

荀恩东, 饶高琦, 肖晓悦, 等. 大数据背景下 BCC 语料库的研制 [J]. 语料库语言学, 2016, 3(1): 93-109+118.

袁津生, 李群, 蔡岳. 搜索引擎原理与实践 [M]. 北京 : 北京邮电大学出版社, 2008.

朱丹. 超级搜索术 : 帮你找到 99% 问题的答案 [M]. 北京 : 电子工业出版社, 2020.

邹慧玲, 刘敏, 许伍霞, 等. 论"百度学术"及其对高校图书馆社会化服务的启示 [J]. 农业图书情报学刊, 2016, 28(7): 156-159.

Baker, M. Corpora in translation studies: An interview and some suggestions for future research [J]. *Target*, 1995, *7*(2): 223-243.

PACTE. Investigating translation competence: Conceptual methodological issues [J]. *Meta*, 2005, *50*(2): 609-619.

Quah, C. K. *Translation and Technology* [M]. New York: Palgrave Macmillan, 2006.